Darren Allen

33 MYTHEN DES SYSTEMS

aus dem Englischen von Max Stadler

Bibliografische Information der Deutschen Bibliothek:
Die Deutsche Bibliothek verzeichnet diese Publikation
in der Deutschen Nationalbibliografie.
Detaillierte bibliografische Daten sind im Internet über
http://dnb.ddb.de abrufbar.

Übersetzung: Max Stadler
Covergrafik: Darren Allen
Druck: CPI – Clausen & Bosse, Leck
Printed in Germany

ISBN: 978-3-85371-520-8

Promedia Verlag
E-Mail: promedia@mediashop.at
Web: www.mediashop.at
         www.verlag-promedia.de

Darren Allen

33 MYTHEN
DES SYSTEMS

Ein radikaler Leitfaden
durch die Welt und uns selbst

PR MEDIA

Der Autor

Darren Allen, geboren 1973 in Canterbury, ist ein radikaler britischer Autor und Philosoph. Sein Werk widmet sich dem Wesen der Realität, dem Ursprung der Zivilisation, dem Schrecken von Arbeit, Tod, Gender, mentaler „Krankheit", bedingungsloser Liebe und Leben jenseits des Spektakels.

Der Übersetzer

Max Stadler, geboren 1981 in Burglengenfeld (Oberpfalz). Studium der Geschichte, Sinologie und Skandinavistik. Er lebt in Berlin und übersetzt unter anderem aus dem Englischen und dem Schwedischen in die deutsche Sprache.

Inhalt

Vorwort

Im Januar 2020 fing China an, radikale Maßnahmen zu ergreifen, um ein scheinbar sehr gefährliches Virus an seiner Ausbreitung zu hindern. Ganze Städte wurden abgeriegelt, die Menschen durften kaum noch ihre Wohnungen verlassen, mussten sich einem neuartigen Testverfahren unterziehen und sich wochenlang isolieren, wenn dieser Test positiv ausfiel. Masken, Schutzanzüge, leer gefegte Straßen, Nahaufnahmen von Krankenhäusern, Beatmungsschläuchen und müden Ärzten: Die Bilder waren verstörend, die Nachrichten schockierend und beunruhigend.

In Europa und gerade auch in Deutschland beobachtete man das Geschehen mit einem überlegenen Achselzucken. Der Fasching stand vor der Tür und wurde ausgiebig gefeiert. Satiriker im Fernsehen machten sich lustig über Rechtsextreme, die ein Virus aus Asien als Vorwand nähmen, um der Bevölkerung Angst zu machen.

Ich bin mit einer Chinesin verheiratet. Mir war es im Januar und Februar 2020 absolut unverständlich, mit welch einer Arroganz und Nonchalance man hierzulande die Nachrichten aus China behandelte. Die Schwiegerfamilie schickte Hunderte von Masken, die ich im Haus an die älteren Nachbarn verteilte. Diese lachten mich aus oder schüttelten den Kopf.

Mir ist noch gut in Erinnerung, wie in Bayern Mitte März 2020 Kommunalwahlen stattfanden und mein Vater als Wahlhelfer zahllosen Leuten die Hand schüttelte, sich anhusten ließ und stundenlang in einem stickigen Raum saß, um die Zettel entgegenzunehmen und auszuzählen.

Am Folgetag dann die plötzliche Kehrtwende. Alles sei viel schlimmer als erwartet. Drastische, nie gewesene Maßnahmen seien notwendig. »Es ist ernst«, so die Kanzlerin in einer Botschaft ans Volk. Und ab da war alles mit einem Mal anders. Die S-Bahnen in der Stadt waren verwaist. Die Straßen verlassen. Die Spielplätze abgesperrt.

Für ganz viele in Deutschland wirkte es logisch, aber ich selbst fand mich in der absurden Lage wieder, über Wochen hinweg die totale Sorglosigkeit im Land gesehen zu haben, die jedoch im Gegensatz zu meinen Befürchtungen keine schlimmen Folgen gehabt hatte. Der Fasching im Februar war gefeiert worden. Die Wahlen hatten stattgefunden. Eine Massenveranstaltung nach der anderen. Es war nichts passiert. Und jetzt auf einmal, Mitte März, sollte ein Lockdown nötig sein? Es ergab schlichtweg keinen Sinn.

Und so landete ich erneut auf der Seite der Verrückten, diesmal, weil ich Entwarnung geben wollte. Auch jetzt hörte niemand zu, wie zuvor niemand zugehört hatte. Mit den Wochen wuchs meine Verzweiflung, da deutlich zu spüren war, dass die Gesellschaft, Politik und Medien in eine völlig irrationale Hysterie abdrifteten. Sämtliche Gewissheiten waren dahin, weil intellektuelle Größen, an deren Ansichten ich mich in den Jahren zuvor orientiert hatte, sich ebenfalls von der Panik anstecken ließen. »Bleiben Sie gesund« wurde zu einer Phrase, die mir einen Schauer der Abneigung über den Rücken laufen ließ. In keinem Medium, das ich bislang konsumiert hatte, fand ich auch nur ansatzweise etwas, womit ich mich noch identifizieren konnte.

Zeitungsberichte, Schlagzeilen, Politiker-Statements und Fernsehnachrichten waren in den Jahren vor dem März 2020 für viele in Deutschland und Österreich ein steter Fluss im Hintergrund des eigenen Daseins gewesen, ruhig dahinplätschernd, mit wenig bis keiner Auswirkung auf den Alltag.

Dies änderte sich brachial, als die Regierungen in Europa und in weiten Teilen der Welt beschlossen, die Bewegungsfreiheit, Berufsfreiheit, Versammlungsfreiheit und letztlich auch die Meinungsfreiheit ihrer Bevölkerungen massiv einzuschränken. Wer es wagte, gegen die staatlichen Verordnungen zur Bekämpfung eines Virus aufzumucken, wurde niedergebügelt und fertiggemacht, nicht zuletzt von einer wütenden Meute ängstlicher, im Homeoffice bibbernder Mainstream-Journalisten.

Und auch die sogenannte Linke entwickelte sich zu einer radikalen Kraft dessen, was Andersdenkende als Staatsterror empfanden: Sie befürwortete die Maske als Symbol des Schutzes und der Rücksichtnahme, das Abstandsgebot, die Schulschließungen und alsbald das angebliche Licht am Ende des Tunnels, die herbeigesehnte Erlösung: Die »Impfung«.

Verblüfft stellte ich fest, der ich mich bis dahin als links oder auch unpolitisch betrachtet hatte, dass meine Sicht auf die Dinge nunmehr plötzlich auf Blogs, in alternativen Medien und von Personen geäußert wurde, die vorher stets als rechte oder rechtspopulistische Schmuddelkinder galten.

Sozialdemokratische oder gar linke Maßnahmenkritiker waren eine seltene, rasch vom Aussterben bedrohte Spezies, denn jeder, der entsprechend Stellung bezog, war kurz darauf den Status eines Linken los und landete in der Sparte »rechts«.

Bei der Suche nach Intellektuellen, die einen Standpunkt vertraten, in dem ich noch einen Funken Vernunft erkennen konnte, stieß ich auf einen Artikel von Darren Allen.

Darren war eine dieser wenigen mutigen Stimmen, die sich von Beginn an sehr kritisch über den um sich greifenden Wahnsinn äußerten. In seiner ironischen, sarkastischen und sehr originellen Art hinterfragte er die Haltung früherer Idole wie Noam Chomsky, als diese etwa eine komplette Ausgrenzung Ungeimpfter forderten. Darren zeigte in der Stunde, in der so viele versagten, verzagten und sich aus Angst, Angepasstheit oder schlicht Feigheit nicht trauten, zu ihren Idealen wie Freiheit, Gleichberechtigung und Selbstbestimmtheit zu stehen, dass seine Texte und Worte nicht nur leere Worthülsen waren, die im entscheidenden Augenblick nicht mehr zählten.

Und so gewinnt sein Meisterwerk – *33 Mythen des Systems* – vor diesem Hintergrund umso mehr an Bedeutung. Er legt hier eindrucksvoll dar, welch ein Sumpf aus Verdorbenheit sich unter dem scheinbar heilen Lack unserer gegenwärtigen Zivilisation herausgebildet hat. Für jede Leserin und jeden Leser ist etwas dabei: Historische Zusammenhänge, feine Beobachtungen zum Zeitgeist und zum Ende hin auch die Skizze eines möglichen Auswegs aus dem herrschenden Desaster.

Max Stadler, Übersetzer
Berlin, im September 2023

Prolog

Das System ist seit zehntausend Jahren im Entstehen begriffen. In dieser Zeit hat es viele Formen angenommen – autokratisch, demokratisch, sozialistisch, kapitalistisch – aber trotz oberflächlicher Unterschiede in Struktur und Prioritäten ist es vom Wesen her dasselbe geblieben. Inzwischen ist es so raffiniert, so allgegenwärtig und so invasiv, dass es fast unmöglich ist, es wahrzunehmen. Wir wissen vielleicht, dass in der Welt, die wir geschaffen haben, etwas völlig schiefläuft. Aber das System ist so tief in unserer Erfahrung verankert, dass wir es, wenn es radikal kritisiert wird, als Erweiterung unseres eigenen Selbst verteidigen und entschuldigen. Die Mythen der Welt sind unsere eigenen und sie zu entlarven, bedeutet uns selbst zu entlarven. Bereits das Lesen der Worte »das System« kann Unbehagen auslösen, das Gefühl, angegriffen zu werden, oder den Eindruck, dass die Person, die diesen Begriff verwendet, ein wütender Außenseiter ist.

Aber vielleicht ist Ihnen bewusst, dass etwas schrecklich falsch läuft, dass die Welt immer mehr der Hölle auf Erden gleicht, dass sie kurz vor dem Zusammenbruch steht und dass wir eine revolutionäre Alternative brauchen. Dieses Buch ist ein Versuch, diese Einsicht zu festigen und zu vertiefen. Es soll zeigen, dass das Problem viel gravierender (und damit auch die Lösung viel radikaler) ist, als derzeit und allgemein angenommen wird.

In aller Kürze habe ich versucht, das gesamte System zu skizzieren, von links bis rechts, vom Szientismus bis zur Postmoderne, von der Demokratie bis zum Faschismus. Das bedeutet, dass einiges von dem, was folgt, offensichtlich und richtig erscheinen mag, während anderes überhaupt nicht offensichtlich ist oder völlig falsch. Viele Menschen neigen dazu, sich über den erbärmlichen Zustand der Welt zu beklagen, aber den Teil, der sie am meisten betrifft, gegen Kritik immun zu halten. Das ist der Teil, den ich Ihnen dringend ans Herz lege, den Sie sich ansehen und noch einmal ansehen sollten. Und haben Sie Geduld mit den Kapiteln, die Ihnen sympathisch sind oder mit denen Sie vertraut sind.

Ein letzter Hinweis. Diese deutsche Ausgabe, die ohne die unermüdliche Arbeit und die außerordentliche Großzügigkeit von Max Stadler nicht möglich gewesen wäre, ist eine überarbeitete Fassung des Originals. Leserinnen und Leser, die sich fragen, was wir gegen das Grauen, das ich hier beschreibe, tun können, seien auf den abschließenden Originalaufsatz »Anarchismus am Ende der Welt« verwiesen, der in deutscher Übersetzung kostenlos online verfügbar ist.

Im Juli 2023,
Darren Allen

Einleitung: Kurze Geschichte des Systems

Hunderttausende von Jahren lebten die Menschen in friedlichen, egalitären, gesunden Gesellschaften, zumindest im Vergleich zu dem, was danach kam. Wir arbeiteten nicht besonders hart, und die Arbeit selbst (sofern man überhaupt von Arbeit sprechen kann; vorzivilisierte Gesellschaften unterscheiden nicht zwischen Arbeit und Spiel) war angenehm, sinnvoll und nicht entfremdend.

Entfremdend ist eine Tätigkeit dann, wenn sie dazu führt, dass man sich als Fremder oder Feind fühlt – ganz gegen die eigene bessere Natur; wenn man zum Beispiel gezwungen wird, für den Profit eines anderen zu arbeiten, oder wenn man ohne guten Grund arbeiten muss, oder wenn die Ergebnisse nicht befriedigend sind. Für den größten Teil der Menschheitsgeschichte (eigentlich der Vorgeschichte, denn die GESCHICHTE beginnt mit der Zivilisation und der Schrift) war die Entfremdung von Arbeit und Leben unbekannt; Zwang und Zwecklosigkeit waren ebenso unvorstellbar wie Eigentum, Religion, Gesetzgebung, Krieg, großer Aberglaube und das, was wir »Geisteskrankheit« zu nennen pflegen.

Die Angst vor der *Unmittelbarkeit*, wenn sich die Sinne schärfen, um den Gefahren des Gegenwärtigen zu begegnen, gehörte zum Leben – denn Gefahr hat es immer gegeben –, aber die Angst vor dem *Kommenden*, diese tiefe und weit verbreitete Ungewissheit, Angst und Sorge, die moderne Frauen und Männer plagen, war unbekannt.

Objektiv gesehen ist es unmöglich, all dies unmittelbar zu wissen – aber es ist auch unmöglich, durch Lernen irgendetwas direkt zu wissen. Dennoch können wir einigermaßen verlässliche Aussagen über unsere prähistorische Vergangenheit machen, ebenso wie über die Oberfläche der Sonne oder die Folgen der Auslöschung von Leben auf der Erde. Anthropologen können anhand von Bodenproben, Knochen, Werkzeugen und anderen archäologischen Funden objektiv beurteilen, wie die Urvölker gelebt haben, wie gewalttätig sie waren, wie gesund, wie sozial strukturiert – und sogar, wie sie das Universum um sich herum wahrnahmen.[1]

Anthropologen können objektiv, zumindest annähernd, die früheste Entwicklungsstufe der Menschheit bestimmen, indem sie sich anschauen, wie Jäger und Sammler heute leben. Niemand denkt, dass die Sammler von heute die gleichen sind wie die vor 20.000 Jahren. Gruppen, die nie mit der modernen industriellen Welt oder der vormodernen Landwirtschaft in Berührung gekommen sind, existieren nicht mehr und können nicht mehr erforscht werden. Aber diejenigen, die – zumindest bis vor Kurzem – relativ autark überlebt haben, weisen alle mehr oder weniger die oben genannten Merkmale auf. Natürlich gibt es bei den Jäger- und Sammlergemeinschaften eine enorme Variationsbreite – weit mehr als in jeder anderen Gesellschaftsform. Aber im Allgemeinen gilt: je größer die zeitliche oder räumliche Distanz zur Zivilisation, desto größer Gleichheit, Freiheit und Wohlbefinden – sowohl psychologisch als auch sozial.[2]

Natürlich klafft im Herzen unseres objektiven Wissens über die ferne Vergangenheit eine riesige, unergründliche Lücke. Wir werden nie objektiv wissen, wie die Menschen in den unzähligen dunklen Jahrtausenden lebten, fühlten und wahrnahmen, bevor die Zivilisation blendend hell erschien. Selbst wenn objektives Wissen in Fragen, die die menschliche Natur betreffen, notorisch begrenzt und unzuverlässig ist, woher sonst sollten wir Erkenntnisse gewinnen? Subjektives Wissen ist noch unzuverlässiger – es ist schlichtweg trügerisch; oft läuft es auf bloßes Wunschdenken und emotionales Raten hinaus.

Dass es noch eine andere, eine radikal andere Art von Erfahrungsmodus gibt, ein Bewusstsein des Lebens, das weder objektiv – basierend auf Dingen

1   Nehmen wir das Beispiel der Kriegsführung. Vor etwa 10.000 Jahren vor unserer Zeitrechnung gibt es (von einigen fragwürdigen Ausnahmen abgesehen) kaum Anzeichen für Kriege, die bis ins späte Paläolithikum zurückreichen. Vergleiche Otterbein, Keith F. (1997): The origins of war, Critical Review: A Journal of Politics and Society, 11:2, p. 251–277; Ferguson, R. Brian (2008): Ten Points on War. Social Analysis 52, p. 32–49; Douglas, P. (ed.) (2013): War, Peace, and Human Nature: The Convergence of Evolutionary and Cultural Views; online Oxford Academic, 23 May 2013. Das ist eine gründliche Widerlegung der Verzerrungen von Steven Pinker. Gleiches gilt für Ungleichheit und Krankheit.
2   Kelly, R. L. (2013): The Lifeways of Hunter-Gatherers. The Foraging Spectrum. Cambridge University Press; Boehm, C. (1993): Egalitarian behavior and reverse dominance hierarchy. Current Anthropology, 34(3), p. 227–254; Lancy, D. F. (2015): The anthropology of childhood: cherubs, chattel, changelings. Cambridge University Press.

»da draußen« – noch subjektiv – basierend auf Ideen und Emotionen »hier drinnen« – sein kann, wird von der Wissenschaft, der Psychologie, der Geschichte, der Religion und der Kunst des Systems ausgeblendet und lässt sich mit der Ausdrucksweise, die unweigerlich seine und unsere Anliegen widerspiegelt, kaum in gewöhnlichen Worten ausdrücken. Der PANJEKTIVE Erfahrungsmodus (panjektiv: weder objektiv noch subjektiv; Anmerkung des Übersetzers) ist Gegenstand des Komplementärbands zu diesem Buch, »*Self and Unself*«.[3]

An dieser Stelle sei nur angemerkt, dass es eine Möglichkeit gibt, die menschliche Natur zu durchdringen, ohne auf rationale Analysen oder Vermutungen zurückzugreifen. Aber diese Art von Bewusstsein ist weder Wunschdenkern noch den Hyperrationalisten zugänglich.

Die fundamentale Vernunft der frühzeitlichen Gesellschaft darf nicht darüber hinwegtäuschen, dass es auch Probleme gab: Schmerz, Frustration, Not, Gefahr und (zunehmend) Gewalt. Wir sollten auch nicht unsere Ansprüche aufgeben und auf Bäume zurückkehren. Aber das, was wir »Fortschritt« nennen, war ein tausendjähriger Niedergang in Bezug auf Lebensqualität, Seelenfrieden, kollektive Freude und so weiter war.

Einige wenige Dinge haben sich sicherlich verbessert – vor allem im technischen Bereich –, aber das sind fast ausschließlich Lösungen für Probleme, die durch den »Fortschritt« überhaupt erst *geschaffen* wurden.

Dieser »Fortschritt« begann vor etwa 12.000 Jahren, als es zu einer Entfremdung im menschlichen Bewusstsein und damit auch in der menschlichen Gesellschaft kam.

Nochmals: Die Art dieser Katastrophe oder des *Niedergangs* wird ebenfalls in »*Self and Unself*« beschrieben. Hier beschränken wir uns auf die nachweisbaren sozialen Auswirkungen: Strukturierung, Gewalt gegen Frauen und Kinder, extreme Naturfeindlichkeit, Kriegstreiberei, Angst vor dem Tod, Aberglaube, Scham, sexuelle Unterdrückung und eine äußerst mittelmäßige Kultur. All dies begann zur gleichen Zeit (circa 10.000 v.u.Z.) und am gleichen Ort (Vorderer Orient/Westasien) mit dem Prozess, den wir GESCHICHTE, ZIVILISATION oder das SYSTEM nennen.

---

3   Allen, Darren (2021): Self and Unself. The meaning of everything. Expressive egg books.

Das zivilisierte System begann mit einem intensiven ABERGLAUBEN, dem Glauben, dass Ideen – insbesondere Götter und Ahnen – realer seien als die Wirklichkeit. Vor der abergläubischen Weltsicht wurde das Universum als gütig, lebendig und geheimnisvoll angesehen. Diese Lebendigkeit war bestimmten Dingen – Bäumen, Wolken, Flüssen, Tieren und so weiter – in Form von Eigenschaften und Charakteren inhärent, die dann in die Mythen einflossen. In diesen Geschichten spiegelte sich das seelische Erleben eines Menschen oder einer Gruppe von Menschen ähnlich wie in Träumen wider: indirekt, bildhaft und verfremdet.

Mit dem Beginn des »proto-zivilisierten« abergläubischen Zeitalters wurden diese Lebensqualitäten und die über sie verbreiteten Mythen objektiviert, d.h. von der fließenden, kontextuellen Erfahrung abgeschnitten und in ein abstraktes mystisches System oder eine (Proto-)RELIGION integriert. Sie wurden mit äußerst vulgären Emotionen gesättigt, die sich um Sex, Gewalt und – die Grundlage des Aberglaubens – EXISTENZANGST drehten. Männer und Frauen hatten schon immer Angst vor den gefährlichen Dingen, die *existierten*. Aber jetzt fürchteten sie sich *vor* der Existenz selbst, die in zwei Sphären aufgeteilt wurde: das beruhigende und kontrollierbare *Bekannte* (die Vorstellungen und Gefühle des Selbst, »ich und mein«) und sein Gegenteil: ein beunruhigendes und furchterregendes Spektrum, das vom *Unbekannten* (Fremde, neue Situationen usw.) bis zum *Unerkannten* (Tod, Bewusstlosigkeit, Natur usw.) reichte.

Die tiefgreifende Existenzangst des Aberglaubens führte über die erzwungenen Absurditäten des abergläubischen Schamanismus zur intensiven Abstraktion der Priester und frühen (Proto-)Wissenschaftler. 12.000 Jahre v.u.Z. hatte der Mensch gedacht und argumentiert; nun aber begannen seine Gedanken ein Eigenleben zu führen, erschienen realer und wichtiger als die Wirklichkeit, die nunmehr von der Struktur des Denkens geformt wurde.

Etwa zu jener Zeit begannen mehrere miteinander verbundene Entwicklungen, die die Zukunft der Welt bestimmen sollten:

- Im Vorderen Orient wurde Getreide gezüchtet, so entstand die Ernährungsgrundlage der neuen Agrargesellschaften. Die Landwirtschaft erfordert einen hohen Arbeitsaufwand und erwirtschaftet einen Überschuss, der professionell verwaltet werden muss. Außerdem führt sie schnell zur Auslaugung der Böden und damit zu einer Mangelernährung der Bevölkerung sowie – und das ist entscheidend – zu immer geringeren Erträgen. Wachsende Populationen, deren Ernten unsicher sind und deren Nahrungsqualität sich verschlechtert, erfordern eine stete Ausweitung der landwirtschaftlichen Nutzflächen und folglich eine ständige Waldrodung und Eroberung benachbarter Ackerflächen. Im Gegensatz zur Nahrungssuche benötigt die Landwirtschaft auch einen permanenten Energieaufwand, sei es in Form von Brennstoffen oder in Form der Arbeitskraft von Tieren oder Sklaven. Doch ein immer größer werdender Energieaufwand beschleunigt nur den unausweichlichen Niedergang des mittlerweile überaus komplex gewordenen AGRARSTAATES.

- Wird die Gewinnung von Energie zu kostspielig, kann die Komplexität nicht mehr aufrechterhalten werden und der Staat bricht zusammen. Die unmittelbare Ursache kann der ökologische Zusammenbruch durch Abholzung oder Versteppung sein (wie z. B. durch die intensive Landwirtschaft im »Fruchtbaren Halbmond«), oder die Eroberung eines benachbarten Staates. Aber die eigentliche Ursache ist immer die Überkomplexität, die all die verschiedenen Staaten der klassischen Zivilisation kennzeichnete.[4]

- Die Anforderungen des Ackerbaus führten zur Domestizierung verschiedener Pflanzen und Tiere, zur Erfindung der Schrift, deren Hauptanwendung über Jahrtausende hinweg die landwirtschaftliche Buchführung war (Aufzeichnung von Steuern und Schulden). Sie führten aber auch zum Elend der Arbeitswelt: hoch spezialisiert, eintönig und *verwaltet*. Krankheiten (wie Grippe, Tuberkulose, Diphtherie, Pocken, Pest und Typhus) verbreiteten sich durch schlechte Ernährung und den Kontakt mit domestizierten Tieren. Die Lebenserwartung sank drastisch, ebenso die Körpergröße und der allgemeine Gesundheitszustand.

- Schließlich tauchten in den Pantheons des Vorderen Orients aggressive männliche »Sonnengötter« auf, die die neue Welt rechtfertigten und den

---

4   Tainter, Joseph (1991): The Collapse of Complex Societies, in: Journal of Field Archaeology, vol. 18, no. 1, p. 119–21.; Hyams, E. (1952): Soil and Civilization. Murray, John & Scott J.C. (2018): A People's History of Civilization, Feral House.

Menschen den Auftrag erteilten, die Natur und sich gegenseitig zu zähmen. Diese Götter wurden als Herrscher oder Könige über die anderen Götter verehrt, die aus dem Himmel vertrieben wurden, so wie sie aus den Wäldern vertrieben worden waren, bis nur noch der eine, der »wahre« Gott übrig blieb.

Diese Ereignisse brauchten Jahrtausende, um sich zu entwickeln, zu verbreiten und gegenseitig zu integrieren. Doch etwa ab dem 3. Jahrtausend v. u. Z. ähnelte der bronzezeitliche Vordere Orient in vielerlei Hinsicht der heutigen modernen Welt.

Mesopotamien beispielsweise war ein Ort weitverbreiteten Elends, ständiger Kriege, aberwitzigen Aberglaubens, mittelmäßiger Kunst, nützlicher Wissenschaft, verschwenderischer Überproduktion, künstlicher Verknappung, massiver Ungleichheit (das »ursprüngliche 1 Prozent«), der Ausbeutung von Gesellschaft und Natur, der Überbevölkerung, der Zwangsrituale, der Kapitalinvestitionen, der Standardisierung, der Arbeitsteilung, des Zeitdrucks, des Wuchers und der Verschuldung, der Besteuerung, der Prostitution, Krankheit, der Plackerei, korrupter Hierarchien, der Entfremdung, spezialisierter Experten, der Sklaverei, zerstörerischer Abholzung, der Bodenerosion, der Unterdrückung von Minderheiten, der gewaltsamen Unterwerfung von Frauen, Kindern und Außenseitern sowie von Hierarchiewahn.

Das nennen wir die »Geburt der Zivilisation«: äußerst unangenehme Zustände, die alle anderen Menschen auf der Erde – die als Barbaren bezeichneten Menschen – verzweifelt zu vermeiden suchten.

Die nächste Epoche der Verelendung der Menschheit umfasst zwei komplementäre, noch nicht antagonistische Entwicklungsprozesse: den Aufstieg Judäas – der ersten Gesellschaft, die einen einzigen »wahren« Gott anerkannte – und den Aufstieg Griechenlands – der ersten rationalen Gesellschaft und einer der ersten, in der Skepsis gegenüber dem Göttlichen aufkam. Diese beiden Entwicklungen scheinen auf den ersten Blick ziemlich gegensätzlich,[5] aber

---

5   Wie Kapitalismus und Kommunismus: siehe Mythos 22. Man beachte, dass zur gleichen Zeit eine parallele Entwicklung in China und Indien stattfand. Die gesamte Periode, die allgemein als »Eisenzeit« oder »Achsenzeit« bezeichnet wird, zeigt eine starke Intensivierung der Zivilisation in ganz Eurasien; mehr Spezialisierung, Technologie, Rationalität, Abstraktion, Professionalismus ... und Terror.

die Mythen und Philosophien der antiken griechischen Denker und die des psychopathischen alten Mannes, der über Judäa herrschte, waren – in allen wichtigen Punkten – identisch.

Jahwe und seine Patriarchen, Platon, Aristoteles und die meisten Gelehrten, die von der klassischen griechischen und jüdischen Gesellschaft gefeiert wurden, hassten Frauen, die Natur, Fremde und das einfache Volk. Sie erklärten, dass die reale Welt – also die Erde – frei von jenem lebenden Mysterium sei, das früher die »rückständigen« Menschen verehrten.

Sowohl die griechischen als auch die jüdischen Mythen handeln von durchgeknallten männlichen Kindsköpfen, die unter den fadenscheinigsten Vorwänden durch die Welt ziehen, vergewaltigen und morden. Wir nennen diese Geschichten »Klassiker«.

Die griechischen und jüdischen Gesellschaften waren auch zutiefst von einer Rechtsbesessenheit geprägt, die den königlichen – und oft despotischen – Willen als Herrschaftsprinzip in der Gesellschaft und folglich auch im gesamten wissenschaftlichen Universum ablöste. Durch die stark abstrahierte Realität der Griechen und Juden – ein abstraktes rationales System, eine abstrakte Gottheit in einem fernen abstrakten Himmel und ein abstraktes, völlig unpersönliches Gesetz, dem alle gleichermaßen unterworfen sind – konnte das, was wir »Wissenschaft« nennen, den Aberglauben überwinden und später verhöhnen, und das, was wir »Demokratie« nennen, die Monarchie ersetzen. Die Tatsache, dass ein Albtraum durch einen anderen, im Wesentlichen identischen Albtraum ersetzt wurde, war damals ebenso schwer zu begreifen wie heute.

Das unheilvolle Universum der Griechen und der Hebräer, das in beiden Fällen als ein Universum der trostlosen Arbeit und ohne Zugang zum Paradies konzipiert wurde, beruhte auf der Fähigkeit, die Realität von der *primären Technik* der systemischen Abstraktion zu trennen. Dies ging Hand in Hand mit der Schaffung beziehungsweise der Entwicklung von *drei sekundären Techniken* der Kontrolle, des Austauschs und der Kommunikation, die die Art und Weise, wie Menschen miteinander und mit dem Universum in Beziehung treten, von Grund auf veränderten.

Die erste Technik war die WUCHERSCHULD – zuerst erfunden von mesopotamischen Königen und Priestern im 3. Jahrtausend v. u. Z., um ihr Volk zu verarmen und zu versklaven –, die aber von fast allen nachfolgenden »Zivilisationen« begeistert übernommen wurde. Die Verschuldung war so tief in der sozialen Struktur verwurzelt, dass die Religionen des Vorderen Orients begannen, die Realität selbst in einer Schuldner-Gläubiger-Beziehung zu definieren, in der wir die Schuldner – oder Sünder – sind und der Gläubiger die Bank Gottes ist, die hier auf Erden von seinen professionellen Dienern, Buchhaltern, Managern und Priestern verwaltet wird.

Die zweite Technik der Kontrolle, eine Erfindung der Griechen, war das GELD – ein unpersönliches, unzerstörbares Abstraktum, das Menschen, Gegenstände und schließlich das gesamte Universum in eine Ansammlung homogener Mengen verwandelte, in *Dinge*, die man kaufen und verkaufen konnte.

Die griechischen Philosophen begannen, dank der durch das Geld hervorgerufenen Denkweise, das gesamte Universum als eine Ansammlung einzelner, rational erfassbarer Teilchen (auch Atome genannt) und Ideen (oder »platonische Körper«) zu betrachten, allen voran *das tragische Atom* – abgeschnitten, isoliert, allein –, das wir »Mensch« nennen.

Die dritte revolutionäre Technik der Zivilisation war die alphabetische SCHRIFT, die zuerst von den Phöniziern entwickelt und dann von den Griechen und Hebräern perfektioniert und hoch geschätzt wurde. Trotz ihres potenziellen Nutzens und ihrer Möglichkeiten und ihrer Schönheit bewirkte diese Technik eine verheerende Veränderung des Bewusstseins derer, die Zugang zu ihr hatten: Diejenigen begannen die *Inspiration* nicht als eine direkte Erfahrung oder etwas geheimnisvoll Fließendes, sondern als eine Funktion des Gedächtnisses zu betrachten; die *Sinne* nicht als inhärente Qualität, sondern als eine Anzahl von Worten; und die *Gesellschaft* nicht als etwas, zu dem der Mensch einen direkten kontextuellen Zugang hat, sondern als etwas, das sich ihm durch das Lesen erschließt.

Und wieder – wie bei jeder anderen epochalen Technik, die folgte – sah kaum jemand, dass der Zugewinn an Macht auf Kosten eines Verlustes an Fähigkeiten ging, in diesem Fall auf Kosten der sinnlichen Inspiration, der Klarheit, die sich aus dem Kontext ergibt, und der unbeschreiblichen Musik der Sprache.

Diese drei Techniken hatten drei kombinierte Effekte. Erstens vergrößerten sie radikal die Distanz des Individuums zu seiner Umwelt, denn die Macht des

Geldes braucht keinerlei Beziehungen, um sich aufrechtzuhalten. Zweitens verstärkten sie die isolierende und isolierte Macht des individuellen Besitzes, da *mein* Besitz nicht mehr durch Tradition oder Gegenseitigkeit mit anderen gebunden ist. Und drittens schufen sie bei allen, die in den Bann von Schulden, Schrifttum und Geld geraten waren, den Glauben, dass die Wirklichkeit letztlich *etwas* sei, das man mit dem Verstand erkennen und besitzen könne.

Und so waren zu der Zeit, als Griechenland seine Macht an Rom verlor (das dann mit der Christianisierung die klassische griechische Kultur mit dem Judentum zu einem Weltbild verschmolz), alle grundlegenden Komponenten für eine brutal unterdrückende, mechanische Zivilisation vorhanden: eine klare soziale Schichtung, Feindseligkeit gegenüber dem Unbekannten, ein abstraktes Bild des Universums, das als real angenommen wurde, und das Bewusstsein, dass Geld, Verstand, Sprache und Kosmos ähnlich strukturierte – und gleichermaßen bedeutsame – Entitäten waren.

Alle Konsequenzen solcher Grundhaltungen waren ebenfalls vorhanden: Gesetz und Verbrechen, bewaffnete Armeen und Krieg, Spektakel und Langeweile, Religion und (Proto-)Wissenschaftlichkeit, weit verbreitetes Leid, Einsamkeit, Entfremdung, Wahnsinn und ökologischer Ruin. Diese Elemente – in verschiedenen Variationen und Kombinationen – bestimmten das Leben von Männern und Frauen in Europa, Asien, großen Teilen Afrikas und schließlich auch in Südamerika für die nächsten tausend Jahre.

Manchmal gingen Zivilisationen unter, wie zum Beispiel Rom, ein Ereignis, das mit Erleichterung begrüßt wurde und die Lebensqualität der einfachen Menschen verbesserte.

Manchmal konnten sie eingedämmt werden, wie z.B. in der langen Geschichte der erfolgreichen Unabhängigkeit Japans, und weniger unzivilisierte Gesellschaftssysteme konnten sich behaupten. Diese FEUDALsysteme, obwohl sie Ausbeutung – und mitunter furchtbares Leid – mit sich brachten, stellten insgesamt eine Verbesserung der Lebensbedingungen der einfachen Menschen dar. Der europäische Bauer des Mittelalters zum Beispiel war Selbstversorger, hatte freien Zugang zu Gemeindeland, ging einer Arbeit auf hohem Niveau nach, die ihn nicht entfremdete, und das in der Regel in einem sehr angenehmen Tempo, mit einer hohen Anzahl freier Tage, und pflegte einigermaßen gesunde soziale Beziehungen zu seinen Mitmenschen, auch zu denen außerhalb seines Standes.

Die Abhängigkeit von der Uhr war außerhalb der Klöster unbekannt, der Tod galt als lebenslanger Begleiter und nicht als ein von der Zeit besessener »Sensenmann«, Verrücktsein war selten ein Vorwand für Ausgrenzung, und selbst die Beziehungen zwischen den Geschlechtern waren – trotz vieler schrecklicher Ausnahmen – *relativ* gleichberechtigt. Die Männer und Frauen des Mittelalters waren, insbesondere im Spätmittelalter, auch eine inspirierende, ketzerische und anarchische Herausforderung für den Feudaladel.

Natürlich gab es Krankheiten, Kriege und religiöses Leid, vor allem gegen Ende der Epoche, als so etwas wie die Hölle über die feudale Welt Westeuropas hereinbrach. Aber Ausbeutung, wie sie beispielsweise im kaiserlichen Rom oder im viktorianischen England praktiziert wurde, war relativ gering; Armut, wie zum Beispiel bei den heutigen indigenen Völkern, war relativ selten, und radikale Rebellionen, von denen die spanischen Anarchisten des 20. Jahrhunderts und die europäischen Hippies nur träumen konnten, waren relativ häufig.

All das sollte sich ändern. Im 15. und 16. Jahrhundert entstand eine neue Form des Systems: der KAPITALISMUS. In allen seinen wesentlichen Aspekten erwies sich der Kapitalismus als eine Weiterentwicklung und Verfeinerung des Zivilisationsprojekts, das in der Morgendämmerung des Aberglaubens konzipiert worden war, sich zunächst in Mesopotamien und Ägypten manifestierte – den ersten Gesellschaften, die so funktionierten, als wären die Menschen, die sie bildeten, Teile eines Mechanismus – und sich dann in Judäa, Griechenland, Rom, China, bei den Abbasiden, den Mongolen, den Osmanen, den Spaniern, den Holländern, den Briten und in den USA weiterentwickelte.

Mit jeder nachfolgenden Zivilisation wurde der Gesellschaftsmechanismus verfeinert und verbessert. Der Aufbau der klassischen Armeen, das Wachstum und die reglementierte Verwaltung der Stadtstaaten, die repressive Institutionalisierung und das Zeitmanagement der mittelalterlichen Klöster, das Bankwesen der Renaissance – jede neue Technik der Gesellschaftskontrolle trug dazu bei, ein autonomes, mechanisches und später digitales Regierungssystem aufzubauen.

Ab dem 17. Jahrhundert war jeder Schritt der europäischen Führungsschicht (insbesondere der neuen Klasse der Kaufleute und Handwerker) auf
die Errichtung dieses sich selbst regulierenden Systems ausgerichtet.

Die industrielle Revolution, die Steuerung einer »freien« Industriearbeiter-
schaft, die Hyperrationalisierung der Arbeitsabläufe, die Umwandlung von Zeit
in Geld, die Ausbreitung und Weiterentwicklung von Schulen, Arbeitsstätten,
Krankenhäusern, Fabriken, Banken, Armeen und des modernen Nationalstaa-
tes mit ihren Zwangstechniken der Überwachung und Kontrolle (durch die
Einführung allgemeiner, standardisierter, einheitlicher Bezeichnungen, Maß-
einheiten, Währungen, Religionen, Rechtssysteme, Stadtpläne usw.) dienten
und dienen nur diesem einem Zweck.

Gegen Ende des 19. Jahrhunderts zeichnete sich ab, dass die Schaffung
eines »perfekten« globalen Systems innerhalb kürzester Zeit zur völligen Zerstörung der Gesellschaft führen würde. Und so wurden Maßnahmen ergriffen,
um einerseits die Arbeitskräfte vor dem (globalen) Zugriff zu schützen und
andrerseits die zahlreichen revolutionären Gruppierungen zu befrieden, um
sich ihrem schweren Los zu widersetzen.

Die Vielzahl von Reformen, die sich über das Jahrhundert zwischen 1860
und 1960 erstreckten, konnte das Leben vieler Menschen erfolgreich verbessern. Aber da die tieferen Grundlagen des Systems ignoriert und seine Gemeinsamkeiten völlig übersehen wurden, rollte der Moloch der Zivilisation
unbeirrt und unvermindert weiter – sogar in vielerlei Hinsicht durch die Reformen gestärkt , bis auch die wenigen Bremsen, die Männer und Frauen zu
installieren vermochten, am Ende des 20. Jahrhunderts »zurückgerollt« waren,
so dass das System seine Aufgabe vollenden konnte: die Verschmelzung von
Menschen, Ideen, Emotionen, Techniken, Werkzeugen, Objekten, Verhaltensweisen und »natürlichen Ressourcen« (d.h. naturnahen Lebens), aus denen
sich die Zivilisation zusammensetzt, zu einem einzigen, gigantischen und sich
völlig selbst regulierenden Mechanismus.

Bis zum Ende der zivilisatorischen Fortschrittsphase des Kapitalismus, die
etwa von 1600 bis 1900 dauerte, waren die einzelnen Komponenten des Systems
mehr oder weniger noch mit der Natur, dem Wesen des Menschen und der Kultur, die Menschen in Gemeinschaften auf natürliche Weise schaffen, verbunden.

Mit dem Aufstieg des Kapitalismus wurden Boden, Arbeit, Energie und Zeit zur Ware und zusammen mit allen anderen Komponenten der Zivilisation in einer Vielzahl rationaler, wissenschaftlich-technologischer Prozesse assimiliert, deren Zweck darin bestand, noch mehr Ertrag (Gewinn, Produktion, Leistung usw.) zu erzielen. Diese Prozesse verzerrten, degradierten und zerstörten zwangsläufig alles, womit sie in Berührung kamen, indem sie alles, was für die jeweilige Aufgabe nicht relevant war, eliminierten oder ignorierten.

Die Baumwollspinnereien produzierten billigere Baumwolle, während sie die lokalen Gemeinschaften zerstörten; die Schulen brachten konformere Arbeiter hervor, indem sie ihre Initiative und ihr Einfühlungsvermögen korrumpierten; die Farmen produzierten mehr Nahrungsmittel, während sie dem Boden Nährstoffe entzogen und die Wildnis zerstörten; Fabriken produzierten mehr abstrakten Wohlstand, während sie das tatsächliche Leben ihrer Arbeiter chronisch verarmten; Geräte brachten mehr »Zeitersparnis«, vervielfachten aber gleichzeitig die zu ihrer Herstellung (und Bezahlung) erforderliche Arbeit und so weiter.

Jede technologische Innovation hat eine Reihe von Einzelproblemen gelöst und gleichzeitig eine Reihe neuer Probleme geschaffen, für deren Lösung wiederum neue technische Verfahren entwickelt werden mussten.

Jede neue Entwicklung – Kunststoff, Kernspaltung, Hochgeschwindigkeitsverkehr, Genforschung, Internet – oder jede neue zukunftsweisende Lösung – Smart Drugs, virtuelle Realität, Kybernetik, Nanotechnologie, Kernfusion, gigantische Spiegel im Weltraum wird mit großem Tamtam gefeiert, während die katastrophale Umweltverschmutzung, die Langeweile, die Krankheit oder der Wahn, die sie verursachen, entschuldigt, ignoriert oder als Chance für weiteren technischen Fortschritt genutzt werden.

Gegen Ende der kapitalistischen Ära hatte sich die Technisierung[6] von der menschlichen Kultur abgekoppelt und dominierte das materielle Leben auf der Erde. Im Laufe des 20. Jahrhunderts dehnte sich diese Dominanz auf alle Aspekte menschlicher und natürlicher Erfahrung aus, denn die Technisierung beschränkte sich nicht nur auf die Konstruktion leistungsfähiger Maschinen,

---

6   Alias »Technik«, siehe Ellul, J. (1964). The technological society, p. 133–143. Random House.

die Nutzung neuer Energien, die Verfeinerung von Steuerungsmethoden oder die Herstellung von Waren, sondern wurde auf das gesamte Spektrum natürlichen und menschlichen Lebens angewandt. Ja, sie *musste* auf alles angewandt werden, denn alles, was nicht der rationalen Umstrukturierung unterlag, behinderte oder bedrohte die Produktivität.

Eine Hightech-Fabrik kann nur entstehen, wenn es Hightechprodukte gibt, die mit Hightech-Geschwindigkeit angeliefert und von Hightech-Angestellten verarbeitet werden. Diese Angestellten dürfen nicht länger ihren eigenen Arbeitsstil entwickeln, sich selbst weiterbilden oder das Leben führen, das sie wollen, sondern sie müssen vollständig in wissenschaftliche Programmiertechniken integriert sein, die nachweislich die höchste Geschwindigkeit, Leistung, Effizienz, Genauigkeit – oder was auch immer das gewünschte Ergebnis sein mag – liefern.

Derselbe Druck wird *buchstäblich auf jede menschliche Tätigkeit* ausgeübt. Ob man nun Sportler, Töpfer, Programmierer, Sänger, Straßenkehrer oder Polizist ist, es ist einem nicht erlaubt, in seinem eigenen Tempo zu arbeiten, seinen eigenen Weg zu wählen, aus eigener Erfahrung oder Inspiration heraus zu gestalten, zu tun, was man will, wann man will, oder – Gott bewahre – sich zu fragen, warum man so arbeitet, wie man es tut, und zu welchem Zweck. Eine Unabhängigkeit des Denkens, des Handelns oder auch nur des Fühlens ist keine Option; da die entfernten oder langfristigen Auswirkungen des eigenen Tuns keine Option sind, ist jede Praxis oder Realität, die nicht mit den Techniken maximaler Kontrolle, Produktivität und Effizienz in Einklang gebracht werden kann, keine Option.

Das ist einer der Gründe, warum es sinnlos ist, einzelne Aspekte des Systems zu reformieren, abzulehnen oder auch nur zu versuchen, sie isoliert vom Ganzen zu verstehen. Politik, Kommunikation, Verkehr, Medizin, Wirtschaft, Wissenschaft, Wohnen, Ernährung, Unterhaltung, Management und jede Form von Arbeit sind in ein einziges System von ineinandergreifenden Prozessen integriert.

Es ist letztlich bedeutungslos, darüber zu spekulieren, wie das Internet das Leben der Menschen verändert hat, den Einfluss von Big Pharma zu analysieren oder zu versuchen, die Probleme »unseres Bildungssystems« zu diagnostizieren; wie es völlig sinnlos ist, Gefängnisse zu reformieren, Plastiktüten zu verbieten oder Petitionen zu unterschreiben; so wie es völlig zwecklos ist, sich gegen den Zugriff von Energiekonzernen, Ärzten oder staatlicher Bürokratie auf das menschliche Leben zu wehren, indem man sein Haus mit einem Holzofen heizt, sich selbst medizinisch versorgt oder seinen Facebook-Account löscht und seinen Reisepass zerreißt.

Das heißt nicht, dass es bedeutungslos, sinnlos oder zwecklos ist, sich mit diesen Problemen auseinanderzusetzen oder zu versuchen, sie zu lösen oder zu umgehen, *ganz und gar nicht*. Schließlich werden wir uns hier mit 33 Aspekten des Systems befassen, die alle einzeln behandelt werden. Bedeutungslos, sinnlos, und zwecklos *ist* es allerdings, diese Aspekte ohne Bezug auf das System als Ganzes anzugehen, in dem jedes Element untrennbar integriert ist, und diejenigen, die das System verteidigen, wissen das.

Sie wissen es oder verstehen intuitiv, dass dem System am besten gedient ist, wenn man sich auf seine isolierten Elemente konzentriert, was sie ihr ganzes Leben lang tun. Solche Leute nennen wir normalerweise »Spezialisten«.

Das System zwingt mehr oder weniger jeden dazu, ein Spezialist zu werden und einzelne Teile des Universums als Objekte technischer Manipulation zu betrachten. Der Lehrer zum Beispiel muss das Kind von seinem Zuhause, seiner Familie, seiner natürlichen Umgebung und der außerordentlichen Komplexität und Subtilität seines eigenen Lebens und Charakters trennen; er muss die Aufmerksamkeit des Kindes mit festen Vorgaben binden (zahlreiche Bücher, Tests und Projekte, die dem Lehrplan entsprechen, ergänzt durch alle möglichen Spiele, Schulausflüge und »Erfahrungen«, die die Schule oder der Lehrer offiziell oder *freiwillig* hinzufügen kann), um das gewünschte Ergebnis zu erzielen: die Integration in das System. Ärzte arbeiten auf die gleiche Weise wie auch die Wissenschaftler, Anwälte, Sozialarbeiter, Politiker, Manager, Designer, Klempner, Bauern, Küchenhilfen … jeder.

Eine Welt, in der ausschließlich solche rationalen Spezialisten agieren, bewirkt unweigerlich, dass niemand die Folgen seines Handelns kennt oder die Verantwortung dafür übernimmt. Sie sind dafür nicht ausgebildet, und wenn sie einmal über die ihnen zugewiesene Rolle hinausgehen, treten sie unweigerlich jemandem (anderen) auf die Füße, dessen ganzes Leben von der

Macht abhängt, die *sie* über ihre spezialisierte Aufgabe ausüben. Dies führt zur Entstehung einer nahezu unendlichen Anzahl von sinnlosen Jobs, die geschaffen werden, um mikroskopische Details zu verwalten oder spezialisierte Macht zu schützen, ohne dass jemand eingreift, der vielleicht weiß, was er tut.

Das System wird nicht – und kann niemals – von Männern und Frauen regiert werden, die wissen, was sie tun, die die Zusammenhänge erkennen oder die bereit sind, ihre systemfremden Vorstellungen über die Verteilung der Mittel durch das System zu stellen. In diesem Sinne ist das System völlig autonom und selbstgesteuert; seine oberste Direktive ist die Einzige, die sich eine autonome Maschine vorstellen kann: wachsen, sich ausbreiten, sich reproduzieren. Sterben niemals.

Männer und Frauen besitzen oder verwalten viele Teile des Systems, aber die einzigen Aktivitäten, die das System ihnen erlaubt, sind solche, die sein unaufhörliches Wachstum fördern. Ebenso erhalten nur diejenigen eine Position, in der sie »frei« sind, die richtigen Entscheidungen treffen zu können, die instinktiv diese Aktivitäten fördern und die seit ihrer Kindheit an die systemische Lebensweise gewöhnt sind.

Das System installiert automatische Filter, um »Störenfrieden« den Weg in Positionen mit Einfluss zu versperren. Wenn jemand, der freundlich, wohlmeinend oder intelligent ist, Macht erlangt, fühlt er sich völlig machtlos gegenüber dem System, das entweder alles tun wird, um sich seiner ungewollten Anwesenheit zu entledigen, oder ihm erlaubt, mit dem Kopf gegen die Wand zu rennen, bis seine Anhänger enttäuscht sind und ihn aufgeben.

Kennzeichnend für die vormoderne Phase des Systems war also die abstrakte Kommodifizierung von Raum, Zeit und Energie. Geometer teilten das Land ein, Uhren teilten den Tag ein und der Staat teilte die Menschen ein; und alle drei wurden in den Verkehr gebracht, um sie in immer ausgefeiltere Technologien der Produktion (oder Herstellung) und Techniken der Reproduktion (oder »Dienstleistungen«) zu integrieren, die wir normalerweise Kapitalismus nennen.

Diese vormoderne Phase entwickelte sich dann in der ersten Hälfte des 20. Jahrhunderts zu dem modernen oder postmodernen System, wie wir es kennen, das versucht, *Wissen* (oder Daten), *Schulden* (durch den Prozess der sogenannten Finanzialisierung, in dem die kommerzialisierte Zukunft mit

Hypergeschwindigkeit manipuliert und gehandelt wird); *Wahrnehmung* und *Emotionen* (durch die Virtualisierung jeder Art von sozialer Interaktion), *Materie* (künstliche Materialien, urheberrechtlich geschützte Moleküle, patentierte Gene und so weiter) und neue Formen von *Hyperenergie* (petrochemische und nukleare Energie) zu kommodifizieren. Kurz gesagt: Alle Barrieren zwischen dem System und den letzten Nischen der Realität werden beseitigt.

Letztendlich wird sogar das bewusste Erleben des eigenen Körpers in den globalen Mechanismus integriert (oder PRIVATISIERT) und gezwungen, sich seinen Rhythmen und Gesetzen anzupassen.

Ein weiteres erwähnenswertes Merkmal der postkapitalistischen Welt ist, dass sie zunehmend Züge anderer Formen des Systems wie Feudalismus, Sozialismus und Faschismus annimmt. Die Finanzialisierung hat dazu geführt, dass auf den höheren Ebenen des Systems riesige Geldmengen zirkulieren, was wiederum zu einem feudalen Netzwerk von Gefälligkeiten, Schmiergeldern und Pfründen geführt hat; Mittel, um Freunde, Familie und andere Vertraute gut zu bezahlen, während sie im Grunde nichts tun: Große Konzerne sind seit Langem von staatlicher Unterstützung (durch Militärausgaben oder staatlich geförderte Forschung und Entwicklung) und Rettungsaktionen (in Zeiten von Depression und Rezession) abhängig – was im Grunde eine Form des staatlich geförderten Sozialismus (für die Reichen) darstellt. Und das System erfordert oft extreme Formen von Autoritarismus, die – insbesondere unter Zwang – nicht von Faschismus oder Totalitarismus zu unterscheiden sind.

Der Begriff »Kapitalismus« mag eine nützliche Formulierung sein, aber er ist weit davon entfernt, zutreffend zu sein. Der heutige »Kapitalismus« unterscheidet sich radikal von dem, den Marx sezierte, weshalb einige seiner wichtigsten Prognosen nicht eingetroffen sind. Er konnte nicht vorhersehen, dass die ganze Welt, einschließlich der Psyche jedes Einzelnen, zu einem »Produktionsmittel« werden würde, und auch nicht, dass infolgedessen die Arbeiterklasse fast vollständig unterworfen und domestiziert werden würde.

Aus diesem Grund wird der heutige Kapitalismus oft als SPÄTSTADIUM oder manchmal als NEOLIBERAL bezeichnet. Aber wenn wir akzeptieren, dass sich diese Begriffe auf die letzte und wichtigste Phase eines Projekts beziehen, das seit mindestens zehn Jahrtausenden andauert – wenn wir den gesamten

Prozess verstehen wollen, einschließlich seiner entschieden nicht-kapitalistischen Elemente –, dann brauchen wir einen Begriff, der das alles umfasst. Obwohl dies, wie wir sehen werden, auch problematisch ist, gibt es kein besseres Instrument für diese Aufgabe als »DAS SYSTEM« – ein Begriff, der sich sowohl auf die Zivilisation als Ganzes als auch auf die vorherrschende, allumfassende, hyperentwickelte, postkapitalistische Weltordnung, in der wir uns heute befinden, und auf die Mythen bezieht, mit denen sie ihre Existenz rechtfertigt; Mythen, die bei näherer Betrachtung sowohl das Wesen des Systems offenbaren als auch, in dieser Offenbarung, die Mittel, mit denen wir uns von ihm befreien können und werden.

1
Der Mythos der Wirtschaft

Die Ökonomie erklärt alles, für alle Zeiten. Ökonomen stellen diese Behauptung entweder offen und direkt auf[7] oder sie gehen einfach davon aus, dass das gesamte Universum und alles Leben darin gemäß der Kernannahme der klassischen Wirtschaftstheorie funktioniert – und für immer funktionieren wird:

Die menschliche Gesellschaft besteht aus rationalen, egoistischen Individuen mit unbegrenzten Bedürfnissen, die um knappe Ressourcen konkurrieren.

Diese fundierende Prämisse, auf der eine wahre Hochburg akademischen Strebens errichtet wurde, bezieht respektive erstreckt sich auf die gesamte natürliche Welt und vor langer Zeit sogar auf Gott. Alle Naturformen sind egoistische Konkurrenten um begrenzte Ressourcen, die Gene sind mikroskopische Kapitalisten, und alle gegenteiligen Beweise werden sofort ausgeblendet oder als unwissenschaftlich abgetan. Folglich ist eine Gesellschaft, die auf Preisen und Geldtransaktionen basiert – ein MARKTSYSTEM – so natürlich wie das menschliche Verhalten, das die Ökonomen in ihr untersuchen, eine »Neigung zum Tauschhandel«,[8] die faktisch seit Anbeginn des Lebens darauf gewartet

---

7   Chang, H.J. (2011). 23 things they don't tell you about capitalism. Penguin Books.
8   Mit den berühmten Worten von Adam Smith.

hat, von den Hemmnissen befreit zu werden, die sie daran hindern, sich auf die möglichst natürlichste – oder »entwickelteste« – Art und Weise zu verhalten: das perfekte System, das wir als KAPITALISMUS kennen, das logischerweise für immer bestehen wird, oder zumindest so lange, wie die Menschen sich »rational« verhalten.

Dieses Wort »rational« ist aus zwei Gründen ein Schlüsselelement der Wirtschaftstheorie. Erstens, weil Ökonomen wie alle Kapitalisten glauben, dass nur die physikalistische, wissenschaftliche Methode die Wahrheit ans Licht bringen kann. Ist etwas »unwissenschaftlich«, kann man nicht sagen, dass es rational existiert. Die Existenz oder Bedeutung *nichtrationaler Wahrheiten* wird von Ökonomen und dem wissenschaftlichen Establishment, dem sie sich gerne zugehörig fühlen, *a priori* ausgeschlossen.

Sie fühlen sich zugehörig – aber sie sind es nicht. Die Ökonomie und die Wissenschaft haben etwas gemeinsam: Sie beruhen beide auf der Vernachlässigung von Zusammenhängen und der Konzentration auf Illusionen, aber die Illusion der Wissenschaft spiegelt zum Teil, und nachgewiesenermaßen, einen Aspekt der physikalischen Welt[9] wider, und zwar die Art und Weise, wie sie verwendet werden kann, um genaue und nützliche Vorhersagen über diese Welt zu machen. Die *menschliche* Welt, die die Ökonomie vorgibt zu modellieren, lässt sich jedoch nicht in der gleichen Weise auf Ideen reduzieren, und selbst wenn sie es könnte, lässt sie sich nicht mit der gleichen experimentellen Methode untersuchen, die Wissenschaftler bei physikalischen Phänomenen anwenden.

Das ist der Grund, warum die Wirtschaftstheorien der Ökonomen unlogisch und oberflächlich sind, warum Ökonomen nicht in der Lage sind, verlässliche Vorhersagen zu machen, und warum die Vorhersagen, die sie machen, immer falsch sind. Jedoch hält das die Kapitalisten nicht davon ab, ihren Ratschlägen zu folgen, denn in der realen Welt ist die Ökonomie weder die Lehre von der Wirtschaft noch die Lehre vom menschlichen Verhalten in der Wirtschaft

---

9   Es handelt sich um die Fakten, aus denen die Welt aus der Sicht des Verstandes bestehen kann. Diese Fakten beziehen sich eindeutig und offensichtlich auf etwas in der realen Welt – sonst könnten wir sie nicht von einem Traum unterscheiden. Die entscheidende Frage ist, ob es in der Realität etwas gibt, das nicht faktisch und damit für die wissenschaftliche Argumentation intransparent ist.

noch von einem der zahllosen anderen Phänomene, die die Ökonomen zu erklären vorgeben.

Die Wirtschaftswissenschaften sind, wie so vieles in der akademischen Welt, einschließlich der Rechtswissenschaften und des Journalismus, letztlich nichts anderes als ein Mittel, um die Handlungen der Mächtigen zu rechtfertigen und jede Wahrheit, die ihre »Freiheit« beeinträchtigen könnte, zu verschleiern oder zu verwirren.

Die zeitgenössische »neoklassische« Wirtschaftswissenschaft untersucht beispielsweise ausschließlich abstrakte Modelle, die davon ausgehen, dass alle Menschen die gleichen messbaren Präferenzen haben und dass diese Präferenzen unter radikal unterschiedlichen Bedingungen gleichbleiben. Die daraus resultierenden »Gesetze« sind völlig bedeutungslos für die Wissenserweiterung, denn ein solcher Zweck liegt den Ökonomen und ihren Förderern fern.

Wollte ein König seine Feinde niedermetzeln oder sein Volk ausplündern lassen, befragte er Priester, die dafür bezahlt wurden, ihm zu erklären, warum Gott ihre Taten gutheißt. Heute ziehen Politiker und CEOs, wenn sie dasselbe tun wollen, Wirtschaftswissenschaftler (oder ihre wissenschaftlichen Kollegen, Psychologen oder Mediziner, die bereit sind, ihre Integrität zu verkaufen, um ihren Job zu behalten) zu Rate, die ihnen begründen, dass es gut fürs Geschäft ist, das Gemeindeland einzuzäunen, damit selbstversorgende Bauern gezwungen sind, ihre Arbeitskraft zu verkaufen; oder dass es gut fürs Geschäft ist, auf einer abgelegenen Insel eine Hungersnot zu verursachen, damit ihre Bewohner gezwungen sind, sich dem Markt unterwerfen; oder dass es gut fürs Geschäft ist, halb Afrika in »geplanten Dörfern« oder auf Baumwollplantagen zu versklaven; oder dass es gut fürs Geschäft ist, die Wasserversorgung eines Landes zu privatisieren, damit Nestlé sie kaufen und verkaufen kann; oder dass es gut fürs Geschäft ist, die lästige Bevölkerung eines rohstoffreichen Landes auszurotten; oder warum es gut für die Wirtschaft ist, unsägliches Elend über die Menschen in China, Indien und Bangladesch zu bringen, um all die Waren herzustellen, die westliche Konzerne verkaufen.

Die Wirtschaftswissenschaften erklären all dieses Elend und den Ruin auf magische Weise, denn so unermessliche Qualitäten wie Hässlichkeit, Leid, Knechtschaft, Entfremdung, Ausbeutung und zunehmender Horror können weder in den Bilanzen der Unternehmen noch in den Köpfen der Ökonomen auftauchen und existieren daher nicht.

Nehmen wir zum Beispiel den Finanzcrash von 2008: Die gesamte Aufmerksamkeit der sogenannten Linken und Rechten konzentrierte sich auf die Finanzialisierung, auf Kredite und Schulden, auf fehlende Regulierung, Spekulation und Banken. Sicherlich faszinierend und bedeutsam, aber mit keiner *Silbe* wurde erwähnt, wie die gigantischen Volkswirtschaften des konzerngesteuerten Westens und ihre Klasse der superreichen CEOs, Aktionäre und Manager ihre Macht erlangt haben, um riesige Summen auf den Geldmärkten zu verzocken. Denn dieses zentrale Element der Weltwirtschaft – die unverschämt profitable klassenbasierte Ausbeutung von Land und Arbeit in den »Entwicklungsländern« – *existiert* einfach *nicht* für professionelle Ökonomen und Journalisten.

Arbeit, womit ich gelebte Tätigkeit meine, *Leben* meine, ist für Ökonomen nahezu bedeutungslos. Für sie ist alles Glück, alle »Produktivität«, aller »Fortschritt« nicht das Verdienst von tätigen Lebewesen, sondern von Preisen, Waren und wirtschaftlichen Beziehungen wie Eigentum und Investitionen, kurz von KAPITAL.

Nicht die Natur, sondern das Kapital produziert Nahrungsmittel und Treibstoff, sagt der Ökonom. Es ist das Kapital, das Werkzeuge baut und benutzt, nicht der Mensch. Es ist das Kapital, das produktiv und kreativ ist, nicht das Leben. Der Ökonom, egal ob Kapitalist oder Marxist, erweckt also wie der Priester und der Schamane eine Idee zum Leben, lehrt die Menschen, seine Erfindung anzubeten, und verbirgt dann den ungeheuerlichen Betrug dieses magischen Denkens hinter einer komplizierten Sprache, die er sich in seiner Fachausbildung angeeignet hat.

Daraus ergeben sich zwei Konsequenzen: Die erste ist, dass die Quelle unseres Reichtums, Land und Arbeit (oder Natur und Kultur), für die Wirtschaft nicht wahrnehmbar ist, denn sie verhält sich so, als ob die Energie und die Materie, von denen sie abhängig ist, unsichtbar wären; ebenso unsichtbar wie die Abfälle und die Umweltverschmutzung, die sie, wie alle unnatürlichen Prozesse, produziert. Die parasitäre Natur des Systems – die Notwendigkeit, von einem anderen Organismus, der Erde, zu leben, die in dem Maße kränkelt, wie das System wächst – ist daher ebenfalls unsichtbar, weshalb sie niemals thematisiert werden kann.

Die zweite Konsequenz des Systems, das sich selbst an die Stelle des Bodens und der Arbeit setzt, die es ausbeutet, besteht darin, dass die Menschen sich einbilden, *ihre eigene Tätigkeit* sei in Wirklichkeit die Tätigkeit des Kapitals (oder der »Industrie« oder der »Unternehmen«), was sie zu der Überzeugung bringt, dass sie der Welt nur dann nützlich sind, wenn sie Kapital produzieren und dem kapitalistischen System dienen, d. h. Tätigkeiten ausüben, an denen sie kein Interesse und über die sie keine Kontrolle haben, und für Waren zahlen, die sie selbst produzierten, mit dem Geld, das sie im Austausch für diese Tätigkeit erhielten – Waren, die sie schließlich als fremde Objekte wahrnehmen, die vom Himmel fallen. All dies gibt dem Kapital neues Leben und vernichtet ihr eigenes Leben.

Für die Wirtschaftswissenschaftler sind diese Dinge das, was für die Naturwissenschaftler »Rauschen« ist: »externe Effekte« im Hintergrund, so unscheinbar wie die Luft, die dennoch aus dem Vakuum des abstrakten ökonomischen Denkens angesaugt werden muss. Die traumverlorene ökonomische »Realität«, die sich daraus ergibt, kann dann als Spiegelbild ihrer unbeholfenen und korrupten Pseudowissenschaft dargestellt werden, wodurch die Wirtschaftswissenschaften mit einer Maske seriöser Wissenschaftlichkeit versehen werden. Jeder, der versucht, wieder Sauerstoff in die Leere zu bringen, wird entlassen oder, wenn sich seine Aktivitäten als brandgefährlich erweisen, eingesperrt oder getötet.

2
Der Mythos des Geldes

Geld wandelt automatisch heterogene Qualitäten – die einzigartige und nicht duplizierbare Individualität von Menschen und Dingen, eingebettet in einen Kontext – in homogene Quantitäten – Geldbeträge oder Kontostände –, die unpersönlich, abstrakt und vom Kontext losgelöst sind. Shakespeares »gemeine Hure der Menschheit«, das Geld, ist das Gegenteil von Einzigartigkeit. Es macht aus allem, was es berührt, eine Summe und aus allen, die es berühren, Summenmaximierer, die nur ein Ziel haben: das beste Geschäft zu machen. Für diejenigen, die keinen Charakter – also keine Einzigartigkeit – haben, ist das keine große Sache; Geld heilt alle Probleme, die Charakterlosigkeit mit sich bringt, mit Ausnahme des Mangels an Liebe und der Unausweichlichkeit des Todes; dafür liefert es die stimulierenden Mittel, um auch diese schlechten Träume aus dem Blickfeld zu verdrängen.

Es gibt noch etwas im Universum, wovon der Mensch nie genug bekommen kann, abgesehen vom Sex natürlich, und das ist der *Gedanke*, die blutleere Mutter des Geldes. Beide sind abstrakt, unerschöpflich, stehen für alles und können daher niemals das Verlangen stillen, das sie wecken. Für Geld, wie für Gedanken, gibt es kein Ende, keinen Tod, keine Liebe, keine Verwandtschaft, keinen Charakter, keine Qualität, keinen Zusammenhang und daher auch keine Ruhe. Es kann niemals ein Ende haben, da es niemals einen Anfang haben kann. Die Bedeutung und der Ursprung des Geldes existieren nicht oder können zumindest nicht existieren. Es ist inhärent, perfekt, sauber, es ist bereits vorgewaschen und daher ein wesentlicher Bestandteil der Täuschung, der Unangemessenheit, der Lieblosigkeit, eines im Grunde inhaltslosen, sinnentleerten Lebens und des Diebstahls, des Diebstahls in *gigantischem* Maßstab.

War das Geld, indem es die Ungerechtigkeit seiner Schöpfung verschleiert und rechtfertigt, für die frühen Experimente zur Versklavung von Barbaren, zur Unterwerfung von Eingeborenen und zur Erschließung der Wildnis von entscheidender Bedeutung, so war es geradezu unverzichtbar für Frühkapitalisten, die, um das Projekt eines totalisierten, sich selbst regulierenden Marktsystems zu verwirklichen, Arbeit und Boden zu Waren machen und dann aus ihren Zusammenhängen reißen mussten, damit sie gekauft, kontrolliert und verkauft werden konnten. Die Vorstellung, dass Menschen und die gesamte Natur nicht zwecks Vermarktung produziert werden können, war für die frühen Kapitalisten ebenso abwegig wie für ihre heutigen Nachfahren, die damit beschäftigt sind, Wasser, Kommunikation, Kinderbetreuung, Partnersuche, Genome, Kreativität und das Bewusstsein selbst in geldwerte Waren zu wandeln.

Einige Störenfriede verfolgen ernsthaft Dinge, die keinen finanziell-materiellen Nutzen bringen. Diese Spinner überlässt man am besten sich selbst. Schlimmer noch, manche von ihnen gehen so weit, die Notwendigkeit eines Geldsystems überhaupt infrage zu stellen und zu behaupten, dass der Realität vielleicht nicht am besten gedient ist, wenn man alles in ihr auf Buchungsposten reduziert. Das hat die Wirtschaftswissenschaftler dazu gezwungen, einen zweiten Mythos zu schaffen: den *Mythos vom ineffizienten Tauschhandel*.

Laut Aristoteles, Adam Smith, zahllosen Lehrbüchern, akademischen Abhandlungen und Zeitungsartikeln sind das Geld und das Marktsystem, in dem es verwendet wird, aus der Ineffizienz des Tauschs von Ware gegen Ware entstanden. Offenbar lebten wir in einer Welt, in der ein Mann, der fünf Hühner zu veräußern hatte, keine Möglichkeit besaß, ein Paar Schuhe zu erwerben, weil der Schuster selbst Hühner hielt; er musste barfuß herumlaufen, bis das Geld erfunden war und er dem hühnerlosen Schmied seine Hühner verkaufen und mit dem Geld ein Paar Schuhe kaufen konnte. Das ist eine bequeme Geschichte für jene wie die Erfinder des Münzgeldes (die »zivilisierten« alten Griechen[10]), die die Welt zerstückeln wollten, um die Teile zu verkaufen und, was am wichtigsten war, ihre Verbrechen hinter nicht zurückverfolgbaren, kontextfreien Zahlungsmitteln zu verstecken (oder »reinzuwaschen«). Aber diese Geschichte ist nicht wahr.

Wir benutzen Geld, weil es Massendiebstahl, grenzenloses Begehren (das zu grenzenloser Gewalt führt) und Egoismus ermöglicht und aufrechterhält, nicht weil, wie es im kapitalistischen Märchen heißt, der Tauschhandel »ineffizient« war. Bei der Verteilung von Ressourcen nutzten prähistorische und viele vormoderne Gesellschaften nicht den Tauschhandel, sondern informelle (nicht wucherische) Kredite, zentral organisierte Umverteilung und die sogenannte SCHENKÖKONOMIE – so wie es heute Freunde und Familien tun. Sowohl Geld als auch Tauschhandel wurden nur bei Ritualen und beim Handel mit Feinden verwendet – wofür sie auch heute noch genutzt werden. Der Unterschied besteht darin, dass heute jeder als Feind (die offizielle Bezeichnung ist KONKURRENT) oder als Werkzeug (die offizielle Bezeichnung ist ANGESTELLTER)

---

10   Seaford, R. (2004), Money and the Early Greek Mind. Cambridge University Press.

in der krankhaften Aktivität, bezeichnet als GESCHÄFT, in Betracht gezogen werden muss.[11]

All das ist seit mehr als einem halben Jahrhundert bekannt und wird langsam zum Allgemeingut, aber es ist nicht verwunderlich, dass es von den kapitalistischen Journalisten und Akademikern nie erwähnt wird. Die Wirtschaftswissenschaftler beriefen sich früher ständig auf die Ursprünge des Kapitalismus in den Urgesellschaften. Aber der Moment, ab dem es unmöglich wurde, diesen Mythos aufrechtzuerhalten, war genau der Moment, in dem die Ökonomen das Studium der Urmenschen als irrelevant für das Verständnis der modernen Welt aufgaben. Kein kapitalistischer Akademiker, der sich anmaßt, ein Urteil über die menschliche Natur zu fällen, bezieht sich mehr auf vorzivilisierte, vorlandwirtschaftliche oder voreroberte Völker, sondern zieht es vor, seine Gesellschaftstheorien auf die implizite Vorstellung zu stützen, dass nur die jüngsten paar Tausend Jahre der Geschichte – abgesehen von dem unglücklichen Interregnum des Feudalismus – die menschliche Natur *wirklich* repräsentieren.

Doch obwohl die Idee nie explizit erwähnt wird, mit der Erfindung des Geldes sei eines der Haupthindernisse für die Verwirklichung unserer wahren Natur als rationale, wohlstandsmaximierende Automaten beseitigt worden, bleibt sie einer der grundlegenden Geldmythen, auf denen das moderne System beruht.

Zu diesen Mythen gehören: 1. der Glaube, dass wir Geld brauchen, um die Gesellschaft zu organisieren; 2. der Glaube, dass das meiste Geld von Münzprägeanstalten oder Zentralbanken geschaffen wird (obwohl es in Wirklichkeit Privatbanken erschaffen – der eigentliche, inflationäre, »magische Geldbaum«); 3. der Glaube, dass Geld eine Folge von Wirtschaftstätigkeit ist; 4. der Glaube, dass die Mittel (oder Ressourcen) begrenzt sind; 5. der Glaube, dass die postkapitalistische Wirtschaft auf etwas Realem basiert (also etwas anderem als dem Finanzwesen); 6. der Glaube, dass das Geld eine Ware ist oder »die Macht des Kapitals« repräsentiert; 7. der Glaube, dass Spekulation diesmal nicht zu katastrophaler Ungleichheit, weit verbreitetem Elend und einem weiteren

---

11   Mauss, Marcel (1990). The gift: the form and reason for exchange in archaic societies. Norton

schrecklichen Crash führen werden[12] und 8. der Glaube, dass der mythische Wert des Geldes, wenn er sich selbst überlassen wird, auf magische Weise von selbst wächst.

Der letzte dieser Mythen ist einer der Gründungsmythen nicht nur des Kapitalismus, sondern der gesamten Zivilisation. Wir sind zur Überzeugung gelangt, dass Geld, wenn wir es aufbewahren, im Gegensatz zu anderen Dingen der realen Welt nicht nur nicht zerfällt, sondern *sich sogar vermehrt*. Ja! Wir haben Leben geschaffen! Kapitalisten nennen die wundersamen generativen Kräfte des gehorteten Geldes *Zinsen*. Nichtkapitalisten, die verstehen, dass dieses Wundergeld von jemand anderem kommt, nennen es Wucher, eine Form des legalisierten Diebstahls (wie Miete und Steuern), der in die Struktur der westlichen Zivilisation eingeschrieben ist.

Wucher ist Kreditvergabe mit der Absicht, mit Zins und Zinseszins Profit zu erzielen. Die Ausgangsschuld wird verzinst, und dann wird nicht nur die ursprüngliche Schuld, sondern die Schuld *plus Zinsen* verzinst. Die Schulden wachsen nicht nur, sie wuchern *exponentiell*. Beruht unsere Gesellschaft, ja unsere ganze Zivilisation, auf Wucherschulden, bedeutet das nicht nur, dass wir nie genug zum Zurückzahlen haben, sondern auch, dass sich das, was wir zurückzahlen müssen, wie das legendäre Reiskorn auf dem Schachbrett vervielfacht, bis es das Universum ausfüllt. Um den Abgrund der Verkommenheit, in den dies unweigerlich führt, aufrechtzuerhalten und zu rechtfertigen – Massenarmut, Selbstausbeutung, Verwahrlosung, und dies alles, um genug zusammenzukratzen, damit die nächste Zahlung an die anschwellende Monstrosität, zu der der Kreditgeber schnell mutierte, geleistet werden konnte –, musste den Kreditnehmern eine moralische Pflicht zur Rückzahlung der Schulden auferlegt werden: die Einsicht, dass sie nicht nur diesem oder jenem Kreditgeber Tribut schulden, sondern dass das Universum selbst ein Gläubiger-Schuldner-System ist. Die Menschen werden als *Schuldner geboren* (auch *Sünder* genannt) und können ihre Rechnungen *niemals* begleichen. Wenn sie unweigerlich die wohltätigen Götter verraten,

12   Reinhart, Carmen M. & Rogoff, Kenneth S. (2009): This Time Is Different: Eight Centuries of Financial Folly. Princeton University Press, edition 1, number 8973

die sie bezahlen, ernähren, beherbergen und kleiden, werden sie als undankbar, kriminell, vom Teufel besessen oder geisteskrank bezeichnet. Dieses Verständnis wird zuweilen als »Religion« bezeichnet.

Die Machthaber verleihen den Machtlosen Geld, die dann mehr zurückzahlen müssen, als sie geliehen haben, bis sie entweder versklavt oder tot sind. Diese sich selbst verstärkende Rückkopplung der Kreditaufnahme gegen Zinsen aus der Zukunft bläht die Macht der Eliten und damit die Blase der von ihnen kontrollierten Gesellschaft auf, bis sie platzt und alle mit sich reißt. Die umfassendste und katastrophalste Version dieses Prozesses begann in den 1970er-Jahren mit dem Ende der Vorstellung, dass Kapital kontrolliert werden sollte, dem Beginn unbegrenzter, unregulierter Geldströme und Spekulationen sowie der Schaffung, der Manipulation und dem Handel mit immer raffinierteren Formen von Schulden. Ein Prozess des Druckens von Geld (anstatt es als Steuern von den Hyperreichen zu erheben), der als FINANZIALISIERUNG bekannt ist und der dem Finanzsektor unvorstellbare Profite bescherte, indem er die Weltwirtschaft und alle Institutionen, die sie verwalteten, einfach ausbluten ließ und sie – und uns – in eine inflationäre, virtuelle Hyperwirtschaft transferierte. Dieser Asteroid unseres Wunschtraumes, an den wir uns klammern und der auf die erwachende Welt zurast, lässt die Blasen vor ihm wie mikrobielle Fürze und die Abstürze vor ihm wie entgleiste Spielzeugautos auf der Carrerabahn aussehen.

3
Der Mythos der Knappheit

Wir können es uns nicht leisten, es ist einfach nicht genug Geld da. Auch gibt es nicht genug Nahrung, nicht genug Energie, nicht genug Arbeit, nicht genug Häuser, nicht genug Platz und nicht genug Zeit. Genauso wie wir das Geld erfinden und dann die Welt (wütend schlafend) als farblose Ideen sehen, so erfinden wir den Kapitalismus und sehen die Welt als Kampf um endliche Ressourcen: Das gesamte Universum wird zu einem mit dem Verstand erfassbarem System von Fakten und die ganze Natur zu einem Krieg aller gegen alle um knappe Objekte. Und das alles ist, höchst außergewöhnlich, *wie es sein muss*. Genauso wie Dinge nur verkauft werden können, indem sie rational aus ihrem Zusammenhang gerissen werden, so können sie nur gekauft werden, wenn sie knapp sind. Der Markt kann nicht funktionieren, es sei denn, es gibt nicht genug, und deshalb muss er unaufhörlich arbeiten, um sicherzustellen, dass keiner *jemals* genug hat. Sind Nahrung, Wasser, Energie und Möglichkeiten für sinnvolle und angenehme Tätigkeiten im Überfluss vorhanden, besteht keine Notwendigkeit, durch Arbeit Waren zu produzieren oder sie durch Spiel zu konsumieren. Wenn Zeit im Überfluss vorhanden, wenn Raum frei verfügbar, wenn das Notwendige in Reichweite ist, warum dann dafür arbeiten? Warum sparen? Alles bricht zusammen!

In der realen Welt – die leider so weit von der Erfahrung der meisten Menschen entfernt ist, dass sie ihnen wie ein Traum erscheint – gibt es keinen Mangel. Der Naturzustand von Frau und Mann ist unendlicher Wohlstand, oder *Überfluss*. Dies ist keine versponnene Fantasie, wie der Systemmensch gerne glauben möchte, sondern eine nachweisbare Tatsache. Knappheit, verbunden mit anstrengender Arbeit für den Lebensunterhalt, war vor der Zivilisation unbekannt, und sie war auch in den Gesellschaften unbekannt, die bis vor Kurzem abseits der Zivilisation überlebt haben. Beobachter von nicht sesshaften, sofort zurückkehrenden Wildbeutern sind oft erstaunt über die Verschwendungssucht und das Vertrauen in die Zukunft von Menschen, die immer nur wenige Tage vom Hungertod entfernt sind.

Erst als die »Zivilisation« begann, Bedürfnisse zu wecken, und der Kapitalismus begann, sie zu vermehren – erst als das monolithische System begann, den Zugang zu Notwendigkeiten zu verknappen, und der Kapitalismus begann, sie zu vernichten –, füllte sich die menschliche Existenz mit ins Unendliche wachsenden Begehrlichkeiten nach immer knapper werdenden Ressourcen; ein Begriff, der im modernen Sprachgebrauch stets etwas impliziert, von dem es *nie* genug geben kann.

Somit bedeutet sogenannte »Produktion«, dass Kapital dem Wirtschaftskreislauf entzogen wird, um eine hohe Rendite für das zu gewährleisten, was durch »Investitionen« herausfließen darf, und dadurch die Ungleichheit zu garantieren. Somit bedeutet »Bildung« das Lernen unter der falschen Annahme, dass Wissen ein knappes Produkt ist, das in einer künstlich geschaffenen »Realität« hergestellt wird, in der die Möglichkeiten, dieses Wissen in der Tätigkeit anzuwenden, die wir »Arbeit« nennen, ebenfalls knapp sind. Somit bedeutet »Reisen« Mobilität unter dem Zwang der Notwendigkeit, Zugang zu knappen Straßen-, Schienen- und Luftressourcen zu erhalten und knappe Energieressourcen zu verbrauchen, um zu knappen, künstlich weit entfernten Produktions- oder Konsumressourcen zu gelangen. Somit bedeutet »Hilfe«, fremden Völkern die Mittel zum Lebensunterhalt *vorzuenthalten*. Somit bedeutet »Gesundheit« den Zugang zu künstlich knappen medizinischen Ressourcen, »Gesellschaft« bedeutet den Zugang zu knapper Bandbreite und knapper Freizeit, »Liebe« bedeutet den Zugang zu knappen Fortpflanzungsmitteln (insbesondere knappen Eizellen), »Arbeit« bedeutet den Zugang zu knappen Arbeitsplätzen, »Leistung« bedeutet den Zugang zu knapper medialer Aufmerksamkeit, »Reichtum« bedeutet den Zugang zu knappem Geld und »Wahrheit« den Zugang zu knappen Fakten oder knappen »Lernressourcen«.[13]

All dies ist, in einem Spätstadium des Marktsystems, unvermeidlich. Eine wucherische, technokratische Schuldenwirtschaft, die jeden zwingt, nicht nur mehr zu zahlen, als er hat, sondern sogar mehr als überhaupt vorhanden ist, erzeugt unweigerlich einen unstillbaren Durst nach Produktion und Konsum in einer immer kleiner werdenden Welt quantifizierbarer Ressourcen, die durch Herausreißen aus ihrem Kontext und anschließende Umwandlung in Geldwerte künstlich erzeugt werden. Es schafft auch eine große Anzahl von Institutionen, die Bedürfnisse vervielfältigen und künstlich Mängel verursachen müssen, um zu überleben. Das heiß, sie schaffen notleidende, bedürftige Menschen, die dann von *fürsorglichen* Menschen *versorgt* werden müssen. Das behindernde System und die verkrüppelten Männer und Frauen, die es hervorbringt und die übereinander hinwegkriechen, um ihren Anteil an einem künstlich schrumpfenden Kuchen zu bekommen, werden also durch den *Einsatz*, die *Hilfe* und den *unermüdlichen Altruismus* der Fachkräfte überdeckt, die für sie *sorgen*.

Uns wird gesagt, wir können uns nicht um unser Land kümmern oder die Natur in Ruhe lassen oder keine schönen Häuser für alle bauen oder uns

13 Illich, Ivan. (1978). Toward a history of needs. Pantheon Books.

nicht umeinander kümmern oder keine wunderbaren Werkzeuge für die einfachen Leute herstellen ... weil es »nicht genug Geld« gibt. »Der Staat«, sagte uns Margaret Thatcher, »hat keine Quelle dafür; alles kommt von dem, was wir selbst verdienen.« Erstaunlicherweise stellten die gleichen armen Staaten, vom Finanzcrash 2008 und von den systemverstärkenden Lockdowns im Jahr 2020 betroffen, *Billionen* von Dollar bereit, um ihre Wirtschaft am Laufen zu halten. Sobald die Armen diszipliniert werden müssen, ist es Zeit für mönchische, den Gürtel enger schnallende »Sparsamkeit«, aber wenn das System Geld braucht, gibt es plötzlich einen unendlichen, unersättlichen, übernatürlichen Vorrat davon.

In Wirklichkeit ist Geld eines der wichtigsten Mittel, mit denen das System die Lebenskraft von Männern und Frauen verknappt.

Wir werden vielleicht nie die kapitalistische Utopie von kostenpflichtigen Körperteilen mit halbjährlich neu zu installierenden Betriebssystemen, von wie Pilze verrottenden Stühlen, die halbstündlich neu gedruckt werden müssen, von Ideenverleih und von Sonnenlichtzählern und von auf Marsmonden gewonnenem Wasser erreichen, aber es kann nur einen Weg für das technokratische Marktsystem geben: permanente, allgegenwärtige existenzielle Knappheit, ein albtraumhaftes Computerspiel mit unbegrenzt erweiterbaren Balkendiagrammen, bei denen die Anzahl der Balken nicht nur immer weniger, sondern auch immer schneller verbraucht wird; und jeder Versuch, diesen Prozess aufzuhalten oder auch nur zu verlangsamen, ist *ipso facto* kriminell oder wahnsinnig.

Letztlich kann der Prozess nicht aufgehalten werden, solange sein Antrieb und seine Grundfesten nicht angegangen werden. Diese liegen viel tiefer als das räuberische, mechanische und exponentiell verschwenderische System. Knappheit kann sich schließlich nur auf *Dinge* beziehen, auf isolierte Objekte, die von Kontext und Bewusstsein losgelöst sind. Sinn, Wahrheit, Liebe und Leben sind *Qualitäten* und als solche unerschöpflich.

Es macht ebenso viel Sinn, vom »Erwerb« der Liebe oder von einem »Ausgehen« der Wahrheit zu sprechen, wie vom Gegenwartszustand als einer »Ressource«, die »verwaltet« werden muss. Deshalb haben diejenigen, die das System besitzen und verwalten, von Anfang an immense intellektuelle

Anstrengungen unternommen, um Qualitäten in Objekte umzuwandeln; in Wissensobjekte, Wahrheitsobjekte, Qualitätsobjekte und so weiter, denn nur so kann das Leben unter Kontrolle gebracht werden. Deshalb wird uns gesagt, dass wir *Gott* als eine Person mit Wünschen und Begierden betrachten sollen, *Karma* als ein Gesetz von Ursache und Wirkung, *Gedächtnis* als einen Text, der im Geist gespeichert ist, *Glück* als eine Chemikalie, die aus Aminosäuren hergestellt wird, *Ethik* als eine Ansammlung von Dingen in den Köpfen der Menschen, die zwecks optimaler Effizienz wie »Glasfaserkabel« verwaltet werden müssen, und *Sinn* als eine Ansammlung von Ideen, die ich aus meiner Gehirntasche in Ihre leeren kann (und die »intelligente« Menschen säckeweise in sich tragen). Das ist kein bewusster Prozess. Die Gehirne in den Gläsern, die die intellektuelle und kulturelle Industrie des Systems verwalten, können die Wirklichkeit nicht anders sehen, genauso wenig wie die Hausbewohner, die in der von ihnen mitgeschaffenen Dingwelt leben.

4
Der Mythos der (Klassen-)Gleichheit

Soziale Klasse wird gemessen an dem, was man besitzt, wie viel Geld man hat, welchen Beruf man ausübt, wo man wohnt, welche Sprache man spricht, welche Vorlieben man hat, wie gebildet man ist und wie man sich gegenüber seinen Mitmenschen verhält. Zwar eignen sich all diese Merkmale als soziale Marker – vor allem in Ländern wie Großbritannien und Indien, in denen die Klassenunterschiede historisch gesehen sehr ausgeprägt sind –, aber es sind allesamt sekundäre Auswirkungen dessen, was die Menschen in einer hierarchischen Gesellschaft grundsätzlich voneinander trennt: Macht. Die »oberen« Klassen geben die Befehle, die »mittleren« Klassen führen sie aus und die »unteren« Klassen nehmen sie entgegen. So einfach ist das letztlich in jedem Land der Erde. Unbestritten haben soziale Klassen interne Unterteilungen, mitsamt ihren eigenen komplexen und wechselnden »Interessen«, die sich gegenseitig überschneiden und ein komplexeres Klassensystem schaffen als das Standardmodell von Unter-, Ober- und Mittelschicht.

Die Arbeiterklasse des Westens zum Beispiel hat einen prekären Aufstieg in die »Dienstleistungswirtschaft« erlebt, als ihre Produktionsarbeit vor einigen Jahren in großem Umfang nach Ostasien verlagert wurde, und die Berufsklasse des Westens wird, während ich diese Zeilen schreibe, durch Künstliche Intelligenz und eine extreme Polarisierung des Wohlstands ausgehöhlt, die die wohlhabende Mittelschicht in die Stratosphäre und das einfache Bildungsbürgertum in die Gosse treibt. Aber trotz der vielen sich verschiebenden, verschwimmenden und in einigen Fällen verschwindenden Klassenmerkmale ist es nach wie vor nur möglich, eine hierarchische Gesellschaft und die Herausbildung der Einstellungen von Männern und Frauen innerhalb dieser Gesellschaft in Form von Machtverhältnissen zu verstehen: wer das System der Spitze beherrscht, wer es in der Mitte verwaltet und wer es von unten her aufbaut oder von ihm ausgeschlossen wird.

Das ist auch der Grund, warum John Major, der rechtsgerichtete Führer der britischen Konservativen in den 1990er-Jahren, die Hoffnung äußerte, dass Großbritannien bald eine klassenlose Gesellschaft sein werde, und warum Josef Stalin die UdSSR als klassenlos bezeichnete, und warum etwa die Hälfte der Amerikaner sich selbst als »Mittelklasse« definiert, und warum Adolf Hitler sagte, dass der nationalsozialistische Staat »keine Klassen« anerkennt, und warum die oberen Führungskräfte die Zeichen der Hierarchie im Gleichstellungsbüro beseitigen, und warum die Massenmedien einen Artikel nach dem anderen, ein Buch nach dem anderen über Klasse veröffentlichen, ohne dass jemals Macht erwähnt wird. Sie wollen, dass Menschen, die keine Macht haben, glauben, nur weil sie einen hohen Titel, eine Hypothek, einen Hochschulabschluss, ein iPhone oder Wal-Mart-Aktien besitzen, »wir alle jetzt zur Mittelschicht gehören« oder die Klasse sei eine altmodische, überholte Idee, die vielleicht für Marxisten oder Engländer interessant, aber in der »realen« Welt nicht anwendbar ist.

Die Eliten wollen, dass die Armen, Machtlosen und Ausgebeuteten glauben, dass sie mit den vermögenden Mitgliedern ihrer eigenen Gruppe (Schwarze, Weiße, Frauen, Männer, Schwule, Heteros, Spieler, Punks usw.) mehr gemeinsam haben als mit den armen, machtlosen, entfremdeten und ausgebeuteten Mitgliedern anderer Gruppen. Nichts erschreckt die Macht mehr als die

Aussicht auf MACHTBASIERTE KLASSENSOLIDARITÄT[14] – daher die Duldung, ja sogar Förderung IDENTITÄTSBASIERTER KLASSENSOLIDARITÄT, die Bildung und das Zelebrieren von »Gemeinschaften« und aufeinander abgestimmte Initiativen, um ihnen einen gleichberechtigten Status innerhalb des Systems zu verleihen. Nicht ein Tag vergeht, an dem nicht ein Artikel erscheint, in dem das Lohngefälle zwischen Männern und Frauen beklagt wird, und kein Tag, an dem nicht eine Vorstandssitzung stattfindet, auf der die Diversifizierung des Managements diskutiert wird, um mehr Frauen, mehr ethnische Minderheiten und mehr Menschen mit Behinderungen einzubeziehen.

Nur ein durchgeknallter Nazi könnte sich solchen Initiativen widersetzen. Gleichzeitig wird nicht *ganz* so viel Aufhebens um das Machtgefälle bei der Einkommensverteilung oder um die Gleichstellung der machtlosen Klassen oder um ernsthafte strukturelle Veränderungen gemacht, damit normale Arbeitnehmer – unabhängig von ihrer Hautfarbe, ihrem Geschlecht oder ihrer sexuellen Orientierung – nicht wie Vieh behandelt werden. *Irgendwie* bleiben die inhärenten, systembedingten Verzerrungen des machtbasierten Marktsystems und die Art und Weise, wie das System *jeden* von seiner eigenen Natur entfremdet, außen vor. Aber wie kann man sich darüber aufregen, wenn die Macht nicht wirklich existiert?

Elitäre Besitzende und ihre Manager wollen, dass Klassismus (»Powerismus«) auf einer möglichst subtilen Ebene existiert. Sie wollen, dass Studenten und Arbeitnehmer aus der Unterschicht sich nicht bewusst sind, wie ihre Beziehung zur Macht ihre Erfahrungen prägt und ihre Gefühle hervorruft (selbstgesteuerte Depressionen bei Versagen oder Unzulänglichkeit in der Nähe von wohlhabenderen Typen). Eliten und Manager wollen, dass ihr Hass auf »Chavs«,[15] Obdachlose, die globalen Armen und das *Lumpenproletariat* als Urteil über Hygiene (»*Igitt, stinkt!*«), Sexualität (»*Igitt, Gender-Klischees!*«), Bildung (»*Igitt, kennt keine Apostrophe!*«) und Geschmack (»*Igitt, overdressed!*«) verstanden wird. Und sie wollen, dass Menschen ohne Macht glauben, dass

---

14 Nun, fast nichts. Bewusstseinsbasierte Solidarität ist eine viel größere Bedrohung, aber das würde den Rahmen dieser Arbeit sprengen.

15 Anmerkung des Übersetzers: Chav ist in Großbritannien eine abwertende Bezeichnung für junge Menschen der Unterschicht, die durch einen bestimmten Kleidungsstil und Habitus auffallen.

Klassenmacht eine ideologische Illusion ist oder, falls sie überhaupt existiert, nicht annähernd so wichtig ist wie »Gleichstellungsfragen«, professionell verwaltete Gerechtigkeit (Streit um »Rechte«, Kriminalisierung von Gedankenverbrechen usw.) und persönliche Identität (ganz zu schweigen von der Litanei der oft lächerlichen Nebenprobleme, auf die sich die Medien lieber konzentrieren), oder letztendlich glauben, dass einfachen Leute, die sich nicht ausreichend der Mittelschicht zugehörig fühlen, nur hart arbeiten müssen, um früher oder später in den »Marvellous Club« aufgenommen zu werden. Die Mächtigen wollen, dass die Machtlosen das glauben, und sie wollen, dass Minderheiten, Nachbarn und sogar Generationen ständig gegeneinander Krieg führen, weil *das ihren Klasseninteressen dient.*

Sie mögen sich Ihrer Klasse nicht bewusst sein, aber Sie können ziemlich sicher sein, dass diejenigen, die von Ihrem mangelnden Bewusstsein profitieren, es sind.

Und doch. Offensichtlich hat sich etwas grundlegend geändert seit den Tagen, die noch gar nicht so lange zurückliegen, als die »Solidarität der Arbeiterklasse« eine so starke Kraft aufwies, dass sie in der Lage war, das Fortschreiten des Kapitalismus nicht nur zu verlangsamen, sondern ihn an einigen wenigen Orten für einige kurze Momente sogar aufzuhalten. Die Klassenbeziehungen bestehen fort, Reichtum und Macht verändern nach wie vor ihren Charakter und ihre gesellschaftlichen Strukturen in vorhersehbarer Weise, aber Ausbeutung, Eigentum und Produktionsweise sind in außergewöhnlichem Maße internalisiert worden. Wer ist der kapitalistische Boss, der den freiberuflichen Lehrer, den Uber- oder Deliveroo-Fahrer, den Airbnb-Gastgeber oder die Zeitarbeitskraft im Büro ausbeutet? Irgendwo da draußen gibt es Eigentümer und Manager, aber ihre unmittelbare physische Präsenz scheint sich irgendwie verflüchtigt zu haben, während die ausbeuterische Macht in ihren Körpern auf magische Weise geschmolzen zu sein scheint und wirklich großartige Menschen zurücklässt.

Was hier geschieht, ist schwer zu begreifen, aber es beherrscht das moderne Leben. Die Klassenbeziehungen sind auf die subtilste und durchdringendste Weise, die man sich vorstellen kann, verschleiert worden; sie sind auf die gleiche Weise virtualisiert worden wie die Kommunikation (Gesellschaft und Kultur), das Kapital und das Bewusstsein. Sie sind durch digitale Netzwerke und die hyperfokussierten Köpfe, die sie schaffen und auf sie reagieren, verteilt worden, sodass der technische Experte sehr oft mehr Macht hat als der eigentliche Besitzer. Die Realität existiert immer weniger in greifbarer Form, aber ihre begriffliche Projektion übt immer mehr Macht über die reale, sinnliche Existenz aus. Klassenmacht und Kapital existieren immer öfter im Nirgendwo, während sie sich überall projizieren, in jedes atomisierte Online-Individuum,[16] das sein eigener Besitzer, Manager, Arbeiter, Lehrer, Anwalt, Priester, Wissenschaftler, Künstler, Gesellschaft und Gott geworden ist. Bei Unwohlsein oder Traurigkeit sucht es nach einer äußeren Ursache und findet nichts als Beschwerdeformulare, Callcenter und Diskussionsforen, die alle aus besorgten Menschen in dergleichen seltsamen Situation bestehen. Es kommt zu dem Schluss, dass es das Problem sein muss, und verliert den Verstand.

5
Der Mythos der Leistungsgesellschaft

Privilegien schaffen Privilegien, ebenso wie Reichtum, Ruhm und elitäre Bildung im System die Bedingungen erzeugen, durch die sie sich selbst reproduzieren. Der Hauptursache, dass Menschen mit adeligen Familiennamen seit Hunderten oder gar Tausenden von Jahren Machtpositionen innehaben und dass Spitzenpositionen mit Elite-Absolventen besetzt werden, die in wohlhabenden Elternhäusern aufgewachsen sind, ist und war nie ein Verdienst, sondern kam aus familiären Verbindungen, SOZIALEM KAPITAL (gut vernetzte Freunde), KULTURELLEM KAPITAL (Akzentuierung, Geschmack, Manieren, Hyperliterarität und elitäre Denkweisen) und Vererbung (Schenkungen von Finanzmitteln und Immobilien an Familienmitglieder).

Die Eliten ziehen es vor, dass all dies ein Geheimnis bleibt oder bestenfalls nicht erwähnt wird. Stattdessen propagieren sie gerne, dass wir in einer

---

16 Anmerkung des Übersetzers: »Das Online-Individuum ist eine Art prothetische Person mit einer öffentlichen Maske oder Persona, die von ihrem Körper, aber auch von rechtsbindender Identität und gesellschaftlicher Haftung entkoppelt ist.« – Benjamin Gregg: Die Bedeutung des Internets für die Bildung einer kritischen Öffentlichkeit. Wiesbaden 2014.

sogenannten »LEISTUNGSGESELLSCHAFT« leben, einem sagenumwobenen Land, in dem Können, Intelligenz, Mut und Wagemut über den Erfolg entscheiden. Sie wollen uns glauben machen, dass unfähige Halbstarke ihre großen Ledersessel, ihre aufregenden Jobs als Tierfilmer, ihre Eliteabschlüsse oder ihre erstaunlichen Durchbrüche in der Kunstwelt nicht durch Glück, Verbrechen, Händeschütteln, Vetternwirtschaft und all die massiven Vorteile des Familienvermögens erhalten, sondern durch Talent, Einstellung, harte Arbeit und moralische Stärke. Sicher, wir sollten ein paar kluge, geschmackvolle und vor allem ehrgeizige Arme fördern, die Vorstandsetagen mit frischem Blut füllen, die Arbeiterklasse ihrer Führungskräfte berauben und dem Bildungssystem den Anschein von Chancengleichheit geben. Die Berufslinke nennt das Integration, aber der korrekte Begriff ist *Tokenismus*.[17]

Aber wie auch immer man es nennt, es gibt nur eine Art von Menschen, die es von Natur aus verdienen, an der Festtafel zu sitzen: die »Besten und Klügsten«. Früher waren es die göttlich Geweihten, die Zweimalgeborenen, die genetisch Überlegenen, die es verdienten zu herrschen. Heute sind es die Gebildeten, die Fleißigen, die Aufrechten und vor allem die *Qualifizierten*.

Wie sehr liebt der Systemmensch das Wort »qualifiziert«, wie edel das klingt, wie würdevoll, wie nach legitimer, verdienter Autorität. Es kommt ihm nicht in den Sinn, dass diese Qualifikationen denjenigen vom System verliehen werden, die es beherrschen oder sich als geeignet erwiesen haben, ihm zu dienen. Er hat seinen Erfolg *erreicht*, während die Masse zu einem Leben in Schuldknechtschaft und dem Elend einer wirklich produktiven Arbeit verdammt ist. Das alles ist traurig, aber auch *irgendwie* gerecht, denn es ist eine Leistungsgesellschaft, und die Ausgeschlossenen, die Unbeugsamen, die Langsamen und die Unglücklichen haben es *irgendwie* nicht anders verdient.

Diejenigen, die sich im untersten Stockwerk des Turms der irdischen Freuden wiederfinden, sind dort, weil sie nicht genug Verdienst haben. Nicht der Mangel an Sicherheit, Ressourcen, Zeit oder Macht hat ihre Fähigkeiten verkümmern lassen, sondern dass sie hedonistisch, fatalistisch, impulsiv,

---

17   Anmerkung des Übersetzers: Tokenismus bezeichnet die Praxis symbolischer Gesten in Richtung marginalisierter Gruppen, ohne diese in sozioökonomischer Hinsicht mit den oberen Klassen gleichstellen zu wollen.

verantwortungslos und – wie die Eliten immer wieder beklagen, verzweifelt angesichts des seltsamen Unwillens der unteren Schichten, für sie Wohlstand zu schaffen – *faul* sind. Sie sollten mehr studieren, im Voraus planen, Befriedigung zurückstellen, ihre Erwartungen erhöhen, härter arbeiten, buchstabieren lernen, ein Makeover vornehmen lassen und mehr Risotto kochen. »Sich an den eigenen Haaren aus dem Sumpf ziehen«, wie der Volksmund sagt. Dieses Szenario mag paradox erscheinen, aber wenn man genauer darüber nachdenkt, ist das Bild von Millionen und Abermillionen Kreaturen, die sich winden und versuchen, auf den eigenen Beinen zu stehen, indem sie sich ihr ganzes Leben lang vergeblich an ihren Haaren ziehen, mehr oder weniger perfekt.

Der Mythos der Leistungsgesellschaft wird auch benutzt, um die Unterstützung der Arbeiterklasse für die Politik der Rechten zu gewinnen, die darauf abzielt, die Armen zu bestrafen und mehr von dem Reichtum, den sie geschaffen haben, an Leute zu verteilen, die (gerne glauben, dass sie) das Sagen haben. Auf den ersten Blick scheint es erstaunlich, dass so viele Menschen aus der unteren Schicht der Gesellschaft für die Vertreter der Superreichen stimmen, aber in Wirklichkeit sieht sich ein großer Teil der Arbeiterklasse, wie John Steinbeck es ausdrückte, als »vorübergehend verhinderte Millionäre«. Denn sie gehen davon aus, dass die mythische Leistungsgesellschaft sie eines Tages in die oberste Schicht befördern wird, wo sich die Topleute um ihr glitzerndes Vermögen kümmern. Aber sie können sich nicht vorstellen, dass es eine andere Art von Reichtum gibt, der ihnen zum Greife nah ist.

Denn hinter all dem Gerede über soziale Mobilität, Tokenismus, Chancengleichheit, Ergebnisgleichheit und dergleichen verbirgt sich eine viel umfassendere und viel hinderlichere Einschränkung von Verdienst, die offiziell nie erwähnt oder diskutiert wird. Mit »Verdienst« meinen politische Kommentatoren die Fähigkeit, kontextlose Fakten auswendig zu lernen, äußerst abstrakte »Intelligenztests« zu bestehen, in marktkonformen Richtungen innovativ zu sein, zu arbeiten und sich am Arbeitsplatz bis zum physischen und psychischen Zusammenbruch hyperzuspezialisieren, Enge und Zwang als unvermeidlich – oder im Idealfall als magisch und lustig – zu akzeptieren und andere Menschen erfolgreich zu bescheißen; kurz: in Schule und Beruf erfolgreich zu sein.

Das ist Verdienst, und ein System, das solchen Verdienst belohnt, ist das, was kluge und gefühllose Mittelmäßige wollen; so wie weiße Rassisten ein System wollen, das den Weißegrad belohnt, Feministinnen ein System, das Frauen belohnt, und Scientologen ein System, das Scientology belohnt. Echte kreative Genialität,[18] wahrer Gemeinschaftsgeist, radikale Großzügigkeit, Sensibilität, bedingungslose Liebe, Ehrlichkeit, Zivilcourage, handwerkliches Geschick, Selbstversorgung, Spontaneität und Verantwortung zählen nicht als »Verdienst« und haben es nie getan, und die Tatsache, dass diese Eigenschaften und diejenigen, die sie besitzen, überall im System bestraft werden, ist nicht von Belang.

Vorurteile gegen Weiße, *das ist* ein Problem (für rechte Weiße); Vorurteile gegen Juden, *das ist* ein Problem (für jüdische Menschen); Vorurteile gegen Frauen, *das ist* ein Problem (für Feministinnen); Vorurteile gegen die Arbeiterklasse, *das ist* ein Problem (für Sozialisten); aber Vorurteile gegen *sensible* Menschen? Vorurteile gegen *unabhängige* Menschen? Vorurteile gegen *ehrliche* Menschen? Vorurteile gegen *liebevolle* Menschen? Hahaha! Das sind keine Probleme! Die kann man ja gar nicht *sehen*!

Der Leser oder die Leserin mag sich fragen, so wie es der eine oder andere leitende Redakteur, CEO, Topmanager und Abteilungsleiter gelegentlich tut, warum es zu dieser Benachteiligung kommen kann; wie kommt es, dass prinzipientreue, fähige, einfühlsame und ehrliche Menschen daran gehindert werden, im System aufzusteigen, während diejenigen, die an der Spitze stehen, einen Freifahrtschein erhalten.

»Niemand sagt mir, was ich zu schreiben habe«, sagt der wohlhabende Journalist. »Niemand sagt mir, was ich zu denken habe«, sagt der Elitestudent. »Niemand sagt mir, was ich zu tun habe«, sagt der Generaldirektor; aber Niemand muss ihnen sagen, was sie zu schreiben, zu denken oder zu tun haben – und so sind sie überhaupt erst aufgestiegen.

Diejenigen, die sich den grausamen und sinnlosen Restriktionen des Schulzwangs – den lächerlichen Aufgaben, den sinnlosen Lehrplänen und der stumpfsinnigen Langeweile – verweigern, werden als unkooperativ,

---

18   Im Gegensatz zur technischen Fähigkeit, marktgerecht zu innovieren.

widerspenstig, undiszipliniert, eigenwillig, teamunfähig oder, in schwerwiegenderen Fällen, als Verschwörungstheoretiker, Terroristen oder »Geisteskranke« abgestempelt. Diejenigen, die sich dem Vorgesetzten widersetzen, die versuchen, den Papierkram zu umgehen, die den Sinn des Ganzen infrage stellen, diese »schwierigen« Menschen werden bei Beförderungen übergangen, ihre Verträge werden nicht verlängert, ihr Griff um das Geländer wird gelöst und sie werden »entlassen«.

In unserem ausgereiften System braucht es keine zwielichtige Gruppe böser Kapitalisten, die den Menschen sagt, was sie zu denken haben, wenn das System (und damit das Selbst) so strukturiert ist, dass es *automatisch* Gehorsam, Konformität, Mittelmäßigkeit und – für die Spitzenpositionen – völligen Wahnsinn selektiert.

Da negative Persönlichkeitsmerkmale in der Regel gemeinsam auftreten, sind Manager, Teamleiter und andere Führungskräfte nicht nur feige Spaniels oder grausame Monomanen, sondern von allen möglichen eigenartigen Defekten geplagt: seltsam aggressiv oder bizarr, unbeholfen und indirekt oder wahnsinnig langweilig oder lächerlich verklemmt und selbstverliebt oder unheimlich gruselig oder gespenstisch abwesend, nicht wirklich vorhanden.

Nicht, dass solche Menschen nicht auch einen menschlichen Kern hätten, der darum kämpft, herauszukommen, oder dass es keine erkennbar menschlicheren Führungspersönlichkeiten gäbe, aber in beiden Fällen tendiert der immense Druck, den das System auf diese Menschlichkeit ausübt, nur in eine Richtung: zum Zusammenbruch.

6
Der Mythos des Wettbewerbs

Der Kapitalismus, so wird uns gesagt, ist ein stark wettbewerbsorientiertes System, das eine Monopolisierung der Macht ablehnt. Und doch leben wir in einer Welt, in der die zehn größten Unternehmen mehr Geld verdienen als die meisten Länder der Welt, in der einige wenige Technologieunternehmen die uns zur Verfügung stehenden Kommunikationsmittel beherrschen und in der sieben Ölkonzerne die totale Kontrolle über die Energieversorgung der Welt ausüben.

In der realen Welt schafft Geld Geld, Reichtum zieht Reichtum an, Wettbewerb vernichtet Konkurrenten, und Grundbesitz und Privateigentum sind von Natur aus monopolistisch, ebenso wie die Staatsmacht. Ein aggressiv wettbewerbsorientiertes System, das auf den Präferenzen des Kapitals basiert, führt unweigerlich dazu, dass einige wenige mächtige Konzerne immer mächtiger werden, über immer mehr Besitz verfügen und ihre »Konkurrenten« sowie den Staat schlucken oder mit ihnen fusionieren, bis ein kolossales, staatlich gestütztes Unternehmen das Monopol besitzt oder, was in spätkapitalistischen Systemen häufiger vorkommt, eine kleine Anzahl von Megakonzernen, die innerhalb der für alle Seiten vorteilhaften Grenzen »miteinander konkurrierend« ein OLIGOPOL (oder KARTELL) bilden. Der Wettbewerb innerhalb dieser kleinen Gruppe superreicher Oligarchen ist nur begrenzt und damit auch der Druck, die Kosten zu senken und den Überschuss zu erhöhen (verschärft durch eine Schuldenwirtschaft, die alle zur Überproduktion zwingt), aber das Kartell als Ganzes (offizieller Begriff: Industrie) arbeitet als Einheit, um die Preise festzulegen, Lobbyarbeit für eine günstige Regulierung zu betreiben, die Ressourcen zu kontrollieren, die Selbstversorgung einzuschränken, die Arbeitskraft zu unterdrücken, die individuelle und kommunale Autonomie zu korrumpieren und ganz allgemein das System, dem sie angehören, gegen die Bedrohung der Unabhängigkeit zu verteidigen. Die einzelnen Unternehmen verbergen dann ihre monolithische Gleichförmigkeit – und generieren Märkte für ihre überproduzierte Mittelmäßigkeit – hinter dem vielfältigen Glanz der Werbung.

Der Wettbewerbsmythos umgeht bequemerweise die oligopolistischen Realitäten der Klassenmacht und der totalen Dominanz des Monopolkapitals mit dem Fokus auf gelegentlichen Niedergang eines Großkonzerns, auf den sadistischen Krieg kleinerer Unternehmen, die sich nach oben kämpfen, und auf den Bereich, in dem echter – und zwar gnadenlos harter – Wettbewerb stattfindet: ganz unten.

Hier, am Fuße der goldenen Pyramide, in einer Welt künstlich verknappter Ressourcen, müssen sich die kleinen Leute mit Zähnen und Klauen bekämpfen, um genug vom großen Kuchen zu erhaschen. Wettbewerb, wie ihn

Kapitaleigner verwenden, bedeutet – analog zum Wort Kapitalismus als solches – in Wirklichkeit Wettbewerb für *euch*, nicht für *uns* (Kapitaleigner): *Ihr* müsst euch an die Spitze der »akademischen Rangfolgentabelle« kämpfen, um einen der wenigen wirklich relevanten Abschlüsse zu bekommen. *Ihr* müsst euch gegenseitig überbieten, um einen Fuß auf die vorletzte Stufe des Drecksberges zu setzen, damit ihr vielleicht eines Tages das Recht erhaltet, mehr Befehle zu erteilen, als zu empfangen. Ihr müsst um den Sieg kämpfen. *Ihr* müsst eure »freien Märkte« haben. *Ihr*, nicht *wir*, denn *wir* wollen sie nicht, wir mögen sie nicht, und außerdem sind *wir* als Gewinner geboren.

Eine andere, inzwischen auch von Systemkritikern akzeptierte Sichtweise ist die, dass der Kapitalismus, die Eidechse-frisst Eidechse-Welt des ständigen, unerbittlichen Wettbewerbs, für die Allgemeinheit bestimmt ist. Die Welt der Konzerne wird von den Regierungen rechtlich, finanziell und militärisch geschützt und in Zeiten der Not großzügig gerettet – die eigentliche Definition von Sozialismus. Sozialismus und Wohlfahrt für *uns*, Kapitalismus und Kriegsführung für *euch*.

Die Würfel sind nicht nur für die Menschen, sondern auch für die Ideen gefallen. Erstens und am auffälligsten ist, dass Ideen in dem hoch entwickelten System, in dem wir leben, Eigentum des Kapitals sind. So wie materielles Eigentum inhärent monopolistisch ist – prestigeträchtiges Land, das beispielsweise dem Herzog von Westminster gehört, kann nur zu seinem Vorteil genutzt werden, weil es ihm gehört –, so verhindert geistiges Eigentum, dass irgendjemand in seinem virtuellen Territorium »konkurriert«. Ideen, Wörter, Theorien, Schriftzeichen, Lieder, Patente und dergleichen sind unter Verschluss, weit außerhalb der Reichweite der kleinen Leute, die ohne Zugang zu ihrem eigenen kulturellen Erbe konkurrieren müssen.

Monopolistischer Druck wird auch auf die Verbreitung von Ideen ausgeübt. Es wird uns suggeriert, in Universitäten und Zeitungsredaktionen funktioniere ein wettbewerbsorientiertes System der »*natürlichen*« Auslese wie zwischen Unternehmen, Individuen, Tieren, Pflanzen und Genen. Das ist der Grund, warum Ideen, die das System stützen, sich an der Spitze durchsetzen, denn sie sind *richtig*, weil sie das, was falsch ist, besiegt haben, in einem fairen Kampf, und nicht, weil der intellektuelle Wettbewerb in einer hierarchischen

Institution immer zu Ideen führt, die die Institution, ihre Eigentümer und Manager rechtfertigen.

Zu diesen Ideen gehört der Glaube, dass Realität letztlich durch den Verstand erfassbar ist; dass Bewusstsein auf Denken reduziert werden kann; dass psychische Probleme körperliche Krankheiten sind; dass Geschlecht Illusion ist (oder real, mit einem überlegenen Geschlecht) oder dass Geschichte Fortschritt ist; dass Klimawandel eine linke Verschwörung ist, dass Leben einst »böse, brutal und kurz« war; dass das Universum und der Ursprung des Lebens im Wesentlichen Unfälle waren (oder kosmische Kaninchen, die aus Gottes großem Hut gezogen wurden); dass jeder, der das System ablehnt, in Wirklichkeit moralisch verdorben oder lächerlich naiv ist; dass Kapitalismus oder Feudalismus oder Kommunismus oder welcher ideologische Zweig des Systems auch immer die Kontrolle hat, normal und natürlich ist, ja sogar in die Struktur der Realität eingeschrieben ist; dass Teilhabe eine unvermeidliche Tragödie ist; dass Unordnung und Gewalt unvermeidliche Folgen des Fehlens von »Recht und Ordnung« oder von Macht und Autorität sind; und dass Armut die Schuld der Armen ist. Kurz gesagt: Es sind alles Mythen des Systems.

Systemische Ratiokraten, die in der Wissenschaft oder in den Medien arbeiten, verbringen ihr Leben damit, Fakten zu suchen (oder zu erfinden), die ihre Mythen stützen, und sie dann rund um die Uhr auf uns zu projizieren, bis sie »natürlich« durch die Menschen, die uns umgeben, zum Vorschein kommen – im Gespräch mit unseren Freunden, Familienmitgliedern und Arbeitskollegen – und schließlich zu dem verschmelzen, was wir »die normale Welt« nennen, in der jede Infragestellung *ipso facto* seltsam, anmaßend, lächerlich, bedrückend oder erschreckend extrem ist.

Diejenigen, die solche Ideen diskutieren, die »unparteiischen« und »unabhängigen« Journalisten und Akademiker, die sich »fairerweise« auf öffentliche Plattformen begeben, schaffen es immer *irgendwie*, die monopolistische Macht der Institution, der sie angehören, zu verschweigen. Denn das Monopol erstreckt sich nicht nur auf die *einzelnen* Institutionen des Kapitalismus; diese Organisationen sind Teil eines viel umfassenderen und einschränkenden Primär*kontext*s. Einzelne Organisationen oder Kartelle mögen Monopole sein oder nicht; einzelne Milliardäre mögen in der Lage sein, dieses oder jenes Gesetz zu erlassen, um ihr Unternehmen zu begünstigen; und einzelne Drohnen mögen in der Lage sein oder nicht, dieses oder jenes Produkt oder diesen oder jenen Arbeitsplatz zu wählen, aber das *gesamte* System stellt ein RADIKALES MONOPOL dar;[19] ein ineinandergreifendes Netzwerk von Institutionen und Industrien, die zu exklusiven Mitteln der Befriedigung menschlicher Bedürfnisse geworden sind – wie Fortbewegung, Unterkunft, Wissen, Heilung und Energie –, die einst eine gesellschaftliche Reaktion hervorriefen.

Das Selbst ist für das Ego, was die Gesellschaft oder die Kultur für das System ist. Wenn die Ersteren – das Selbst und die Gesellschaft – den Kipppunkt von Komplexität, Größe und Macht überschreiten, überwältigen sie die Menschen und Menschengruppen, denen sie dienen sollten, und werden zu Letzteren – dem System und dem Ego. Mein und Unser monopolisieren radikal die Wahrnehmung auf Kosten von Ich und Wir und ersetzen individuelles und kollektives Bewusstsein durch mental-emotionale Projektionen. Es sieht aus wie eine Person, es sieht aus wie ein Volk, aber es ist keines. Es ist eine Persönlichkeit, die vorgibt, eine Person zu sein. Es ist eine Gesellschaftsordnung, die vorgibt, eine Gesellschaft zu sein. Es ist eine Wirtschaft, die vorgibt, eine Kultur zu sein.

»Niemand zwingt Sie«, sagt der Verfechter des modernen Systems. »Sie können arbeiten, wo Sie wollen, die Zeitung lesen, die Sie wollen, essen, was Sie wollen ...« Er versteht nicht – oder will nicht verstehen –, dass man zwar zwischen Ford und Kia oder UnitedHealth und Virgin Care oder Oxford und Harvard oder British Gas und E.ON oder London und Tokio wählen kann. Aber man *muss* Autos nutzen, um sich fortzubewegen, Krankenhäuser, um sich behandeln zu lassen (selbst im staatlichen Gesundheitswesen), Universitätsdiplome, um einen anständigen Job zu bekommen, das Stromnetz, um sein Haus zu versorgen, und den Supermarkt, um seinen Hunger zu stillen. Sie müssen sich auf ein totalitäres, professionalisiertes System verlassen, um Ihre »Bedürfnisse« als Kunde, Patient, Student, Gefangener und Konsument zu befriedigen. Sie müssen irgendeine stupide, entfremdende Arbeit verrichten.

---

19 Ivan Illich, Selbstbegrenzung. Eine politische Kritik der Technik. München 1998

Sie haben keine Alternative, denn das allgegenwärtige, ultramonopolistische Marktsystem verlangt, dass die Menschen völlig von ihm abhängig werden. Dieses totalisierende Monopol ist unsichtbar – oder zumindest nicht offensichtlich – und wird daher nirgendwo thematisiert, obwohl die Technologie es dem System ermöglicht, das Privatleben zu usurpieren. So beherrschen Uber, Alibaba, Airbnb, Facebook, Deliveroo und globale Systeme der Vertragslandwirtschaft zunehmend die produktive Tätigkeit, ohne etwas besitzen zu müssen (so wie Supermärkte die Lebensmittelproduktion beherrschen, ohne Ackerland zu besitzen), und dehnen die radikale Macht des Systems bis in die letzten Bereiche menschlicher Wahrnehmung aus. In einem solchen Zusammenhang zu sagen, der Mensch habe eine Wahl, ist vergleichbar mit der Aussage, dass ein Cyborg die Freiheit hat, sich selbst dort einzuschalten, wo er will, oder dass ein Sim[20] die Freiheit hat, sich ein Schloss zu bauen, oder dass Sie die Freiheit haben, sich in Ihren Träumen zu verlieben.

7
Der Mythos der Wahlfreiheit

Mit der Aussage der Eigentümer und ihrer Manager, das System fördere Wahlmöglichkeiten, meinen sie, dass es sinnvolle Wahlmöglichkeiten für die Superreichen und belanglose Wahlmöglichkeiten für alle anderen fördert. Der Markt für die Massen kann nur die Wahl zwischen Produkten und Dienstleistungen zulassen, die Profit abwerfen. So können wir die Farbe unseres Telefons, den Fernsehsender, die Automarke, den Pizzabelag und den Putzjob selbst wählen. Aber wir werden daran gehindert, uns für ein großartiges Theaterstück, wahrheitsgetreue Nachrichten, eine fußgängerfreundliche Umgebung, preisgünstige Nahverkehrsverbindungen, Karotten, die wie Karotten schmecken, Jobsharing, Wilderei, Futtersuche, Schulabbruch und die Besetzung von ungenutztem Land zu entscheiden.

---

20 Anmerkung des Übersetzers: Sims wurden die simulierten Einwohner des 1989 erschienenen Computerspiels *SimCity* genannt.

Die grundsätzliche Gleichheit aller Produkte und Angebote auf dem Markt wird durch die unglaubliche Vielfalt und Individualität ihrer Verpackungen und Werbetexte verdeckt und *muss* auch verdeckt werden. Sie verschleiern die Tatsache, dass die Dinge, die wir benutzen, von elenden Menschen und gequälten Tieren hergestellt werden und daher nicht von der Schönheit der freien individuellen Zuwendung oder der wilden Natur geprägt sind; die Tatsache, dass – zumindest für die breite Masse – unsere Kleidung, Gebäude und Möbel aus minderwertigen Materialien gefertigt und so konstruiert sind, dass sie schnell verschleißen; die Tatsache, dass künstlerische und kulturelle Produkte fast immer Derivate sind, die erfolgreiche Konkurrenten und Vorreiter imitieren, und zwangsläufig an Intensität, Subversion und »Anstößigkeit« leiden; die Tatsache, dass das Handwerk und damit schön gefertigte Objekte eine Bedrohung für den Kapitalismus darstellen; die Tatsache, dass – kurz gesagt – der allgegenwärtige Druck von Kostensenkung, Unternehmenskonzentration, extremer Vorsicht und Klasseninteresse zu einem scheußlichen Fließband nahezu identischer Waren, Dienstleistungen und Aktivitäten führt. All dies ist nicht der Rede wert oder unsichtbar.

Der Markt kann nicht mit Wahlfreiheit funktionieren, so wie er nicht mit Rede-, Gedanken-, Bewegungs- oder Gefühlsfreiheit funktionieren kann. Menschen, die frei wählen, entscheiden sich ausnahmslos für Dinge, die gut für sie selbst, ihre Gemeinschaften und ihre Umwelt sind, wie z. B. gesunde lokale Lebensmittel, genügend freie Zeit, um füreinander da zu sein, aktive Freizeitgestaltung, das Verteilen produktiver Überschüsse, die gemeinsame Nutzung von Werkzeugen, die Beherrschung von Werkzeugen – oder auch mit Lehrern, die sie mögen, Zeit zu verbringen.

Das System hingegen zieht es vor, die Wahlmöglichkeiten auf Dinge zu beschränken, die gut für das System sind, wie z. B. Lebensmittel, die um die halbe Welt transportiert werden, überhaupt keine Freizeit, sehr teure – nicht partizipative – Spektakel, auf Hightech-Fantasien begrenzter »Spaß«, alle mit eigenem Bohrgerät, Auto, Rasenmäher und Drucker, aufgezwungene Schnellstraßen, aufgezwungene virtuelle Kommunikation, aufgezwungene Lehrpläne, aufgezwungene Lockdowns und eine mechanisierte Welt, in der der Kontakt mit Menschen immer unmöglicher wird. Diese Dinge sind gleichbedeutend mit Wachstum, Sicherheit oder Stabilität, also *müssen* Sie sich für sie entscheiden.

Wenn die Menschen in diesem System nicht automatisch eine markt-freundliche Wahl treffen würden; wenn sie sich nicht automatisch dafür ent-scheiden würden, mit ihren Handys statt mit ihren Nachbarn zu sprechen; Bücherregale bei Ikea zu kaufen, statt das Tischlerhandwerk zu erlernen; die Arbeit in einer Keramikfabrik ihrer Freizeit an der eigenen Töpferscheibe vor-zuziehen; Feuchtigkeitscreme aufzutragen, statt Wasser zu trinken; in den Supermarkt zu fahren, statt Kartoffeln anzubauen; wirtschaftsfreundliche Nachrichten zu konsumieren, statt sich bei einer unabhängigen Presse darüber zu informieren, was in der Welt wirklich passiert, oder sich auf das neueste raum- oder zeitsparende Gadget zu stürzen (als ob Raum und Zeit wirklich Artefakte wären, die man einsparen könnte); wenn sie sich nicht für solche Dinge »entscheiden« würden, würde dem Düsenflugzeug des Marktes sofort der Treibstoff ausgehen und es würde vom Himmel fallen – und das darf nicht passieren.

Es sind also die irrsinnigen »Entscheidungen«, die in den Bildungseinrich-tungen des Systems (offizielle Bezeichnung: SCHULE und UNIVERSITÄT), durch die staatliche Propaganda des Systems (offizielle Bezeichnung: Nachrichten) und durch die Beschränkungen, die durch den strafgesetzgeberischen Flügel der technokratischen Geschäftswelt (offizielle Bezeichnung: REGIERUNG) auf-erlegt werden, gefördert werden: Alle anderen Wahlmöglichkeiten müssen systematisch und mit massivem Aufwand zerstört werden, damit neue, min-derwertige, gesellschaftsschädigende Produkte ständig hergestellt, ständig nachgefragt und ständig konsumiert werden können, während diejenigen, die sie herstellen, nachfragen und konsumieren, befriedet und kontrolliert werden.

Die Förderung des kontinuierlichen, wahllosen Konsums und der konti-nuierlichen, wahllosen Produktion ist so wichtig, dass die Bereitstellung von Gütern und Dienstleistungen der Schaffung von Bedürfnissen, Abhängigkeiten und indoktrinierter Unterwerfung untergeordnet wird. Waren müssen produ-ziert werden, um die Bedürfnisse der Werbetreibenden (und »Marktforscher«) zu befriedigen, Nachrichten – ganz zu schweigen vom Publikum – müssen produziert werden, um die Bedürfnisse der Sponsoren zu befriedigen, und

Kriege müssen produziert werden, um die Bedürfnisse der Waffenhersteller zu befriedigen. Letzten Endes geht es dem Marktsystem um das Bedürfnis der Menschen, etwas zu *brauchen*. Also alles, was die Menschen bedürftiger macht – und schlechter darüber informiert, was sie brauchen – ist gut. Deshalb ist die Geschichte des Systems die Geschichte des Entzugs der Fähigkeit und des Wunsches, sich selbst zu versorgen. Der Knopf der Unabhängigkeit ist nicht zu finden und niemand sucht danach.

Wenn das System das Leben der Menschen lange genug beherrscht hat, entsteht schließlich eine totale Abhängigkeit von ihm, und mit der Abhängigkeit kommen Scham, Verleugnung, Überempfindlichkeit gegenüber Kritik, Angst und all die anderen Symptome von Abhängigkeit. Eine sinnvolle, unabhängige Wahl ist dann nicht mehr sichtbar, geschweige denn möglich, und jeder Hinweis darauf, dass es qualitativ andere Optionen geben könnte, wird unbewusst als existenzielle Bedrohung registriert, der auf die übliche Weise begegnet wird: ignorieren, lächerlich machen, angreifen und überhöhen. An diesem Punkt, an dem die Insassen des Omni-Gefängnisses glauben, dass ihre Wahlmöglichkeiten so frei sind, wie die Bandbreite ihrer Optionen, kann das System darauf vertrauen, dass sie »frei wählen«.

8
Der Mythos der Freiheit

»Wir sind frei, genau das zu tun, was uns gesagt wird. Wir sind frei, das zu kaufen, was uns verkauft wird.«[21] Wir sind frei, entweder eine langweilige, entfremdende Arbeit zu verrichten oder arm zu sein; frei, entweder teuren, geschmacklosen Brei zu essen oder zu verhungern; frei, entweder »Mainstream«-Mist zu sehen oder uns zu langweilen; frei, jeden parasitären Vermieter zu wählen, den wir wollen. Nie werden die Grenzen erwähnt, die uns zum Konsum auf dem Markt einerseits oder zu Armut, Hunger, Langeweile

---

21   »We're free to do exactly what we're told/ We're free to buy what we're sold« aus »Chains« von Matt Elliott's »Failing Songs«.

und Abhängigkeit andererseits zwingen. Wir werden nie daran erinnert, dass wir nicht in der Lage sind, unsere Füße zu nutzen, um uns fortzubewegen, unser Land, um Nahrung anzubauen, oder unseren Mund, um miteinander zu kommunizieren. Die Tatsache, dass Land, Wissen und Kommunikationskanäle – ganz zu schweigen von Energie, Medikamenten, Diagnosegeräten, Autobahnen und Eisenbahnen – einer winzigen Gruppe reicher Eliten gehören oder von ihnen abhängig sind und von einer etwas größeren, aber immens mächtigen und letztlich eigennützigen Berufsklasse verwaltet werden, wird in kapitalistischen Definitionen von Freiheit und in allen populären Diskussionen über das Wesen der Freiheit ignoriert.

Tatsächlich braucht der kapitalistische Flügel des Systems freie Menschen – in dem Sinne, dass er seine Sklaven mieten muss, anstatt sie zu besitzen, um über alle Arbeitskräfte verfügen zu können, die er braucht, und um sich der Verantwortung zu entledigen, die Sklavenhalter und Feudalherren früher für ihr Eigentum hatten. Aber alle Sklaven des Systems müssen sowohl der Produktionsmittel als auch jeder sinnvollen Kontrolle über die Früchte ihrer Arbeit beraubt werden, was sie dazu zwingt, ihre Körper entweder an Sklavenhalter zu verkaufen oder sie an Kapitalisten zu vermieten.

Die Kapitalisten brauchen auch das, was sie »freie Märkte« nennen: Die Freiheit, jede Arbeitskraft zu jedem Preis zu kaufen; die Freiheit, die Gesetze zu kaufen, die sie brauchen, um zu operieren, die Freiheit, zu verkaufen, was sie wollen; die Freiheit, sich zu Megakonzernen zusammenzuschließen; die Freiheit, jede beliebige Ressource auszubeuten; die Freiheit, das Handwerk zu vernichten; die Freiheit, jeden Quadratzentimeter unseres Lebensraums mit Konsumaufforderungen zu tapezieren; die Freiheit, unser soziales Leben auf streng kontrollierte und ständig überwachte digitale Plattformen hochzuladen und die Freiheit, die gesamte natürliche Welt in eine giftige Ressource zu verwandeln. Die Tatsache, dass alle anderen Lebewesen auf der Erde feststellen, dass *ihre* Freiheiten – zu sprechen, zu denken, sich zu bewegen, zu atmen oder einfach nur zu existieren – in dem Maße abnehmen, wie die Freiheiten des Unternehmenskapitals zunehmen, kann nicht in die offiziellen Definitionen von »Freiheit« aufgenommen werden, die Freiheit *für* den Markt bedeuten muss, nie und nimmer *von* ihm.

Jeder Versuch, die Freiheit des technokratischen Marktsystems einzuschränken, wird offiziell als unerträglicher Angriff auf die Freiheit dargestellt, jeder, der versucht, die Freiheit gerecht zu verteilen, wird sofort als Unterdrücker oder Verrückter hingestellt, und jede Andeutung, dass dies gelingen könnte, wird mit dem Gespenst der Anarchie in Verbindung gebracht – einem chaotischen Inferno zwielichtiger, bombenwerfender Punks. Für die reichsten Menschen der Welt und die Onkel Toms, Huren und Kapos, die ihre Geschäfte führen, ist »Anarchie« wie »Verbrechen« und »Völkermord« das, was *andere Menschen* tun – andere Menschen, die automatisch als gierig, egoistisch, grausam und verdorben gelten; eine Annahme, die von einer Klasse von Menschen geteilt wird, die seit Tausenden von Jahren wegen ihrer Gier, ihres Eigennutzes, ihrer Grausamkeit und ihrer Verderbtheit auserwählt wurde.

Daher ist es kein Widerspruch, den Planeten in ein riesiges, geschmackloses Gefängnis für normale Menschen zu verwandeln, da sich die Freiheit in ihren Händen augenblicklich in ein gesetzloses Gerangel verwandelt. Deshalb muss das System jedes Individuum, jede Gemeinschaft oder jedes Land, das vom Markt unabhängig ist – egal wie friedlich (oder aggressiv, das spielt keine Rolle) –, dazu zwingen, sich »der freien Welt anzuschließen«. Es ist nur zu ihrem Besten. Unabhängige Staaten müssen zerstört und unfähig werden, sich selbst zu versorgen; unabhängige Stämme müssen süchtig nach Schnaps oder Blecheimern werden; unabhängige Gemeinschaften müssen von ihrer Lebensgrundlage abgeschnitten werden; unabhängige Individuen müssen unfähig werden, irgendetwas für sich selbst zu produzieren; unabhängige Kinder müssen dazu erzogen werden, ihren Platz in einem überfüllten Arbeitsmarkt zu finden, der aus sinnlosen, Elend auslösende Tätigkeiten besteht; jeder Quadratzentimeter des Globus muss unter institutioneller Kontrolle stehen und *jeder* muss vom Staat abhängig oder verschuldet sein – zu seinem eigenen Besten.

Die kapitalistischen Organisationen haben es glücklicherweise nicht nötig, lokale Unabhängigkeitsbestrebungen zu bestrafen. Das System ist so vollständig, dass jeder Versuch, einen Aspekt des Lebens vor dem totalisierenden Ganzen zu retten, wegen seiner unvermeidlichen Einbindung in ein feindliches System zum Scheitern verurteilt ist und damit seine törichte Vergeblichkeit beweist. Nehmen Sie Ihre Kinder aus der Schule und geben Sie ihnen eine kostenlose und sinnvolle Ausbildung (die nicht von knappen Mitteln abhängt), und sie werden arbeitslos. Warum sollte jemand jemanden einstellen, der wirklich etwas kann? Verhindern Sie, dass Fischer die Meere leer fischen, Holzfäller die Wälder abholzen oder Porzellanfabriken das Grundwasser austrocknen und ganze Gemeinden werden zusammenbrechen. Woher sollen sie sonst ihr Geld nehmen? Wenn Sie ein Unternehmen gründen, das langsam und sorgfältig schöne Dinge für einen Massenmarkt herstellt, werden Sie vor dem 6. April[22] von der Konkurrenz (oder von Ihren Schulden) zerstört sein.

Und so *müssen* wir, wie die Befürworter des Systems immer wieder betonen, in einem Gefängnis leben, das sich über den ganzen Planeten erstreckt. Wären wir frei, so sagen sie, würden wir uns alle gegenseitig vergewaltigen und ermorden oder zumindest hoffnungsloser, ausschweifender Sinnlosigkeit verfallen. Wir können uns einfach nicht trauen. Schauen Sie sich an, wie wir uns verhalten, wenn wir nicht bei der Arbeit sind, nicht in der Schule, außerhalb des Gesetzes oder selbstständig arbeiten. Sehen Sie, wie wir leiden, sehen Sie, wie wir versagen! Dass wir dies tun, weil *jeder* Aspekt des Lebens vor dem System gerettet werden muss – solche Ideen sind zu schrecklich, um sie ernsthaft in Betracht zu ziehen.

All dies führt uns zu einem weiteren Aspekt der Freiheitsbeschränkung im perfektionierten System (des Spätkapitalismus oder des monströsen Totalitarismus, in den er sich automatisch verwandelt hat), und zwar zu seinem hochgradig invasiven Charakter. Bei der Zwangsabhängigkeit geht es nicht nur darum, körperlich zur Arbeit zu erscheinen und nur das zu tun, was getan werden muss: Ihr *ganzes Wesen muss* mitmachen. Sie werden für Ihre »natürliche« Ungezwungenheit, Ihre »Ich-kann-das«-Einstellung, Ihre gekonnte Ironie, Ihren »Teamgeist« und Ihren »Sinn für Humor« bezahlt. Wenn Sie nicht in der Lage sind, künstliche Begeisterungsstürme zu erzeugen, wenn Ihnen die Liebe zur Arbeit nicht aus den Poren strömt, wenn Sie nicht ehrlich auf Ihre Entfremdung reagieren (ein Ereignis, das so selten ist, dass alle, die es

---

22   Anmerkung des Übersetzers: Am 6. April eines Jahres beginnt der reguläre Zeitraum für ein britisches Steuerjahr, das am 5. April des Folgejahres endet.

miterleben, immer mit absolutem Erstaunen darauf reagieren), dann wird Ihre Fähigkeit zur Konformität und Ihre Bereitschaft, Ihr ganzes Dasein dem Markt zu überlassen, erschreckend in Zweifel gezogen. Dieser Typ ist vielleicht nicht hinreichend indoktriniert, um sich der Herrschaft des Pöbels zu unterwerfen (offizielle Bezeichnung: EIN TEAMPLAYER). Behaltet ihn im Auge.

Aber das ist noch nicht alles. Ja, Sie sind gezwungen, Ihr gesamtes psychologisches Selbst für die Hälfte Ihres wachen Lebens an einen auf Wohlstandsmaximierung ausgerichteten Leviathan zu vermieten; ja, und völlig abhängig von den Interventionen des Marktes, um am Leben zu bleiben; ja, jedes Ihrer Worte und jede Ihrer Handlungen wird aufgezeichnet und auf subversive Inhalte untersucht. Aber nichts davon reicht aus, um die Überproduktion eines ungeheuer mächtigen oligopolistischen Systems aufzufangen. Zur Bewältigung des ungeheuren Überschusses des voll entwickelten, von Schulden versklavten Systems, muss der Mensch auch dazu gebracht werden, *ständig zu konsumieren* – ständig Dinge zu wollen, die er nicht braucht, und ständig Dinge zu kaufen, die er nicht gebrauchen kann. Zu diesem Zweck muss das System ständig minderwertigen Schrott produzieren, der nach ein paar Jahren kaputtgeht oder »aufgerüstet« werden muss, und es muss ständig das Verlangen nach süchtig machendem Konsum stimulieren: Sex, Luxus, Drogen, Urlaub, Filme, Unterhaltung, Spektakel, Wissen, Erfolg, Geschwindigkeit, »Abenteuer«, Wheaty-meaty-Leckerlis,[23] Kulcha, Macht ... sogar Transzendenz, Erlösung und Revolution ... Sie müssen alles haben wollen, ständig, und Sie müssen das Marktsystem durchlaufen, um Ihr unstillbares Verlangen nach mehr temporär zu befriedigen.

Andere Methoden, den Überschuss zu absorbieren, sind die gewaltsame Öffnung fremder Märkte, die Verkrüppelung der Menschen, sodass sie auf die Krücken des Marktes angewiesen sind, Investitionen ins Militär und in die Finanzspekulation; all die zerstörerischsten Aktivitäten des Kapitalismus, die wir ertragen dürfen, bis wir zu Tode befreit sind.

Und doch. Warten wir ab. All das mag wahr sein; ich mag durch unendlich hohen Druck, innen und außen, gezwungen sein, mich anzupassen, mich

---

23 Anmerkung des Übersetzers: Die auf biovegane Alternativen zu Fleisch und Wurst spezialisierte Firma *Wheaty* wirbt mit dem Slogan »Mission: kompromisslos lecker«.

zu unterwerfen, zu gehorchen ... Aber kann ich nicht trotzdem eine *gewisse* Freiheit haben oder wiedererlangen? Kann ich mich nicht, zumindest bis zu einem *gewissen* Grad, frei machen? Kann ich mich nicht *irgendwie* der Arbeit, dem Spektakel, dem Internet, der Wahl, der Stadt und der Umgehungsstraße und den psychologischen Zwängen der systemischen Ideologie verweigern?

Ja, das können Sie. Jeder kann es, bis zu einem gewissen Grad, aber niemand will es wirklich. Sie sagen, dass sie es wollen – eines der Trostpflaster der Sklaverei ist die Freiheit, sich zu beklagen –, aber niemand ist bereit zu handeln oder auch nur zu hören, dass er es kann. Sie wissen, dass wirkliche Freiheit – der Zustand, nicht von den Wegweisern der Gesellschaft, ihren »empfohlenen, erzwungenen und eingeübten Verhaltensweisen«[24] umgeben zu sein – mit Schmerz, Angst, Verlust, Bedauern, Ungewissheit und sehr wahrscheinlich Wahnsinn verbunden ist; und so nennen sie es Sklaverei. Unabhängiges Denken, Fühlen und Handeln, echte Geselligkeit, Autonomie, Verantwortung und Ablehnung des Systems erscheinen dem zivilisierten Verstand als hoffnungslose Dienstbarkeit für eine kultische Ideologie oder als bestialische Dummheit. Wie uns Paulus, Thomas Hobbes, Friedrich Hegel, Sigmund Freud, Émile Durkheim, Jordan Peterson und andere offizielle Ideologen lehren, ist Freiheit in Wirklichkeit Unterwerfung unter Autorität und Gesellschaft, unter das System. Freiheit ist Sklaverei.

9.
Der Mythos der Wahrheit

Das anhaltende Problem für das System besteht darin, dass die Abhängigkeit vom Markt und die Anforderungen des endlosen Konsums unermessliches Elend hervorbringen, das zwar eine wichtige Rolle dabei spielt, noch mehr Begehrlichkeiten für Marktinterventionen (Drogen, Sicherheit, Psychiatrie usw.) zu wecken, aber auch die unangenehme Tendenz hat, zu massenhafter Verweigerung von Zwang, Gewalt sowie hin und wieder zu Revolutionen zu

---

24 Zygmunt Bauman, Flüchtige Moderne. Berlin 2003

führen. Daher ist es für das Management von entscheidender Bedeutung, dass Alkohol, Sport, Pillen und Pornos weiterhin in Umlauf bleiben und, was besonders wichtig ist, dass Schulen, Universitäten, Zeitungen, Webseiten, Fernsehsender und Verlage weiterhin marktfreundliche Propaganda verbreiten.[25]

Das Endergebnis eines solchen kolossalen Desinformationsprogramms und die *unabdingbare Voraussetzung* für eine effektive Herrschaft der Konzerne ist *Verwirrung*. Niemand soll wissen, was vor sich geht, niemand soll verstehen, wie die Welt wirklich funktioniert, und niemand soll wissen, wer oder was für sein Leiden verantwortlich ist. Die Ängste und Befürchtungen der Massen müssen ständig geweckt werden, ihr unbewusstes Verlangen nach Aufmerksamkeit und Aufregung muss ständig stimuliert werden, und ihr Glaube, dass ihr Unglück durch einen Schlussverkauf gelindert werden kann, muss ständig genährt werden. Den Menschen muss eingeredet werden, dass Vergnügen das einzige Ziel des Lebens ist, dass Macht gleichbedeutend mit Sicherheit ist und dass teure Besitztümer, ganz zu schweigen von teuren Qualifikationen, zu höherem Status und Selbstvertrauen führen. Sie müssen ständig explizit und implizit daran erinnert werden, dass nichts wichtiger ist als sie selbst, wie sie sich definieren, was sie wissen, was sie mögen und was sie wollen. Sie müssen trainiert werden, *Ursache* von *Wirkung* zu trennen: die Anforderungen des Marktes vom Krieg, das urbane Leben vom Elend, den Zuckerkonsum von Akne, die Tierquälerei von Chicken-Nuggets, den Horror des Fabriklebens von billigen Trainingsanzügen. Sie müssen das Gefühl bekommen, dass Bescheidenheit, Geheimnis, Seelenfrieden, Dienst am Nächsten, Selbstaufopferung, Selbstbeherrschung, Gesundheit und Verantwortung entweder Illusionen sind, unerreichbar, »nicht mein Ding«, für 5,99 Pfund in der Apotheke erhältlich, oder gleichbedeutend damit, nie wieder einen anderen Menschen zu berühren. Auf diese Weise sind sie formbar, korrumpierbar, leicht zu manipulieren und vor allem unfähig, ihre eigene Verwirrung zu erkennen. Sie zeigen immer mit dem Finger auf die falsche Stelle: auf ihre Mitgefangenen, ihre Gene, ihre Götter, ihre Nachbarn, ihre Psychosen, ihre Eltern, ihr Pech, ihre Bankguthaben und ihre Herrscher; niemals auf sich selbst und niemals auf das System.

---

25 Und wenn sich jemals revolutionärer Druck aufbaut, diesen mit ein paar Reformen abzubauen.

Es ist schon schwierig genug, eine so tiefe, lähmende und weit verbreitete Verwirrung aufrechtzuerhalten, aber die Arbeit der kapitalistischen »Meinungsmacher« wird noch erschwert durch die Existenz von Menschen, die auf perverse Weise entschlossen sind, ihre Mitmenschen zu erziehen. Mit solchen »Extremisten«, »Terroristen«, »Anarchisten« und »Narzissten« kann auf die übliche Weise umgegangen werden, aber in dem hoch entwickelten System wird die Bedrohung, die sie darstellen, neutralisiert, bevor sie eine Chance hat, sich auszubreiten. Denn nur diejenigen, die hochgradig glaubwürdig (offizielle Bezeichnung: QUALIFIZIERT), hochgradig institutionalisiert (offizielle Bezeichnung: PROFESSIONELL), auffallend unglücklich (offizielle Bezeichnung: BERÜHMT) oder von der Realität abgeschirmt (offizielle Bezeichnung: REICH) sind, haben Zugang zu den Kommunikationsmitteln; alle anderen schwimmen in einem Ozean nutzloser Informationen, in dem es fast unmöglich ist, Qualität oder Wahrheit zu beurteilen. Zensur ist unnötig in einem System, in dem jeder reden kann, aber nur diejenigen gehört werden, die garantiert nichts zu sagen haben, was es wert ist, gehört zu werden. Diese Technik der systembedingten Gedankenkontrolle in einer demokratischen Gesellschaft wird als »Meinungsfreiheit«, »Pressefreiheit«, »Kultur« und »Spaß« bezeichnet.

Sie ist außerordentlich wirksam. Es gibt weder eine zentrale Kontrolle noch einen Eigentümer, der »Kopien aufspießt«, es gibt nicht einmal, oder kaum, echte Lügen. Indem das System einfach systemfreundliche Stimmen auswählt, die die Nachrichten/Pressemitteilungen automatisch in systemfreundliche Erzählungen einbetten, wird von den Nachrichtenmedien ständig ein einziges, vereinheitlichendes Bild der Welt erzeugt, in dem technologischer Fortschritt, Wirtschaftswachstum, allgemeine Schulpflicht und Vollbeschäftigung unbestreitbar gut sind; in dem unsere Angriffskriege und Waffenverkäufe an Klienteldiktaturen entweder »Fehler« oder vorzugsweise unsichtbar sind; in dem wahnsinnig zerstörerische Wetterphänomene, Überschwemmungen, Dürren, Unruhen und weit entfernte Kriege einfach grundlos passieren; in dem das Wegsperren des Planeten in Boxen des Einfach-nur-Existierens, obwohl es keine Beweise dafür gibt, dass es funktioniert (und eine Vielzahl von Studien, ganz zu schweigen vom gesunden Menschenverstand, zeigen, dass es nicht funktioniert), der beste Weg ist, mit einem Virus, der eine Überlebensrate von 99,5 bis 99,9 Prozent und ein durchschnittliches Sterbealter von etwa 80 Jahren hat, umzugehen; in der das unermessliche Grauen des Systems als bloße »Tragödie« dargestellt wird; und – was entscheidend ist – in dem die gastgebende Organisation, oder die Rolle der Medien, bei der Unterstützung des Systems niemals ernsthaft kritisiert werden darf.

Viele Meinungsverschiedenheiten über Themen von peripherem oder trivialem Interesse werden toleriert. Journalisten und Akademiker können heftig über Sozialausgaben, Zinssätze, Wahlen, Korruption, Sexskandale, die Bedingungen von Handelsabkommen, die Kleidung der Royals und sogar, am linken Rand des kleinen Fensters, über heikle Themen wie Klimawandel, Wirtschaftswachstum, bürgerliche Freiheiten und die schädlichen Auswirkungen *bestimmter* Technologien streiten. Aber verlassen Sie den mikroskopischen Bereich des akzeptablen Denkens, schreiben Sie intelligent darüber, wie die technokratische Marktwirtschaft Natur und Kultur auslöscht, untersuchen Sie ernsthaft die endemische institutionelle Voreingenommenheit der gesamten Presse, links wie rechts, legen Sie die gleichen Maßstäbe für die Beurteilung *unserer* Politiker wie an die der *Anderen*, stellen Sie die Götter der Mittelschicht infrage (Relativismus, Pazifismus, Professionalismus, Monogamie und Markt), kritisieren Sie das gesamte technokratische System oder seine Ursprünge im obdachlosen Geist. Erforschen Sie das Ganze, das große Ganze, die ganze Wahrheit, dann erleben Sie schnell, was mit Ihrer Karriere passiert.

Der Zweck von Nachrichten ist nicht und war nie, die Wahrheit zu berichten. Sie dienen dazu, Einschaltquoten an Werbetreibende zu verkaufen, die Macht von Staat und Konzernen zu stützen, Professionalität zu normieren, ein voyeuristisches Fenster zu weit entferntem Sex und Gewalt zu bieten, um die Konsumenten von ihrer eigenen Frustration und ihrem eigenen Unglück abzulenken, das ruhelose und bedürftige Ego zu stimulieren, Kritiker des Systems zu verleumden und das, was sie sagen, unter einer Unmenge Belanglosigkeiten zu begraben.

Denn wenn es in den Nachrichten ist, *muss* es irrelevant sein. Die Wahrheit kann in den Medien genauso wenig überleben wie Katzen auf dem Mond oder Qualität auf dem Markt. Wahrheit braucht zu lange, um zu entstehen, zu lange, um sich auszudrücken, erfordert zu viel Aufmerksamkeit und Sensibilität, hat verhängnisvolle Verbindungen zur Realität und neigt dazu, katastrophale Auswirkungen auf diejenigen zu haben, die ihr ausgesetzt sind, wie Sorglosigkeit, revolutionäre Inspiration, Vertrauen in die Zukunft, Liebe zur Menschheit, seltsames Verständnis und spontanen erotischen Glanz, was dem Markt überhaupt nicht guttut.

Das System verlangt, dass die Konsumenten von Nachrichten – ja von jeder spätkapitalistischen Kunstform – gekitzelt, unterhalten, erregt werden, sich über die Regierung ärgern, in weiser Verwunderung über die Äußerungen der Großen Geister nicken, die neueste Technologie begehren, sich vor fremden Mächten oder grippeähnlichen Krankheiten fürchten, sich für immer von den Implikationen der Sterblichkeit abwenden, über prachtvolle Dekolletés staunen, in völliger Unkenntnis über die wahre Natur der Welt leben, der geheimnisvollen Realität ihrer eigenen bewussten Erfahrung gänzlich hilflos gegenüberstehen, regelmäßig von den Royals schwärmen, sich über Kommunisten und Faschisten aufregen oder über politische Korrektheit oder über die verdammten Immigranten ... und für das Jipper-Jabber[26] über die Themen des Tages mit den Arbeitskollegen in der Kaffeepause konditioniert sind. Das ist es, was das Kapital will, und wie Sie vielleicht bemerkt haben, ist es das, was das Kapital bekommt.

Und doch: Die Tätigkeit der Nachrichtenmedien ist trivial im Vergleich zu der gesamten fabrizierten Realität, die wir durch Fernseher, Computer, Kinoleinwände, Lautsprecher, Werbung, Verpackungen, Lehrpläne, Bücher, Zeitschriften, Plakate, Versammlungen, Gesetze, Ideen, Emotionen und medial vermittelte Erfahrungen in der Welt erleben. Wir nehmen die Wirklichkeit nicht als das wahr, was sie ist – eine geheimnisvolle, verkörperte Ganzheit –, sondern als eine verständliche, vom Geist geschaffene Topologie isolierter individueller Subjekte und Objekte, die sich im Dienst ihrer selbst ständig neu formt, verstärkt und reproduziert. Der richtige Name für diese riesige, abstrakt-emotionale Kinoleinwand ist nicht »Kunst« und schon gar nicht »Wahrheit«

---

26   Anmerkung des Übersetzers: nach der gleichnamigen Animations- und Zeichentrickserie »Jibber Jabber«, umgangssprachlich synonym für Geschnatter; für schnelles, aufgeregtes und vor allem sinnfreies Sprechen.

oder »Wirklichkeit«, obwohl sie als solches aufgefasst wird, sondern das SPEK-
TAKEL, das schreckliche, hypnotische Traumleben der Welt.

Das System begreift das ganze Universum als eine Konstellation von Abstraktionen, die dem autonomen Ich so real wie die Wirklichkeit erscheinen. In
einem kapitalistischen System sind diese Abstraktionen emotional mächtige
(oder, in der marxistischen Tradition, »fetischisierte«) Maßstäbe für den ökonomischen Wert (»ooh! teuer!«), für die formale Ordnung (»sexy« Designs und
effiziente Netzwerke), für die Werbung (»Tu es einfach!«) und für die vielfältigen
Produkte der PR-»Industrie« (Pressebüros, Preisverleihungen, Ratingagenturen,
Thinktanks usw.). Diese verbinden sich mit einer sich selbst reproduzierenden
Reihe von systembedingten und systemverstärkenden Eindrücken, Überzeugungen, Meinungen, Ideen und vagen Gefühlen (»FALSCHES BEWUSSTSEIN«) zu
einer Ersatz-Umwelt, die nicht nur die Realität dessen verdeckt, wie Menschen
tatsächlich leben oder wie die Dinge, die sie benutzen, tatsächlich hergestellt
werden, sondern auch die Realität von allem in Natur und Gesellschaft; das
gesamte Universum zusammen mit der gesamten bewussten Erfahrung. Die
Gemeinschaft wird abstrakt aufgefasst, andere Länder und Kulturen werden
mythisch verstanden, die Natur wird durch ein sentimentales Prisma wahrgenommen, die Geschichte wird auf Klischees oder quizfreundliche Fragmente
von Fakten reduziert, und die Dinge (und zunehmend auch die Ideen, Gefühle
und Erfahrungen), die Männer und Frauen in ihrem Leben schaffen, erscheinen
als mysteriöse Artefakte, die von einem Raumschiff abgeworfen wurden (»VER-
DINGLICHUNG«). Und die Gesellschaft erhebt sich vor ihnen nicht als eine gelebte
Erfahrung, die durch ihre eigenen Handlungen geformt wird, sondern als ein
monolithisches PHÄNOMEN, das *mit* ihnen geschieht (das ist die streng marxistische Bedeutung von ENTFREMDUNG). Das ganze Leben, d. h. unser eigenes Leben,
ist nichts anderes als ein schizoides Phantasma. Die direkte Konfrontation mit
der Realität führt unweigerlich zu tiefem Erschrecken und Entsetzen.

Menschen, die ganz im System aufgewachsen sind, innerhalb seiner beruflichen und religiösen Institutionen, in seinen Städten, in seinen verwalteten
Räumen und in seinen virtuellen »Räumen«, halten die *Realität selbst* für eine
Fälschung. Nicht bewusst. Sie sind sich weder bewusst, dass sie an etwas glauben,
das nicht wahr ist, noch werden sie jemals bewusst von einer falschen Ideologie

beeinflusst. Ihre gesamte SIMULIERTE Erfahrung ist *bereits* an das Unwirkliche, das Mediale und das Dargestellte gebunden und hinterlässt bei ihnen ein Gefühl permanenter, zynischer Distanz zur Realität, ein Gefühl, dass alles Bullshit ist und dass nichts wirklich wichtig ist, außer dem, was man für wichtig halten will.

Propaganda kann *auf* dieses Gefühl angewendet werden, selbst wenn ihre Unwahrheit eklatant, plump und offensichtlich ist. Menschen, die mit dem System aufgewachsen sind, sind durchaus zufrieden damit, belogen zu werden, denn *die Wahrheit ist eigentlich nur eine nützliche Lüge.* Wenn sie nicht nützlich ist, dann ist sie nicht wirklich die Wahrheit. Aus dieser Haltung heraus können Sie nicht argumentieren, weil Ihr *Argument* nicht nützlich ist – so nutzlos, dass es sogar lächerlich erscheint. Ihr Versuch, ihnen die Realität jenseits der Koordinaten eines von einer Maschine geformten Selbst zu zeigen, ist wie der Versuch, einem Menschen, der in einem dunklen Raum aufwächst, Farbe zu erklären.

Die Dunkelheit des Spektakels ist nicht nur endlos, sondern ununterbrochen, oder *übergangslos.* Der beobachtende Verstand wandert von der Liebeskomödie zur Science-Fiction, zur Autowerbung, zum Browser, zum Laptop, zum Interieur des Coffeeshops, zu den Marken und Taschen der Kunden, zu ihren Umarmungen und ihrem Lächeln, zum Klang ihrer Stimmen, zu ihren Gesprächen; zu Ihren eigenen Selbstgesprächen, zu Ohrwürmern und sexuellen Ängsten und zu den Schuhen, die Sie kaufen wollen ... und es gibt keine Unterbrechung, keine Störung, nichts, was wirklich, existenziell, *anders* ist. Wenn sich dem Systemverstand etwas Reales, etwas jenseits des Wissbaren zeigt, dann ist es entweder eine Art Irritation oder Schmerz (ein Schmerz, der, und das ist entscheidend, nicht durch das Befolgen institutioneller Skripte und Techniken gelindert werden kann). Da es für das System keine Möglichkeit gibt, den Zusammenhang zwischen Realität und Schmerz zu erkennen, ist es sicherer, beides zu vermeiden. Vermeiden Sie alles, was sich nicht nahtlos in das vom Menschen geschaffene Faksimile von Natur, Kultur und Bewusstsein einfügt, das sich Natur, Kultur und Bewusstsein nennt oder vorgibt, von ihnen erzeugt zu werden, in Wirklichkeit aber von dem System produziert und verwaltet wird, dem es dient und das es widerspiegelt.

Deshalb sind die ständigen Klagen der Linken, die »rechten« Medien würden die Menschen zur Knechtschaft programmieren, so völlig daneben. Sicherlich können die Lügen und Verfälschungen der elitären Informationskanäle die öffentliche Meinung katastrophal verzerren oder eine Wahl zugunsten der bevorzugten Monster beeinflussen, aber es ist das gesamte zivilisierte System, das das Leben und damit die Meinung der Massen formt. Domestizierte Menschen haben domestizierte Ängste und Wünsche, die in domestizierten Nachrichten ihre Bestätigung suchen, die letztlich ihre Überzeugungen nicht *formen*, sondern *bestätigen*. Aus diesem Grund ist eine Medienreform sinnlos, und der Versuch, die Einstellung der Menschen zu ändern, indem man sie anderen Informationen aussetzt, ist ungefähr so sinnvoll, wie der Versuch, ein Pferd klüger zu machen, indem man ihm Shakespeare vorliest.

10
Der Mythos der Natur

Der lächerlichste und zerstörerischste Mythos des Systems ist die Vorstellung, dass es nicht nur eine Realität gibt, in der ein konstantes exponentielles Wachstum unbegrenzt aufrechterhalten werden kann, sondern dass dies die Realität ist, in der wir tatsächlich leben.

In der Realität, in der wir leben, steigt die Temperatur der Erde katastrophal an, riesige Eismassen ergießen sich in die Ozeane, der Permafrostboden in Alaska und Sibirien, der Milliarden Tonnen Kohlendioxid, Methan und Quecksilber (und Gott weiß, was für Bakterien und Viren) enthält, schmilzt rapide, die meisten Wildtiere sind ausgerottet, die Ökosysteme brechen überall zusammen, und wir werden bald den größten Teil unseres Ackerlandes verlieren. Ebenso erschreckend sind die Daten über die Auswirkungen auf die Ozeane und Wälder sowie über die Folgen unseres Verbrauchs von Energie, fossilen Brennstoffen, seltenen Erden und Wasser. Währenddessen ist eine Handvoll Unternehmen für die totale Zerstörung der Natur verantwortlich, und unsere kolossalen Schadstoffemissionen *nehmen weiter zu.*

Über einige dieser Fakten lässt sich natürlich streiten, aber *in ihrer Gesamtheit* sind die Beweise unbestreitbar. Viele Menschen scheinen heute zu glauben, dass der ökologische Kollaps eine Erfindung ist, weil Interessengruppen ihn als Vorwand benutzen, um das System auszuweiten und uns alle noch mehr zu versklaven. Sie scheinen zu vergessen oder wollen nicht ernsthaft berücksichtigen, dass die Beweise für die katastrophale Ausbeutung der Natur schon seit Jahrzehnten vorliegen, lange bevor sie zum Vorwand für die Förderung grüner Energie wurden; oder die Größenordnung des Problems – viel, *viel* schlimmer als nur das heiße Thema »globale Erwärmung« – oder das Ausmaß des Systems – wie wenig Wildheit tatsächlich auf der Erde oder in uns selbst noch übrig ist – berücksichtigen und was das für unsere bequeme Welt bedeuten muss; oder die Tatsache berücksichtigen, dass alle Zivilisationen sich selbst zerstören, indem sie den Boden des Floßes durchbohren, auf dem sie schwimmen.

Wenn Sie das nächste Mal von einem anhaltenden, menschengemachten Artensterben hören oder nach einem mysteriösen Massensterben einen Haufen Tierkadaver sehen, oder Ödland, wo einst Regenwälder waren, oder Meere, die von Küste zu Küste mit Müll bedeckt sind, oder plastikverseuchte Meerestiere oder kilometerlange gebleichte Korallen; wenn Sie das nächste Mal hören, dass Antibiotika wirkungslos werden oder dass wir bald keinen Ackerboden mehr haben oder dass einfach keine Wildnis mehr existiert, oder sich fragen, warum es keine Insekten mehr auf Ihrer Windschutzscheibe gibt oder warum keine hübschen Vögel mehr in Ihrem Garten singen, dann erinnern Sie sich daran, denn manchmal ist es leicht, das zu vergessen: *Die Erde stirbt tatsächlich,* und dasselbe System, das coole Autos, Smartphones, Glasfaserkabel, Oreos, Nintendos, Teflon, Viagra und Jet-Skis herstellt, tötet sie; sie alle *sind* der Grund, warum man das leicht vergisst. Die fortschreitende Auslöschung der natürlichen Welt, wie all die anderen unaussprechlichen Schrecken des Systems, gehen an der abgelenkten Welt vorbei, sodass Hinweise auf die erschreckende Unwirklichkeit des Lebens im System übertrieben, aufgebauscht, aufgeblasen und kindisch erscheinen. »Was soll der Aufruhr? So schlimm ist *das* nicht – ich kann immer noch Jaffa Cakes kaufen, das Auto fährt gut und außerdem kommt bald ein neuer Bond heraus.« Die Natur stirbt, die menschliche Kultur stirbt, das Licht des Bewusstseins stirbt, alles Gute stirbt. Die *wirkliche* Welt, jenseits der künstlichen »Normalität« von Wind, Sicherheit und Bildschirm, wird schnell zur Ödnis, aber niemand merkt es *wirklich*. Noch nicht.

Wir rasen auf den Kollaps zu (offizielle Bezeichnung für diesen Prozess: FORTSCHRITT) und werden bald mit verheerenden Dürren, Überschwemmungen und Hungersnöten konfrontiert sein, begleitet von zivilen Unruhen unvorstellbaren Ausmaßes. Das System kann nicht nur nicht lernen zu schweben, es kann nicht einmal die Geschwindigkeit seines Absturzes (offizielle Bezeichnung: WACHSTUM oder WOHLSTAND) verlangsamen. Selbst angesichts der Perspektive einer bevorstehenden biologischen Vernichtung und des Zusammenbruchs der Zivilisation noch ZU UNSEREN LEBZEITEN bleibt der Gedanke, dass wir ein umfassendes, sofortiges, negatives Wachstum brauchen oder dass das System dafür verantwortlich sein könnte oder dass es überhaupt existiert oder dass wir uns den kommenden Schrecken stellen sollten, öffentlich unausgesprochen und im wohlhabenden Westen weitgehend undenkbar. Je näher wir der Vernichtung kommen, desto weniger taucht das Problem in den Nachrichtenmedien auf. Nur die AUSWIRKUNGEN werden gesendet: nicht nur verschwundene Wälder und leere Meere, sondern auch Massenmigration, Kriege um schwindende Ressourcen, steigende Preise und so weiter. Den Menschen bleibt nur übrig, die Ursachen für diese Dinge selbst zu erfinden, und diese sind sehr oft absurd.

Der Grund für den Zusammenbruch unserer Zivilisation ist derselbe, warum jede Zivilisation zusammenbricht: weil ihre Komplexität den Punkt überschritten hat, an dem die Ertragszuwächse abnehmen. Niemand hat das Problem gelöst, eine Gesellschaft mit Energie zu versorgen, die ihre Probleme nur durch mehr Komplexität bei gleichzeitig endlichen Ressourcen lösen kann, oder wird dies jemals können. Das Problem kann aufgeschoben und die Komplexität (und damit die Verschwendung) erhöht werden, wenn eine neue, billige Energiequelle verfügbar wird (als in England das Holz ausging, waren wir gezwungen, Kohle zu verwenden, die dann die industrielle Revolution antrieb), aber auch diese wird früher oder später den Punkt des abnehmenden Ertrages überschreiten. Die Energie-Rendite EROI (Energy Return on Investment; das Verhältnis der in einer geförderten Brennstoffmenge vorhandenen Energie zu dem für ihre Erschließung nötigen Aufwand) ist zum Beispiel in den USA in den vergangenen 70 Jahren von 100 zu 1 auf 15 zu 1 gesunken. Diese Entwicklung lässt sich nicht umkehren, schon gar nicht mit grüner Energie. Die einzige Lösung besteht darin, die Zivilisation radikal zu simplifizieren, und das hat noch keine Zivilisation je getan, weshalb sie letztendlich alle kollabiert sind. Der endgültige Kollaps kann durch einen Krieg, einen ökologischen oder wirtschaftlichen Zusammenbruch erfolgen, aber die Ursache ist dieselbe.

Für viele Menschen ist es sehr schwierig, dies alles zu erkennen. Sie sind süchtig nach den »positiven Effekten« der Komplexität und schirmen sich vor deren »negativen Auswirkungen« ab. Das Bewusstsein einfacher zivilisierter Menschen ist, zum Beispiel, für den Zustand der natürlichen Welt *äußerst* beschränkt. Die ganze Welt befindet sich in einem planetarischen Panikraum, der bestenfalls domestiziert (und daher verdummt) oder symbolisch (und daher irreal) ist. Das System – seine Staaten, Unternehmen und künstlich intelligenten Maschinen – ist und war schon immer unfähig, die Natur in irgendeiner Form wahrzunehmen, mit Ausnahme der krudesten Utilitarismen. Der Baum besteht aus so vielen Tonnen Holz oder Harz oder ist einfach nur im Weg. Die vielfältigen Beziehungen, die der Mensch zu ihm haben kann, ganz zu schweigen von der unendlichen Subtilität, Komplexität und Schönheit des geheimnisvollen Dings selbst, existieren nicht, ebenso wenig wie für das systemische Ich, das den Baum sieht, ihn etikettiert, vielleicht sagt: »Oh, schön«, und dann zu etwas anderem übergeht, das es will oder nicht will, mag oder nicht mag.

Für das Ich und sein System existiert die Natur nicht wirklich, und damit auch nicht ihr Verschwinden, zumindest nicht in dem schrecklichen Ausmaß, in dem es stattfindet. Einzelne Fälle von Umweltverschmutzung werden präsentiert und konsumiert, traurige Geschichten von sterbenden Eisbären, verdreckten Stränden und dergleichen, aber die Ungeheuerlichkeit der Situation, die katastrophale Klimaschmelze, der herzzerreißende Ruin alles materiell Guten, die Auslöschung des Lebens auf der Erde selbst – all das wird ignoriert oder heruntergespielt.

Aus irgendeinem Grund sind Zeitungen und Fernsehsender, deren Hauptaufgabe es ist, uns zum Konsum anzuregen, nicht besonders daran interessiert, die Folgen des Konsums aufzuzeigen oder die von uns hinterlassene Ödnis mit dem System in Verbindung zu bringen, das sie geschaffen hat. Offizielle Verlautbarungen über den Endzustand der natürlichen Welt beschränken sich auf Sündenböcke und Nebensächlichkeiten wie Überbevölkerung, zu hoher Fleischkonsum, Vulkane, Kuhfürze, natürliche Wetterkreisläufe; alles außer dem System, zusammen mit den üblichen Phrasen, dass *wir* die Welt zerstören und dass *wir* als diejenigen, die in einer Umwelt leben, die anderen gehört, ergo dafür verantwortlich sind, sie zu retten. Aus irgendeinem Grund sind die Besitzenden der Welt nicht gerade begeistert von der Idee, dass *wir* zur Rettung der Umwelt diese zunächst einmal aus *ihren* Händen nehmen müssen, und so pumpen sie, während sie ein paar nette kleine Recycling-Verdiener (wie zum Beispiel »Klimaneutralität«) etablieren, unermüdlich die Gegenbotschaft heraus, dass wir die Zivilisation durch Wahlen retten, unseren Weg ins Paradies durch Proteste erreichen können und natürlich, dass »wir alle gemeinsam betroffen sind«.

Weil »wir« die Erde plündern, brauchen »wir« Investitionen in grüne Technologien (hergestellt aus Seltenerdmetallen, Kunststoffen und anderen petrochemischen Produkten) und Biotreibstoffe (hergestellt durch Abholzung von Wäldern); eine unnötige, nährstoffarme, systemfreundliche vegane Ernährung; Hilfslieferungen in ökologische Katastrophengebiete; grüne Regierungen; organische Mousepads und staatlich organisierte, professionell geführte Initiativen zum »Ausgleich« der unseren Planeten erhitzenden Gase. Und weil »wir« kurz vor dem ökologischen Kollaps stehen, brauchen »wir« mehr grüne Bildung, mehr grüne Fachkräfte, mehr grüne Sicherheit, mehr grüne Überwachung, mehr grüne Technologie, mehr grüne Energie, mehr grünes Wachstum. »Wir« könnten am Ende sogar ein ökologisches Kriegsrecht, einen ökologischen Welt-Lockdown und eine neu erfundene, vollkommen virtuelle Weltwirtschaft mit einer furchtbar dystopischen ökologischen Kontrolle benötigen. Aber keine Sorge, »wir« sitzen alle im selben Boot und »wir« werden sicher von dem profitieren, was »wir« tun.

Das System sagt uns, dass wir alle gleichermaßen für »die Umwelt« verantwortlich sind. In der realen Welt *haben* die meisten Menschen keine Umwelt – sie können sie sich nicht leisten. Das System sagt uns, dass die Natur von der menschlichen Welt getrennt ist – eine Art gemalter Hintergrund, vor dem wir mit dem »wirklichen« Geschäft des Lebens in der Welt fortfahren, dem Nachgehen, Sammeln, Studieren, Vermeiden und Verteidigen von *objektiven Dingen* (der Mythos des Szientismus). Oder das System sagt uns, dass »alles natürlich ist«, was bedeutet, dass nichts natürlich ist; das Wort ist bedeutungslos, ein kulturelles Konstrukt, ein subjektives Nichts, das aus den Interpretationen besteht, die wir daraus machen wollen (der Mythos der Postmoderne). Dass Objektivität und Subjektivität *Effekte* der Natur sind, ist ein unbegreiflicher Wahnsinn für den Weltgeist, der alles tun wird, um die natürliche *Ursache* unseres gewöhnlichen Lebens aus der Wahrnehmung zu verdrängen. Er wird ständig Traumwelten vom zukünftigen Glück erschaffen und anstreben, den unmittelbaren Kontakt mit der Natur oder dem gegenwärtigen Augenblick aus der Wahrnehmung verdrängen und die Ignorierung oder Verleugnung der Realität der Natur und des existenziellen Opfers, das sie offenbart, ständig verschleiern, mythologisieren. Mit anderen Worten: Der Verstand baut das System auf, bis das System zusammenbricht, und dann verliert der Verstand seinen Verstand.

11
Der Mythos des Trickle-down

Es sind reiche Geschäftsleute, die den Wohlstand schaffen. Ohne ihre Fähigkeit, Investitionsmöglichkeiten zu erkennen und in die Zukunft zu investieren, würden alle anderen nur herumsitzen, Däumchen drehen und mit dem wirtschaftlichen Abschwung immer ärmer werden.

Um diese fantastische Weltsicht zu akzeptieren, müssen wir nicht nur das enorme Wachstum der Ersten Welt in den 1950er-, 1960er- und 1970er-Jahren ignorieren, als die Reichen bis zum Hals besteuert wurden und die Armen mit angemessener staatlicher Fürsorge bedacht wurden; wir müssen nicht nur die Fakten beiseiteschieben, wie schnell und wie stark der Reichtum seit den 1970er-Jahren für die besitzenden 0,01 Prozent und die verwaltenden 1 Prozent im Vergleich zu allen anderen gestiegen ist; nicht nur die Tatsache ignorieren, dass Geld und Arbeit die Armen nicht aus dem Elend befreien; nicht nur die Tatsache ignorieren, dass sich die Investitionen verlangsamt haben, während der Wohlstand insgesamt zugenommen hat; und nicht nur so tun, als würden die Reichen nicht alles in ihrer Macht Stehende tun, um dafür zu sorgen, dass immer mehr immer weniger haben; sondern wir müssen auch davon ausgehen, dass ein System, das 500.000.000.000 Dollar an 500 Psychopathen verteilt, in der Hoffnung, dass ein paar ihrer Diener davon profitieren, die gerechteste und intelligenteste Art sein muss, eine Gesellschaft zu organisieren.

Die »Trickle-down«-Theorie wurde in den 1980er-Jahren populär, als Thatcher und Reagan die Welt den Superreichen überließen, indem sie öffentliche Dienstleistungen privatisierten, ausländische Diktatoren finanzierten, Multimillionären Steuererleichterungen gewährten, den Wohlfahrtsstaat abbauten und den Banken eine »finanzialisierte« virtuelle Wirtschaft überließen. Die Idee, Menschen zum Arbeiten zu bewegen, war die, dass man den Reichen Geld geben muss, wohingegen man den Armen ihr Geld wegnehmen muss.

Seltsamerweise hat das nicht funktioniert. Das Einspeisen unvorstellbarer Geldsummen in die immer weiter anschwellenden Taschen einer mikroskopisch kleinen Gruppe von parasitären Rentiers, durch massive Steuererleichterungen und Kredite, staatliche Rettungspakete, enorme Subventionen für Landbesitzer, Inhaber geistiger Eigentumsrechte und dergleichen (im Wesentlichen unproduktive Mieteinnahmen), sanfte Regulierung und verschiedene andere Sonderprivilegien, verbessert nicht das Los der Multitude, zu deren Beherrschung das System geschaffen wurde. Im Gegenteil, es treibt ihre Lebenshaltungskosten in die Höhe, drückt ihre Löhne, erstickt ihre Produktion, saugt das Lebensblut aus ihren Gemeinschaften, zerstört ihre Natur und treibt sie in die Sklaverei des Marktes, auch bekannt als »Verschuldung«.

Der Trickle-down-Mythos wird heute als die Idee dargestellt, dass »eine steigende Flut alle Boote anhebt«, d. h. »das Prinzip, dass den Armen, die sich von den Abfällen der Reichen ernähren müssen, am besten gedient ist, wenn man den Reichen größere Mahlzeiten gibt«. Sicher, ein Rentier mit einem Jahreseinkommen von 200.000 Dollar und einem breiten Portfolio an Immobilien und Investitionen verdient jetzt 10 Prozent mehr, aber das tut auch ein nigerianischer Bauer, der 2 Dollar am Tag verdient. Das ist fair, denn 20.000 Dollar Mehrverdienst durch unproduktive Arbeit sind dasselbe wie 20 Cent mehr, wenn man sich den ganzen Tag abrackert, um Nahrungsmittel anzubauen. So werden arme Länder reicher und reiche Länder reicher, und beide sind durch freien Handel und freie Märkte reich geworden. Der völlige Ruin der Dritten Welt (der die armen Länder zwingt, die Politik des freien Marktes zu übernehmen), die Zerstörung der Natur – und, nebenbei bemerkt, das »Wachstum« von Staaten, die einen intensiven staatlich gelenkten Protektionismus und die Diskriminierung ausländischer Investoren praktizieren (wie die USA in den 1880er-Jahren und China heute)[27] – werden vorhersehbar unter den ideologischen Teppich gekehrt.

»Aber wir sind doch jetzt reicher«, schreien die Wunderbaren, die im Land des Überflusses leben, »schaut auf meinen Kontostand, schaut auf den Wert meines Hauses, schaut ...« In Wirklichkeit feiert niemand seinen eigenen Reichtum. Fokussiert auf die nächsthöhere Ebene, gefesselt von der Angst vor Ressentiments, die sich als Bescheidenheit tarnen, und überempfindlich gegenüber mikroskopischen Unannehmlichkeiten, klagen selbst Technokraten mit sechsstelligem Einkommen, dass sie nicht genug haben. Aber die (besitzenden) Reichen *sind* reicher, und es hält sich hartnäckig die Vorstellung, dass ihr wachsender Reichtum eine gute Sache oder dass der Zugang zur »finanziellen Sicherheit« der Mittelschicht ein hehres Ziel sei. Jeder, der Augen im Kopf hat, weiß, dass wohlhabende Menschen überwiegend gefühllos sind, dass die Kinder und Enkel von Selfmademen notorische Dummköpfe sind, dass berühmte Menschen außerordentlich unglücklich oder weit weniger kreativ sind als zu der Zeit, als sie es zu etwas gebracht haben und dass die wohlhabenden Schichten in ihrer Gesamtheit grausam, einsam, unglücklich, verängstigt von der Freiheit, verfolgt von ihrer Mittelmäßigkeit, geizig jenseits aller Satire und betäubt von ihrem Wohlstand sind; gefügig, domestiziert und im wahrsten Sinne des Wortes gewöhnlich. Aber all das wird *mir* nicht passieren! Ich kann mit der Macht des Geldes umgehen! Unwahrscheinlich.

»Aber *alle* verdienen mehr!«, schreien die Systemokraten, »die haben doch jetzt Diplome! Und Handys! Und schau nach China! Und das Bruttoinlandsprodukt!« Dabei ignorieren sie den Wahnsinn, Lebensqualität an der Umwandlung von Natur und Kultur in Geld zu messen (eine Ölpest steigert das BIP ebenso wie die Abholzung eines Regenwaldes oder ein neues Amazon-Lagerhaus),

27 Chang, H.J. (2011). 23 things they don't tell you about capitalism. Penguin Books.

genauso wie eine Milliarde Menschen, die in Slums leben und weder sauberes Wasser noch genug zu essen haben – die Geldarmen – und weitere Milliarden, die entweder von der großen Party ausgeschlossen werden, weil sie zu alt, zu jung, zu weiblich, zu sensibel oder zu schräg, oder nicht in der Lage sind, sich selbst zu ernähren,[28] zu kleiden, zu heilen, zu wohnen, sich fortzubewegen oder zu unterhalten, oder die ohne Arbeit, ohne Hightech-Zugang zum Markt (Autos, Internet, Supermärkte, Strom usw.) oder ohne die richtigen Papiere leben; eine Welt der Menschen, die Dinge (und Punkte) brauchen, um fünf Sekunden Erleichterung von der ständigen, ruhelosen Langeweile zu »genießen«, die keinen Zugang zur Natur oder zu echter Kultur haben (oder das Wissen, dass es solche Dinge gibt) und die nur beschissene Spiele spielen können.

Gemessen an jedem vernünftigen Wohlstandsmaßstab sind wir *alle* bettelarm und werden täglich ärmer.

12
Der Mythos des Fortschritts

Uns wird gesagt, dass es ohne das System keinen Fortschritt gibt und dass das System zu *Innovation, Effizienz, Komfort* und einem *höheren Lebensstandard* führt. Das ist der Grund, warum der arme alte Feudalbauer dankbar in die Arme der modernen Fabrik flüchtet und warum die Abkehr vom fortschrittlichen technokratischen System unweigerlich zu Cholera, Tuberkulose, Beulenpest, 45 höllischen Jahren hinter dem Pflug oder zu brutalistischer Architektur und Ladas führen würde.

Wenden wir uns wieder der realen Welt zu, haben wir uns zu einer Kultur entwickelt, die so beständig und schön ist wie ein hastig errichteter Spanplattenschuppen auf einem Asteroiden, der in die Sonne rast. Eine schrumpfende Minderheit, die in einer schrumpfenden Vergnügungsblase aus künstlicher Ruhe, intellektueller Ordnung und spektakulärer Zerstreuung lebt, kann sich selbst und ein paar ihrer privilegierten Angestellten davon überzeugen, dass

---

28 Nach Angaben von WaterAid und dem Welthunger-Index, 2010.

alles in schönster Ordnung ist, während eine wachsende Masse bestenfalls in einen Zustand erbärmlicher, betäubter Angst, schlimmstenfalls in einen existenziellen Albtraum schizoiden Horrors abrutscht.

Der Kapitalismus mag in der Lage sein, die bevorstehende Zerstörung unserer zivilisierten Systeme noch einige Augenblicke hinauszuzögern, indem er den Wert der von den Hyperreichen gehaltenen Vermögenswerte aufbläht (offizielle Bezeichnung: FINANZIALISIERUNG), Glücksspiel betreibt (offizielle Bezeichnung: SPEKULATION), die wucherische Verschuldung exponentiell steigert (offizielle Bezeichnung: KREDITVERGABE), die globale Arbeitskraft in einem nie gekannten Ausmaß ausbeutet (offizielle Bezeichnung: OUTSOURCING), die Armen beraubt (offizielle Bezeichnung: AUSTERITÄT) oder ihr Vermögens liquidiert, ihren Konsum drosselt und sie von staatlichen Almosen abhängig macht (offizielle Bezeichnung: LOCKDOWN). Aber immer mehr Menschen spüren, dass der Schatten des Todes auf uns alle fällt. Mit jedem Terroranschlag, mit jeder schrecklichen Hungersnot, mit jedem strafenden Faustschlag der Natur, mit jedem neuen totalitären Lockdown-Gesetz fühlen wir spürbar die Zukunftsschocks, und mit der Zeit erkennen immer mehr von uns diese Gefühle als das, was sie sind: WELTUNTERGANG.

Nicht, dass wir in den vergangenen paar tausend Jahren nicht entdeckt hätten, wie wir Dinge herstellen können, die den Menschen wirklich dienen können – Pflüge, Druckerpressen, Kugellager, Morphium, vulkanisiertes Gummi, Tomatenkonserven und Trompeten, aber nichts davon hat uns das System gebracht. Nicht das System baute Ihr Haus oder produzierte Ihre Lebensmittel, sondern die *Natur* und die *Arbeit*, die Arbeit des Lebens und der einfachen Leute, auf denen die anschwellende Eiterbeule des Managements sitzt, das alle Aktivitäten seinem eigenen unaufhörlichen und zunehmend vergänglichen »WACHSTUM« unterordnet.

»Der Kapitalismus hat deinen Laptop gemacht«, heißt es. Die unehrliche Fiktion, dass eine winzige Klasse ausbeuterischer Eigentümer für die Leistung der Natur und der Arbeiter verantwortlich ist, wird nicht erwähnt. Die routinemäßige Verschmelzung von Kapitalismus (oder Sozialismus oder was auch immer) mit Produktion, bei der die *Eigentümer* von Land und Arbeit – also diejenigen, die andere ausbeuten, um Reichtum zu produzieren – immer als

»Produzenten« bezeichnet werden, passt nicht auf einen Autoaufkleber oder in einen Tweet. Und die Idee, dass wir vielleicht keine Laptops oder kein Internet brauchen, ist außerhalb von psychiatrischen Kliniken nicht zu hören.

Stellen Sie sich vor, mit den damals verfügbaren Technologien wären die gleichen Anstrengungen und Ressourcen unternommen worden, um der Welt das zu geben, was uns heute das Internet und leistungsfähige Computer bieten. In einer solchen Welt gäbe es in jeder Stadt eine gut ausgestattete Bibliothek, die durch ein hocheffizientes Ausleihsystem mit einem nationalen oder internationalen Netzwerk verbunden wäre. In jeder Stadt gäbe es einen ebenso gut ausgestatteten Konzertsaal mit Tausenden von hochwertigen Instrumenten, die kostenlos ausgeliehen oder billig gekauft werden können, und einem Heer von Gesangslehrern, Slap-Bassisten und Musiktheoretikern. Jede Stadt könnte vier leicht erreichbare Kinos und eine gut finanzierte Filmindustrie haben, die in der Lage ist, jedes Risiko einzugehen, um neue Talente zu fördern. Wir könnten einen Postdienst haben, der fünfmal am Tag abholt und ausliefert. Wir könnten improvisierte Theatergruppen haben, Tontaubenschießen, Spielplätze, die so lustig sind, dass sie auch von Erwachsenen benutzt werden, große Gebiete mit Wildnis, lokale Druckereien, eine Vielzahl von Kunststudios, einen veritablen Schallplattenwald und – am seltsamsten – *echte* soziale Netzwerke.

Obwohl die Rückkehr in die Welt, die wir vor Kurzem verlassen haben, eine beispiellose Lockerung des spätkapitalistischen Imperativs erfordern würde, und obwohl sie vielleicht nicht in der Lage wäre, den Markt, geschweige denn das System, völlig umzukehren, behaupte ich, dass sie ein besserer Ort zum Leben wäre als die »vernetzten« virtuellen Räume, in denen wir jetzt *gezwungen* sind zu leben. Das Internet und die Hochleistungsrechner bringen uns nichts qualitativ Neues und lösen nicht die Probleme der Menschheit. Sie lösen die Probleme des Systems.

Das Gleiche gilt für Autos, Flugzeuge, Hochgeschwindigkeitszüge, Containerschiffe, Heizdecken, Klimaanlagen, Zentralheizungen, Antidepressiva, elektrische Besen, Mikrowellenherde, professionelle Zahnbürsten und Hydro-Max-3-Elite-Rasierer, die wir alle nicht brauchen und von denen die meisten ein Fluch für die Menschheit sind. Sobald ein Werkzeug oder ein Verbundnetz von Werkzeugen ein endliches Limit an Komplexität, Leistung oder Geschwindigkeit überschreitet, ist es seinen Nutzern nicht mehr nützlich, da sie mehr Zeit, Energie oder Aufmerksamkeit für seine Wartung aufwenden müssen, als sie durch seine Nutzung einsparen. Die Technologie oder das System wird autonom und selbstverstärkend, ordnet alle Aktivitäten seinem Wachstum unter, einschließlich der Aktivitäten und Prioritäten seiner nominellen Schöpfer, Eigentümer und Manager. Die Bedürfnisse der Menschen werden irrelevant, wenn sie nicht dem Mechanismus dienen. So verlangsamt uns der Hochgeschwindigkeitsverkehr, arbeitssparende Geräte lassen uns härter arbeiten, Smartphones machen uns dümmer, Krankenhäuser machen uns kränker (siehe Mythos 28), zentralisierte Landwirtschaft versklavt uns,[29] menschliches Können weicht bestenfalls operativer Kompetenz, und je näher die virtuelle Welt der Realität kommt, desto unwirklicher wird die reale Welt. Das monolithische technische System, das die Welt beherrscht, ordnet alle anderen Werte und Systeme, egal ob links oder rechts, unter. Ein weiterer Grund, warum es irreführend ist, von Kapitalismus (oder vielleicht »Amerikanisierung«) zu sprechen, der in Wirklichkeit im Dienst eines alles beherrschenden TECHNIZISMUS steht.

Der Technophile hält dagegen, dass der »Lebensstandard« steigt und die Armut sinkt. Solche Argumente sind zu oberflächlich, um ernst genommen zu werden, aber abgesehen davon, was Fortschritt in der Welt bedeutet, in der wir leben – den Ozeanen des Elends, auf denen die Einbauküchen schwimmen –, ist es durchaus möglich, dass der »Lebensstandard« steigt, während sich die Ausbeutung verschärft. Der Lebensstandard stieg in der Zeit der Sklaverei, im Deutschland Hitlers (weshalb er so populär war) und in Stalins Russland. »Steigender Lebensstandard« rechtfertigt nicht die Sklaverei, den Faschismus und den Kommunismus, aber er wird routinemäßig als Grund dafür angeführt, dass wir die Hyperabhängigkeit von unserem behindernden, monomanischen, technokratischen System akzeptieren müssen.

Das Konzept »steigender Lebensstandard« birgt eine Reihe von unausgesprochenen Annahmen, die es nie ins Fernsehen schaffen. Könnte ein »höherer Lebensstandard« letztlich unsere körperliche Gesundheit, unser seelisches

---

29   Scott, James C. (2017), Against the Grain: A Deep History of the Earliest States. Yale University Press.

Wohlbefinden, unsere Geselligkeit, unseren Zugang zur Natur, unsere Autonomie oder unseren Lebenssinn schädigen? Können wir glücklich und gut leben, ohne dass der »Lebensstandard« steigt? Hatten vorzivilisierte Menschen einen hohen Lebensstandard? Hat sich die Art unserer »Standards« im Laufe der Zeit verändert? Wiegen die Vorteile von Antibiotika, Kunststoffen, Fernsehern, Smartphones – oder sogar Alphabeten, Pflügen und optischen Linsen – die Kosten auf, die sie unweigerlich mit sich bringen? Führt ein steigender Lebensstandard in einem Teil der Welt zu Leid in einem anderen? Sind wir zu »Werkzeugen unserer Werkzeuge« geworden? Wird der Mensch überflüssig, um den Anforderungen gerecht zu werden? Die Antwort auf all diese Fragen ist wahrscheinlich »ja«, aber eine ernsthafte Auseinandersetzung mit ihnen steht nicht auf der Tagesordnung. Wir machen Fortschritte, die Vergangenheit war schlecht und das war's.

Der Technizismus zieht es vor, uns nur vom kurzen und brutalen Leben der mittelalterlichen Bauern und vorzivilisierten Stämme zu erzählen und von den wunderbaren Vorteilen der modernen Technologie (insbesondere der professionellen Medizin, wobei er bequemerweise die Tatsache auslässt, dass Veränderungen der Volksgesundheit durch Veränderungen in der Umwelt hervorgerufen werden und dass dort, wo die Technologie die allgemeine Gesundheit verbessert, dies fast immer *trotz* und nicht *wegen* der Ärzteschaft geschieht), die uns, wie immer wieder behauptet wird, alle vor den Pocken gerettet hat. Irgendwie hören wir nie, dass die vormodernen Menschen enorme Mengen an freier Zeit, freien Zugang zu gemeinsamen Ressourcen und eine gesunde Einstellung zu Tod, Wahnsinn, Arbeit und Natur hatten, und wir hören nie, dass die vorzivilisierten Menschen gesund, glücklich, langlebig und frei waren, und dass ihre Gesellschaften egalitär, frei von Zwang und friedlich waren, und wir hören nie von der Verarmung, den Krankheiten, dem Stress, der Gewalt, der Ungleichheit und der erdbebenartigen Unzufriedenheit, die die landwirtschaftlichen und industriellen »Revolutionen« den Menschen gebracht haben – es sei denn, es handelt sich um Opfer von erklärten Feinden.

Wir hören eine krude, brutalisierende Erzählung, dass die Geschichte eine Leiter ist, Bildung eine Leiter ist, Karriere eine Leiter ist, Technologie eine Leiter ist, Wissen eine Leiter ist … und dass es nur eine vernünftige Richtung gibt:

aufwärts und aufwärts und aufwärts und aufwärts, bis ins Unendliche. Mit jeder neuen Sprosse bekommen wir ein bisschen mehr Macht oder ein bisschen mehr Dopamin und viel mehr Abhängigkeit von der Leiter, die uns mit diesen Dingen versorgt, und deshalb nehmen wir weniger oder niedrige Stufen mit solchem Entsetzen wahr. Wer, wenn nicht ein Verrückter, würde weniger Bildung? weniger Energie? weniger Geschwindigkeit? weniger Bildung? weniger Medizin? weniger Technologie? weniger Wachstum? weniger Geld? weniger Wissen vorschlagen? Einen *niedrigeren* Stand!? Gesunde Menschen schreiten voran, entwickeln sich, wachsen, bauen, lernen, innovieren und investieren; sie sind vorausschauend, zukunftsorientiert und immer und ewig, in ihren eigenen Worten, »im Vormarsch«. Dasselbe lässt sich von Krebserkrankungen sagen, die ebenfalls den »Fortschritt« über alles andere stellen, aber die Verbindung von beidem liegt für die Verteidiger des Systems im teuflischen Bereich des Irrationalen, Kindischen und »Utopischen«. Stellen Sie sich nur vor, eine Universität lehrt, Krebs würde seine Prioritäten gegenüber einer gesunden Zelle rechtfertigen, selbst wenn er den Körper verzehrt, von dem er für seine Existenz abhängt.

So wie der Krebs mit der Zerstörung des Körpers verbunden ist, so ist der technokratische Markt, der die Gesellschaft steuert, mit der Zerstörung dieser Gesellschaft verbunden: zunächst durch die rigide Kontrolle von Land und Arbeit, dann, in der Geisterwelt der spätkapitalistischen Finanzialisierung, durch die Verwandlung aller Aspekte von Natur und Gesellschaft in mechanisierte Wirtschaftsunternehmen. Ungeheure Summen an finanziertem »easy money« (d.h. leichtes Geld für die Reichen) verleiten die Hyperreichen dazu, in spekulative oder gewinnbringende, statt in produktive, kreative oder soziale Aktivitäten zu investieren, die Staatskassen zu plündern, ohne sich darum zu kümmern, ob sie für die Zerstörung des Lebens der nun wehrlosen Nichtreichen irgendeinen Preis zahlen müssen, und sich in unverschämtem, gewaltigem Ausmaß in Betrug und Korruption zu verstricken (Geldwäsche, Schattenbanken, Steuerhinterziehung). Um das daraus resultierende Chaos in den Griff zu bekommen, versuchen Technokraten und Ökonomen, alles »Nichtrationale« in der Gesellschaft auszurotten: alles Geheimnisvolle, alle Wildnis, alle Unabhängigkeit, alle Wahrheit, alle Abweichung und alle Freiheit.

Das System ist, mit anderen Worten, an das gebunden, was wir heute als »Totalitarismus« und »Faschismus« bezeichnen würden. Der Technizismus versteht nur *mehr vom Gleichen*. Wenn es mehr vom Gleichen gibt, beginnt das System, wie jede Droge, mehr zu nehmen als zu geben, bis diejenigen, denen *es* etwas nimmt, sich seinen Bedürfnissen völlig hilflos ausgeliefert fühlen und gezwungen sind, ihre Instinkte für das Andere und Bessere ständig einem nun allmächtigen und totalisierenden Dealer zu opfern. Das ist der Grund, warum die rationalsten Verfechter des Marktes sich mit den Faschisten verbünden, sobald diese genügend Macht erlangen, und warum die rationalen Liberalen und Gemäßigten nach dem ersten Aufruhr ihre Prinzipien über Bord werfen und der Linie folgen, während sie sich darüber beschweren, dass sie von der öffentlichen Dummheit und dem schlechten Geschmack der Größenwahnsinnigen überwältigt werden, und warum jeder, der an der Macht ist, trotz seiner Lippenbekenntnisse zu irgendwelchen grünen Initiativen, die gerade in Mode sind, immer der Technosphäre dient. Wenn man Teil des Systems ist, hat man keine Wahl; man hat nur die Wahl, *nicht* Teil des Systems zu sein.

Ebenso kritisieren moderne Faschisten und Rechtsextremisten »das System« oder »den Kapitalismus«, während sie selbst dessen Quintessenz verkörpern, weshalb das System in Diktaturen immer so wunderbar gut funktioniert. Sicher, Minderheiten werden ausgerottet, Andersdenkende verschwinden und die Natur wird auf Staub reduziert, aber das sind kleine Preise, die für »Stabilität«, »Stärke« und »Fortschritt« zu zahlen sind.

Deshalb ist der Versuch, das System zu reformieren, seine Technik, seine Gesetze oder seine Führungskräfte zu ändern, so verblüffend sinnlos. So interessant und von begrenztem Nutzen es sein mag, den Einfluss zu erkennen, den diese oder jene Organisation oder Person auf die Welt hat, aber solange das gesamte System nicht als das gesehen wird, was es ist, und solange es nicht vollständig abgelehnt wird, wird es keine sinnvolle Veränderung geben, genauso wenig wie der Wechsel eines Königs etwas an der Monarchie ändern kann.

13
Der Mythos des Friedens

Der Kapitalismus entstand aus einer Art Gentleman's Agreement, diesen verdammten, dummen Feudalismus hinter sich zu lassen und sich an die Arbeit zu machen. Die kolonialen Massaker, die Einhegungen, der Wucher, die Kriminalisierung der Armut, die Einschränkung der Selbstversorgung, die Strafbesteuerung und die Verwüstungen, die notwendig waren, um das Marktsystem durchzusetzen, sind Illusionen. Es *scheint* eine Sache zu geben, die »Krieg« genannt wird, aber es ist kein richtiger Krieg, weil er nicht wirklich unmoralisch ist.

Die *offiziellen* Kriegsgründe sind:
1. Mitleid mit den Schwachen, um sie gegen die Bösen zu verteidigen,
2. Verbreitung des Guten: Demokratie, Zivilisation, das Wort Gottes,
3. Gerechtigkeit, Recht oder der Kampf gegen das Böse: Terrorismus, Kommunismus, »die«
4. Selbstverteidigung oder Sicherheit und
5. Ehre, Ruhm und – der Dauerbrenner – Pflicht.

Die *wahren* Gründe für einen Krieg sind:
1. Geld in die militärisch-industrielle Wirtschaft zu stecken, ihre Produkte gewinnbringend zu verwerten und neue Märkte zu erschließen; dazu gehört, alles zu zerstören, um es wieder aufbauen zu müssen, strategisch wichtige Gebiete zu kontrollieren und Ressourcen zu stehlen.
2. Die Bedrohung und Verlegenheit auszulöschen, dass auch nur ein Quadratmillimeter des Erdballs frei von staatlicher Kontrolle oder Privatbesitz ist,
3. GRUPPENDENKEN (Bindung an das Bekannte) und GRUPPENGEFÜHL (Angst vor dem Unbekannten),
4. Langweiligkeit, Sadismus und primitive, egoistische Ängste und
5. Ausrottung von Dissens im eigenen Land durch Umwandlung der Nation in einen Polizeistaat und Umstrukturierung der Gesellschaft und der Natur, sodass sie einer Kaserne oder einem Labor ähneln.

Da einerseits das System ohne ständigen Krieg nicht funktionieren kann und andererseits das Töten vieler Menschen nicht sehr populär ist, müssen Journalisten, Akademiker und andere Meinungsbildner ständig die Werbetrommel für den Krieg rühren, indem sie den Kontext ignorieren, abweichende Meinungen unterdrücken oder denunzieren, die Geschichte klittern, die Bedrohung übertreiben, unkritisch über offizielle Verlautbarungen »berichten«, »unsere heldenhaften Jungs« und ihren wunderbaren »Teamgeist« loben und eine Militärgesellschaft normalisieren. Die schrecklichen systematischen Verbrechen des Systems müssen heruntergespielt, beschönigt oder falsch dargestellt werden, denn ihre Untersuchung wirft ein Licht auf den Zweck der Kriegsführung, auf das Wesen und die Ursprünge der kapitalistischen Phase der Zivilisation und auf die wahre Quelle ihres Reichtums und ihrer Macht.

Zwar wird der Besitz der Oberschicht manchmal dadurch vermehrt, dass Menschen freiwillig vorkapitalistische Gesellschaften verlassen, ihr Land verkaufen oder in die Großstadt ziehen, um sich beim Industriekapital zu verdingen und auf diese Weise Geld von Sklavenhaltern und feudalen Banden zu erlangen, war und ist die weitaus häufigste Taktik, um die Kontrolle über Land, Ressourcen und Arbeitskräfte zu erlangen, der einfache MASSENDIEBSTAHL (in der marxistischen Literatur auch als »ursprüngliche Akkumulation« bezeichnet), die Grundlage des Kapitalismus.

Der Kapitalismus hat seinen Ursprung in einer starken Zentralisierung der Macht in England und der daraus resultierenden Notwendigkeit, das Land zu vermarkten, um steuerpflichtige Einnahmen zu erzielen, statt durch die frühere Praxis der puren Erpressung. Die Zentralgewalt begann, Land gewinnbringend zu verpachten und sich den Überschuss durch Grundsteuern, Pachten und zusätzliche Zölle und Mauten für den Handel anzueignen, was die Grundbesitzer und ihre reichen Pächter dazu zwang, den einfachen Leuten noch mehr Land zu rauben (»EINHEGUNG«), Menschen zu rauben, um es zu bearbeiten (»BESCHÄFTIGUNG«), die von ihnen erzeugten Produkte zu rauben (»PROFIT«) und Techniken zu entwickeln, um diese Produktion zu steigern (»INDUSTRIALISIERUNG«). Ein ganzes Land – und alles, was darin lebte – war also gezwungen, für den Profit zu produzieren und für den Markt zu konsumieren – *in Dinge* umgewandelt, die angebaut, geerntet, veredelt, transportiert, verpackt, verkauft, konsumiert und dann weggeworfen werden mussten –, was zu außerordentlichem Leid, massiver Überproduktion, rascher Erschöpfung der Ressourcen und ungeahnter finanzieller Macht für die neue, Reichtum schaffende Klasse der zentralisierten Bourgeoisie führte. Das wiederum brachte sowohl die Macht als auch die dringende Notwendigkeit mit sich, einheimische Völker zu unterjochen, ihre Märkte auf überseeische Gebiete auszudehnen (d.h. ihre Ressourcen zu rauben) und Kriege mit konkurrierenden Nationen zu führen, die alle das Gleiche tun mussten, um mit England mithalten zu können.[30]

Meist war der Raub von Land und Arbeitskräften eine unkomplizierte Angelegenheit, indem sich einfach alles angeeignet wurde. Die frühen Vorfahren der europäischen Adelsfamilien erlangten ihre Macht auf diese Weise, indem sie zunächst den einheimischen Völkern das von ihnen bewohnte Land wegnahmen (oder »rodeten«), und dann, im Laufe des »großartigen Werks der Unterwerfung und Eroberung«, das von anderen Völkern bewohnte oder genutzte Land an sich rissen – eine Praxis, die über Hunderte von Jahren andauerte und in verschiedenen Formen bis heute fortbesteht, in Brasilien, Papua-Neuguinea, China und anderswo.

Direkter Massendiebstahl wird jedoch, wo immer möglich, vermieden. das ist eine unangenehme, anstrengende Arbeit, und es ist nicht gut fürs Geschäft, wenn einem das Blut von den Händen tropft. In früheren Zeiten, in der »Morgenröte« des Kapitalismus, waren solche rohen Vorgehensweisen notwendig, und in einigen Teilen der Welt sind sie es immer noch. Land lässt sich nicht erzwingen oder anlocken; es kann nur in Besitz genommen oder »privatisiert« werden, indem man gewaltsam private Eigentumsrechte einführt und dann alles aufkauft.

Mit der Arbeit verhält es sich jedoch anders. Während vorkapitalistische und Orwell'sche Staaten ihr Volk versklaven und unter Druck setzen, wussten kapitalistische Massendiebe schon immer, dass es, um die Kontrolle über die Menschen zu erlangen, unerlässlich und sogar viel einfacher ist, INDIREKTEN MASSENDIEBSTAHL anzuwenden: Verarmung (die Peitsche) und Abhängigkeit (das Zuckerbrot).

---

30   Wood, Ellen Meiksins (1999) The Origin of Capitalism, Monthly Review Press.

Zu den vormodernen Techniken der Verelendung gehörten, und gehören auch heute noch, Zinswucher, hohe Besteuerung, Verteuerung von Nahrungsmitteln, Ausnutzung von Katastrophen und Gesetze, die die Selbstversorgung (indem das Brennholzsammeln, Jagen und Wildern für Menschen illegal wird) und Vagabundieren (verbunden mit Tabus gegenüber »Faulenzen«, »Müßiggang« usw.) einschränken, was die Menschen in einen Zustand der Abhängigkeit von den Kapitaleignern und Geldemittenten zwingt. Ohne Land oder Zugang zu Land, unfähig, das Lebensnotwendige zu kaufen oder herzustellen, und gezwungen, sich zu verschulden, werden Frauen und Männer arm und hungrig – die Voraussetzungen für Lohnsklaverei und Vertragsknechtschaft.

Frühe Theoretiker des Kapitalismus wie Adam Smith haben sich zu all dem seltsamerweise nicht geäußert, obwohl sie sehr wohl verstanden, dass es notwendig war, alle Hindernisse für die Rekrutierung von Arbeitskräften zu beseitigen. Andere einflussreiche Autoren jener Zeit, wie David Hume, Arthur Young und Joseph Townsend, priesen offen die wunderbaren Vorteile von Entbehrung, Abhängigkeit, Armut, Besteuerung und Ähnlichem,[31] genau wie ihre modernen Pendants.

Die Verelendung endete nicht bei den vormodernen Techniken des Landraubs und der wirtschaftlichen Entbehrung. Mit dem Aufkommen des Kapitalismus standen neue Methoden der Verelendung zur Verfügung. Ausgefeilte Formen legaler, »gewaltfreier« Markttransaktionen (Kapitalflucht, Finanzmanipulation, Spekulation und Investition) konnten ganze Länder auf einen Schlag in abhängige Armut stürzen. Gleichzeitig wich die kapitalistische Kommodifizierung und Kontrolle der *materiellen* Welt der spätkapitalistischen Aneignung *immaterieller* kultureller Artefakte (wie Ideen und Lieder), sozialer Räume (über soziale Medien), des menschlichen Genoms, des elektromagnetischen Spektrums und all des in Patenten eingeschlossenen Wissens. Dies zwang die Menschen in eine Abhängigkeit von Technologie, Energie, Transportsystemen, bürokratischer Legitimation, Hightech-Informationskanälen, den »Vermietern« geistigen Eigentums und den »Konsumgütern« des Systems, was die Selbstversorgung weiter erschwerte und die traditionellen Netzwerke gegenseitiger

---

31   Perelman, Michael (2000): The Invention of Capitalism. Duke University Press.

Hilfe auflöste. Während der verarmte Arbeiter in der Vormoderne oder in der Dritten Welt nicht in der Lage war, auf seinem eigenen Land Lebensmittel anzubauen, seine Familie in seinem eigenen Haus zu ernähren oder seine Kleidung und Möbel selbst herzustellen, kann der verarmte moderne Arbeiter seine Füße nicht gebrauchen, um sich fortzubewegen – er braucht ein Auto; er kann seinen Mund nicht gebrauchen, um mit seinen Mitmenschen zu kommunizieren – er braucht ein Telefon; er kann seine eigene Intelligenz und Erfahrung nicht gebrauchen, um Wissen zu verbreiten – er braucht die richtige Qualifikation oder eine »nachgewiesene Erfolgsbilanz« in der Kommunikation oder er kann auf die künstlerischen, wissenschaftlichen und kulturellen Errungenschaften seiner Mitmenschen und Vorfahren nicht zugreifen – er muss die Inhaber von Patenten und Urheberrechten bezahlen. Heute sind nicht nur Grund und Boden im Besitz der Reichen, sondern auch alle denkbaren Formen von Humankapital. Mit jedem Schritt, den wir versuchen, aus dem Markt herauszukommen, stoßen wir gegen eine Speerspitze, die uns wieder in den Markt hineinzwingt.

Zusätzlich zur umfassenden Aneignung des Lebens hat das Kapital auch mächtige und subtile Formen der Propaganda und Indoktrination entwickelt, die die Menschen durch Werbung, Film, Musik, Journalistik und Kunst dazu zwingen, an das moderne System zu glauben, »altmodische« Werte zu verachten, den Massendiebstahl zu ignorieren und sich die Arbeitsethik eigen zu machen. Ihre Wurzeln liegen in der ersten Religion des Kapitalismus, dem Protestantismus, doch mit den Überzeugungstechniken des neuen Berufsstands der Journalisten, der darauf abzielt, Zustimmung zu erzeugen, und mit der neuen Wissenschaft der Psychologie, die darauf abzielt, unsere Wünsche anzuzapfen und auszunutzen, erreichten sie neue Höhen der psychologischen Potenz.

Denn wir werden nicht nur durch äußeren Druck auf den Markt getrieben, sondern auch durch innere Abhängigkeiten. Die Peitsche der GEPLANTEN OB-SOLESZENZ (Seife, die nach drei Tagen aufgebraucht ist; Waschmaschinen, die zehn Minuten nach Ablauf der Garantie kaputtgehen; Betriebssysteme, und Impfungen, die jedes Jahr aufgefrischt werden müssen) treibt uns von hinten an, und das Zuckerbrot der gefühlten Obsoleszenz (die »Notwendigkeit«, die neueste Version, den neuesten Stil zu haben) lockt uns vorwärts. Von den Perlen, Eimern, Kattundrucken, Feuerwaffen und dem Fusel, die den Menschen vor der Eroberung verkauft wurden, um sie dazu zu bringen, für den Markt zu produzieren, bis zu den Smartphones, Luxusautos, Heizdecken und Stereoanlagen, die den modernen Menschen dazu zwingen, mehr zu verdienen und mehr zu konsumieren – mit jedem Schritt gräbt sich der Markt tiefer in unsere süchtig machenden Ängste und Wünsche ein; jede erdenkliche Schwäche wird vom Kapital ausgenutzt, um uns auf den Markt zu ziehen.

Wir haben die primitive Akkumulation hinter uns gelassen und befinden uns nun in der unheimlichen »unsichtbaren Hand« von Adam Smith, die uns zwingt oder nötigt, die Produkte des Marktes zu konsumieren und unsere Arbeitskraft zu verkaufen, um im Gegenzug Kredite zu erhalten. Die Lohnarbeit scheint, wie Michael Perelman bemerkt, »eine freiwillige Angelegenheit« zu sein, und die Kapitalisten können »so tun, als seien die Arbeitnehmer willige Partner in einer für beide Seiten vorteilhaften Transaktion«, denn ausgeklügelte Maßnahmen, um die Menschen zur Arbeit zu bewegen, geschweige denn offene Gewalt, sind jetzt unnötig.

Der unpersönliche Markt erledigt alles automatisch. Es bedarf keiner Orwell'schen Kontrolltechniken, um uns an Ort und Stelle zu halten; der huxleyanische Markt zwingt uns, *uns selbst* an Ort und Stelle zu halten. Die expliziten Befehle des Sklavenhalters sind durch die impliziten Zwänge des »frei geschlossenen« Vertrags zwischen Arbeitnehmer und Arbeitgeber ersetzt worden. Ihnen steht es frei, Ihr eigenes Unternehmen zu gründen, Ihre eigenen Nahrungsmittel anzubauen, zu Fuß zur Arbeit zu gehen, sich weiterzubilden, freie Gemeinschaften der gegenseitigen Hilfe zu gründen, das Land zu bebauen, zu tun, was immer Sie wollen. Sie sind frei, all diese Dinge zu tun ... und doch scheinen es so wenige zu wollen oder zu können.

Hier leben wir alle also auf dem freien, legalen, ruhigen, gleichberechtigten Spielfeld der globalen kapitalistischen Demokratie, ein Zustand, der Frieden genannt wird (und alle militärischen Interventionen zu seiner Aufrechterhaltung werden Verteidigung genannt). Wenn kapitalistische oder systemfreundliche Wissenschaftler (wie Steven Pinker, Yuval Noah Harari und Rutgar Bregman) und die Heerscharen von Journalisten, die deren »Erkenntnisse« verbreiten und legitimieren, behaupten, wir hätten uns von einem kriegsähnlichen Zustand des Elends zu einem friedlichen Land entwickelt, in dem technologisch Milch und Honig fließen, dann meinen sie genau das: eine Welt der allgemeinen Langeweile, des Elends und der Armut, die auf einer ununterbrochenen Geschichte der Ausbeutung, des Massendiebstahls und des Massenmordes beruht, in der ein sauberer, unblutiger, pazifistischer Handel stattfindet, der sich aus Krieg, Unterwerfung, privater Gewalt, extremem Leid und illegalen Drogen-, Waffen- und Prostitutionsmärkten in der unsichtbaren Peripherie speist. Und wer außer einem Kommunisten oder einem Terroristen oder einem Feind der Demokratie könnte dagegen sein? Wer, wenn nicht ein Verrückter?

14
Der Mythos des Gesetzes

Der Hauptzweck des Gesetzes besteht darin, die Intelligenz auszulöschen oder zu verbannen. »Intelligenz« bezieht sich hier auf das Bewusstsein oder die Sensibilität für den Kontext sowie die Fähigkeit, spontan oder angemessen darauf zu reagieren, d.h. gerecht zu sein. Gerechtigkeit ist eine Bedrohung und Kompromittierung für das Gesetz und für diejenigen, die die – normalerweise im Eigentum verankerte – Klassenmacht besitzen, die das Gesetz schützen soll.

Das Gesetz funktioniert, indem es für die Macht unerwünschte Handlungen wie Diebstahl, Mord, Belästigung oder Kritik starr definiert und dann all jene betraft, die *keine* Macht haben und der faktisch-kausalen Definition eines Übeltäters entsprechen. Die schreiende Ungerechtigkeit dieses Gebarens wird durch die Tatsache verdeckt, dass das Gesetz gelegentlich mächtige Diebe, Massenmörder, professionelle Verleumder und reiche Lügner benennt und bestraft, so wie eine »stehen gebliebene Uhr zweimal am Tag die richtige Zeit anzeigt«. Sollte dieselbe Definition jemals auf die *Klasse* der Diebe, Mörder, Unmenschen und Machos angewandt werden, die die Weltmacht besitzen und verwalten, würde sie sofort durch ein Rechtssystem außer Kraft gesetzt oder umgangen werden, das zugunsten dieser Macht gewichtet ist. Gelegentlich werden einzelne Betrüger und Unholde ins Visier genommen und mit großem Medienrummel wird an ihnen ein Exempel statuiert, um von den ungeheuerlichen Lastern und gnadenlosen Ungerechtigkeiten der Eigentümer- und Managerklasse als Ganzes abzulenken, die – wie das System, dem sie dienen – praktischerweise nicht auf die Anklagebank passen.

Die Rechtsberufe entstanden zur selben Zeit und am selben Ort wie das Geld, die Demokratie und die Berufswissenschaft. Alle vier arbeiten zusammen daran, die Verantwortung auszulöschen, indem sie von vornherein den Kontext und das Gewissen ausschließen, beides kann weder in der Bank noch in der Regierung noch im Labor noch im Gerichtssaal zugelassen werden. Was geschieht und warum, ist ein unerklärliches Rauschen für den finanziellen, politischen, wissenschaftlichen und juristischen Verstand, der nur Beschreibungen, Fakten, Theorien, Ideen und Objekte sehen (und aufzeichnen) kann.

Daher ist derjenige, der der Öffentlichkeit Informationen über öffentliche Unternehmen zur Verfügung stellt, damit sie besser verstehen kann, was in ihrem Namen getan wird: kriminell. Derjenige, der private Daten der Bürgerinnen und Bürger stiehlt, um sich selbst zu bereichern, und dabei die staatliche Überwachungstechnologie in ungeahnte Höhen treibt: Geschäftsmann des Jahres! Derjenige, der ein paar Stunden halbtags arbeitet und dabei Sozialleistungen in Anspruch nimmt: kriminell. Derjenige, der ein ganzes Land betrügt, dessen Vermögen verzockt und dessen öffentliche Gelder aufkauft: Ritterschlag! Diejenige, die ein Kampfflugzeug zum Absturz bringt, mit dem Saudi-Arabien den Jemen bombardiert: kriminell. Diejenige, die Libyen zerstört, damit die Ölkonzerne einmarschieren können: feministische Heldin! Derjenige, der tötet, weil er jemanden tot sehen will: Mörder. Derjenige, der tötet, weil seine Regierung jemanden tot sehen will: Kriegsheld! Ich brauche nicht zu erklären, warum das so ist; *die Fakten sprechen für sich.*

Der zweite Zweck des Gesetzes ist es, den Diebstahl der Eliten durch die Legalisierung von Eigentum und die Weitergabe von Vermögen (auch bekannt als VERERBUNG) zu ermöglichen. Das ist nicht sehr kompliziert. Die Mächtigen stehlen Land und Ressourcen, wandeln ihren Diebstahl in Geld um, benutzen ihre Finanzkraft, um noch mehr zu stehlen, und vererben ihre Beute an ihre Kinder, wobei jeder Schritt durch das Gesetz geschützt wird, und damit auch durch die Experten, die die Eliten einsetzen, um ihre Interessen zu rechtfertigen und jeden auszuschalten, der sie bedroht; jeden, der zum Beispiel auf die Idee käme, dass es einen Unterschied zwischen EIGENTUM – einer abstrakten Beziehung zu Dingen, Land, Ressourcen und Menschen – und BESITZ – Dinge, die ein Individuum und damit auch seine Gemeinschaft tatsächlich nutzt – gibt. Eigentümer und Manager tun alles in ihrer Macht Stehende, um diese Idee zu diskreditieren. Dabei spielt es keine Rolle, dass das Nichtvorhandensein von Eigentum und die Unantastbarkeit des Besitzes seit Hunderttausenden von Jahren die Grundlage der menschlichen Gesellschaft bilden und im Bewusstsein der großen Masse der Menschheit immer noch präsent sind. Alles, was für die Eigentümer und ihre Huren zählt, ist, dass sie die Beute in ihren Händen halten.

Der dritte Zweck des Gesetzes ist es, den Gottlosen die Furcht vor Gott einzuflößen. Das Gesetz – je härter, desto besser – ersetzt die Hölle als Quell des Schreckens für die einfachen Leute, besonders für die unteren Klassen, von denen die einzige ernsthafte Bedrohung für das System ausgeht. Den Besitzenden und Managern des Systems sind tyrannische Gesetze völlig gleichgültig, solange sie nur für diejenigen gelten, die nicht die Mittel haben, sie zu umgehen. Liberale Typen mögen von Zeit zu Zeit Gewissensbisse haben, wenn sie Polizei und Armee bei der Arbeit sehen, aber die Sicherheit ihrer Gated Communitys, ihrer Bankkonten und ihrer auffällig privilegierten Kinder überwiegt die moralischen Bedenken, in einem militarisierten Polizeistaat zu leben.

Der vierte Zweck des Gesetzes ist der eines jeden Berufsstandes: den normalen Menschen vom Sinn seines Lebens auszuschließen, und zwar durch die Auferlegung eines professionell geführten Jargons und Rituals; in diesem Fall durch das Dickicht der technokratischen Pseudosprache und der absurden, quasireligiösen juristischen Zeremonien, mit deren Dechiffrierung Juristen einen großen Teil ihres Lebens verbringen und ohne mit der Wimper zu zucken mitmachen. Diese Zeremonien zielen unbewusst darauf ab, den Uneingeweihten zu verwirren und zu beschwichtigen, damit er sich unterwirft und von den professionellen Vermittlern des Rechts abhängig wird.

Der letzte und bei Weitem wichtigste Zweck des Gesetzes, der die vier anderen einschließt und ihnen untergeordnet ist, besteht darin, als Instrument der Verwaltung und Organisation das Räderwerk des Systems am Laufen zu halten. Der Grund dafür, dass es illegal ist, ohne die erforderlichen Ausweispapiere und Genehmigungen zu sein oder unabhängig von beruflichen Autoritäten zu handeln, seine Waren auf der Straße zu verkaufen oder Kunstwerke auf Brücken zu malen, liegt nicht so sehr darin, dass diese Handlungen eine Bedrohung für die etablierten Interessen darstellen, obwohl dies natürlich der Fall ist, sondern vielmehr darin, dass sie von den systemischen Techniken des Bewertens, Verwaltens und Kontrollierens unabhängig sind oder ihnen zuwiderlaufen. Sitten und Rechte in traditionellen, vorzivilisatorischen Gesellschaften mochten ungerecht und vorurteilsbeladen sein, aber sie reagierten auf die unglaubliche Komplexität des natürlichen und sozialen Lebens, sie waren spezifisch für den jeweiligen Fall, spezifisch für den Ort und die Menschen, und sie waren lebendig, anpassungsfähig an sich verändernde Situationen; mit anderen Worten: ein absoluter Albtraum für den zivilisatorischen Gesetzgeber, für den alles und jedes einheitlich sein muss.

Und das nicht nur äußerlich. Die Gesetze betreffen nicht nur das Handeln der Menschen, sondern auch ihr Denken und Fühlen, das ebenfalls durch einheitliche Rechtssysteme buchstäblich gewertet und gesteuert werden muss. So ist das Sammeln von Pilzen im Wald des Fürsten für das System unerträglich, aber ebenso das Essen von Pilzen, die Zeit und Raum auflösen. Lebensmittel durch die Hintertür eines Supermarktes zu klauen, gehört genauso verboten, wie nackig durch die Vordertür mit dem Geschrei »Pipi, Pipiii, Pipiiiiii!« zu stürmen.

Aber Moment mal ... was würden wir ohne das Gesetz machen? Wie würden wir leben? Würden wir uns nicht gegenseitig zerfleischen, um zu bekommen, was wir wollen? Brauchen wir nicht die Polizei und die Armee, um uns zu schützen? Sind Recht und Sicherheit ohne Gesetze, Anwälte, Richter und Gerichte denn nicht unmöglich? Nein, nein und nochmals nein. Stellen Sie sich einen Moment lang vor, wir würden alle Gesetze abschaffen, die nur dazu da sind, die Klassenmacht zu schützen, und dann würden wir alle Gesetze abschaffen, mit denen Regeln, Gewohnheiten und der angeborene Gerechtigkeitssinn der Menschen viel besser umgehen können als die riesige, schwerfällige, kontextlose und weitgehend korrupte bürokratische Maschinerie von Anwälten, Gerichten, Richtern und Gefängnissen. Stellen Sie sich vor, es wäre unmöglich, Reichtum durch Anhäufung von Besitz oder Macht durch

Beherrschung gemeinsamer Ressourcen zu erlangen. Stellen Sie sich vor, es gäbe kein Geld und damit auch keine Miete, keine Schulden, keine Not und kein Elend namens »Arbeit«. Gäbe es dann Verbrechen? Das Tabu des Gesetzes – der »Verteidiger des Rechts« und der kriminellen Klasse von Menschen, die wir »GESETZESHÜTER« nennen – besteht darin, dass die Antwort auf diese Frage »Nein« lauten könnte. Das Gesetz, so wird uns gesagt, schützt uns vor Ungerechtigkeit, Leid, Ungleichheit und Ruin. Dass sein Zweck darin besteht, Ungerechtigkeit zu mehren und, die menschliche Wahrnehmung durch eine hyperrationale Standardisierung zu kontrollieren, sollte besser unerwähnt bleiben; aus dem offensichtlichen *Grund*, dass es nicht gut fürs Geschäft ist, sich mit den eigentlichen Ursachen des Verbrechens zu befassen.

Geld lässt sich nicht damit verdienen, indem Ungerechtigkeit beseitigt, Macht, Land und Reichtum umverteilt, Eigenverantwortung gefördert, den Menschen die Möglichkeit gegeben wird, Verantwortung für die Umwelt zu übernehmen oder sie frei nach ihren Bedürfnissen oder denen der Natur zu gestalten. Deshalb müssen die Gesetzeshüter solche Aktivitäten kriminalisieren und sich ausschließlich auf die schädlichen *Auswirkungen* des Lebens in extrem ungerechten, langweiligen und krankmachenden Gesellschaften konzentrieren. So sind Anwälte, so sind Gerichte, so sind Polizeibeamte, so sind Gefängnisse für das Verbrechen, was Ärzte, Psychologen und Lehrer für Umweltverschmutzung, Wahnsinn und Dummheit sind.

Und so wird erzählt: »Auf je tausend, die an den Blättern des Übels zupfen, kommt einer, der es an der Wurzel packt.«

15
Der Mythos des Nettseins

»Ich kenne einige nette/ fleißige/ bescheidene/ sparsame/ freundliche/ großzügige/ kreative/ kluge/ sensible (Nichtzutreffendes streichen) Aristokraten/ Banker/ Geschäftsführer/ Manager/ Vermieter/ Ärzte/ Rockstars/ Anwälte/ Politiker/ Berater/ Lehrer/ moderne Künstler/ Journalisten (Nichtzutreffendes streichen).«

Der Manager oder Eigentümer kann eine beliebige Frau oder ein beliebiger Mann sein, sie oder er kann »ein wunderbarer Mensch« oder »ein großartiger Chef« oder sogar »ein bisschen links« sein, aber nur, wenn sie oder er nicht aufgefordert wird, seine Klasseninteressen oder die Interessen des Systems zu verteidigen, das ihr oder ihm diese Position verschafft. Egal, wie sehr jemand, der im System Macht hat, beteuert, dass er das Wort »Chef« hasst, egal, wie gut ein Arbeitsplatz organisiert ist, um Klassenbeziehungen mit hochtrabenden Jobtiteln, Großraumbüros, rollenfreier Teambildung, kollektiven Besäufnissen und Dress-down-Freitagen zu verschleiern – in dem Moment, in dem die Profite des Eigentümers oder die Position des Managers oder die Bedürfnisse des Systems bedroht sind, wird sie oder er die Autorität spielen lassen; sanft vielleicht, mit grenzenloser Besorgnis, bedingungsloser Solidarität und vielen Beteuerungen, dass »ich keine Wahl habe« und »ich es hasse, das zu sagen«. Dieses unbewusste Gleiten zwischen den mentalen Befindlichkeiten von Mensch und Arbeitgeber/Arbeitnehmer ist eine Form des »Skripts«.

Mitglieder der Eigentümer-/Elite- oder Berufs-/Management-Klasse können – und *müssen* – zwischen den Skripten Dr. Jekyll, dem Mitmenschen, und Mr. Hyde, dem Verantwortungsträger hin und her springen und sich dann selbst über Hydes Rolle im System täuschen, indem sie seine hinterhältige Grausamkeit und Feigheit als tragisch unvermeidlich, logisch, »realistisch« oder sogar, was am lächerlichsten ist, als gerecht rechtfertigen. Kaiser und Technokraten haben ein Restgewissen, das sie darüber informiert, dass sie aktiv an einem schweren Unrecht beteiligt sind. Das zwingt sie zu einer bewussten Täuschung, die wiederum eine große moralische Spannung erzeugt; aber meistens haben sie keine Ahnung, dass sie ihre Macht durch die Amputation ihrer Menschlichkeit erlangt haben und sich mühelos vom netten Kollegen zum netten Tyrannen oder netten Verrückten skripten.

So gibt es überall dort, wo es eine Mittel- oder Führungsschicht gibt, Rufe nach anständigen Wohnungen, anständiger Bildung, anständigem Breitband, anständigen Brötchen – aber nie nach anständigen Klassenverhältnissen;[32] und

---

32   Harvey David (2010): Companion to Capital. Verso.

überall dort, wo es Klassenungleichheit gibt, gibt es Hilfe, Proteste, Petitionen, unentgeltliche Vertretungen und Werbekampagnen, um nett, tolerant und friedlich zu sein – aber niemals einen Schritt in Richtung wirklicher Gleichheit oder wirklicher Unabhängigkeit vom System, es sei denn, eine Massenbewegung bedroht die etablierte Macht des Systems ernsthaft; und überall dort, wo es Sklaven gibt, gibt es »nette« Besitzer und »freundliche« Manager, die davon überzeugt sind, dass sie gut sind oder Gutes tun, die davon überzeugt sind, dass der Wahnsinn und die Rebellion derer, die ihren Reichtum erwirtschaften, auf jede andere denkbare Ursache zurückzuführen ist als auf ihre Sklaverei oder Gefangenschaft, und die zufällig viel mehr aus den Arbeitern herausholen, indem sie nett zu ihnen sind.

Im Gegensatz zu den Managern und Fachkräften wissen die Eigentümer oder leitenden Angestellten oft sehr gut, dass sie auf Kosten der entfremdeten Arbeiter und des erschöpften Planeten Profit machen, und können, zumindest wenn sie nicht im Rampenlicht stehen, die machtlosen Klassen offen verachten. Das Erlernen, diese Maske nicht fallen zu lassen, ist eine der wichtigsten Aufgaben der Elitenbildung. Die Eltern zucken zusammen und machen Grimassen, wenn die junge Elite ihren Snobismus unverschämt zur Schau stellt. Aber keine Sorge, sie wird bald den Stellenwert von Mitgefühl, harter Arbeit, Wohltätigkeit und Bescheidenheit lernen.

Bescheidenheit (Demut, Genügsamkeit usw.) ist eine zentrale Technik der sühnenden Selbstrechtfertigung, die von den Wohlhabenden in Zeiten potenzieller sozialer Unruhen eingesetzt wird. Wenn in einer expandierenden Wirtschaft alle nach Reichtum schreien, kann es sich der einzelne Kapitalist leisten, reich auszusehen und sich reich zu fühlen, aber wenn die Massen verarmen und Angst und Schuldgefühle diejenigen befallen, die von dem verarmenden System profitieren, werden die Farben gedämpft, das Gold wird weggeschlossen, philanthropische Taten erhalten einen rosigen sozialistischen Anstrich, und es wird viel über Entbehrungen geklagt und der Gürtel enger geschnallt. Die Konzerne, die den Reichtum der Elite bewahren und vermehren, bauen immer größere Monumente ihrer weltverschlingenden Macht, die es den Reichen selbst ermöglichen, sich leger zu kleiden, Geld zu sparen, Kosten zu senken und so zu sein wie der Rest von uns.

Auch die ausbeutenden Klassen lieben es, hart zu arbeiten und beschäftigt zu sein. Sie stöhnen darüber, doch der stolze Subtextlautet:»Ich verdiene meine Privilegien«. Die Armen sollten dankbar sein, wenn die Reichen sie dafür bezahlen, dass sie ihre Annehmlichkeiten und Privilegien produzieren, oder wenn der Staat sie dafür bezahlt, dass sie in einem Zustand der bloßen Existenz verharren, und sich nicht über ihre kriminell verarmenden Klassenverhältnisse beschweren. Deshalb sind die Reichen so eifrig dabei, der Welt die klassische Ausrede zu präsentieren:»Ich arbeite hart für mein Geld!«

Eine andere, immer beliebtere Taktik der Wohlhabenden, die ausgeprägte Mittelmäßigkeit und die krankmachenden Schuldgefühle für ihr Leben zu sühnen, ist die Entwicklung von Depressionen, Zwangsstörungen, klinischen Angstzuständen, Magersucht oder einer Art modischer Schlafstörung. Selbstverständlich wird die Möglichkeit, dass solche »Krankheiten« (wenn auch unbewusst) eine Taktik *sind*, dass sie kulturell bedingt[33] sind oder dass der Erkrankte in irgendeiner Weise für ihren Ausbruch oder Ausgang verantwortlich ist, mit größter Empörung aufgenommen.

Aber für den Systemling, der sich durch die Regungen seines Gewissens oder, was häufiger vorkommt, durch die Empörung derer, die unter ihm stehen, bedroht fühlt, gibt es nichts Vergleichbares, was an die Reform (die eigne Frustration auf die Bösewichte an der Macht zu lenken) und die *Nächstenliebe* heranreicht – weder in ihrer Bedeutung noch in ihrer Wirksamkeit, die Angst und die Schuldgefühle des Privilegs zu überwinden.

Bei Gott, sie lieben die Nächstenliebe, wir alle lieben sie. In vorkapitalistischen Zeiten wuschen sich schuldbeladene Herrscher und verängstigte Massen das Blut von den Händen, indem sie ihre Sünden beichteten oder Ablassbriefe in der Kirche kauften – quasi ein Token der Seelenreinigung in Gottes Waschsalon. Inzwischen spenden sie für einen guten Zweck oder organisieren eine Benefizveranstaltung. Wer, wenn nicht ein *Monster*, könnte etwas dagegen haben, Geld für arme Kinder in Afrika zu sammeln, für Kliniken, die Malaria heilen, für Zahnärzte, die Obdachlose behandeln, oder für Teams verkrüppelter Kinder, die Sommerflieder für Schmetterlinge pflanzen? Diejenigen, die unsere

---

33   Watters, E. (2010). Crazy like us: The globalization of the American psyche. Free Press.

wohlwollenden Aufseher verehren, kommen nicht auf die Idee, dass »Wohltätigkeit« ein riesiges, tief im System verwurzeltes und zutiefst reaktionäres Unternehmen sein könnte, oder dass das Wort »Wohltätigkeit« – die Liebe zu den Menschen – vielleicht bedeuten könnte, sich für das *Ende* eines Systems einzusetzen, in dem die Philanthropie der Reichen oder der betrogenen Armen unnötig ist.

Ein wirklich netter Mensch, der Philanthrop. Andere Beispiele für nette Menschen sind Ihr Briefträger, die Kindergärtnerin Ihres Kindes, Ihr Arzt, der Bursche, der kam, um die Müllhalde hinter Ihrem Haus zu beseitigen, die Frau von nebenan, die im Ausland Menschen mit posttraumatischen Störungen berät, die Männer, die die erste Atombombe gebaut haben, die Menschen, die für für den Rüstungs- und Luftfahrtkonzern BAE Systems arbeiten. Viele Nazis waren nett, viele Römer, zweifellos auch viele Mongolen, und ich wage zu behaupten, dass es in der israelischen Armee einige nette Jungs gibt. Präsident Obama? Sehr nett. Die Königin von England? Prinz William? Außerordentlich nett!

16
Der Mythos der Demokratie

Das System basiert auf der absurden Annahme, dass wir etwas haben, das sich »Demokratie« nennt, ein System, in dem die Menschen Vertreter wählen können, die dafür sorgen, dass das Land durch und für den »Willen des Volkes« regiert wird. Das ist die Idee, und viele Menschen scheinen das für eine gute Idee zu halten.

Was wir wirklich in unserem tatsächlichen Leben haben, ist ein System, in dem wir gezwungen sind, den größten Teil unserer wachen Stunden in streng hierarchischen Strukturen zu verbringen, in denen die Befehle nur in eine Richtung fließen: nach unten. Wir wählen weder das System noch seine Manager, CEOs, Bundesräte, Richter, Aufseher, Vermieter, Lehrer, Ärzte, Polizeikommissare, Armeegeneräle und Hausbesitzer. Wir stimmen weder für die Technologie, die uns aufgezwungen wird, noch für die Gesetze und

Rechtsvorschriften, denen wir gehorchen müssen, noch für das extrem un-gerechte Wirtschaftssystem, das uns in unsere soziale Stellung drängt. »Demo-kratie« gilt nicht für die Organisationen, die tatsächlich die Welt regieren, in denen nicht gewählte, nicht rechenschaftspflichtige und in der Regel nicht sichtbare *Funktionäre* durch ihre finanzielle oder institutionelle Macht über die Arbeitskräfte (Gefangene, Patienten, Studenten usw.) bestimmen und die Umwelt für ihre eigenen Zwecke formen. Die korrekte, wenn auch inzwischen klischeehafte Bezeichnung für dieses System ist TOTALITARISMUS.

Die »Demokratie«, die uns zugestanden wird, ist eine, in der wir alle vier oder fünf Jahre eine Handvoll wohlhabender »Vertreter« der Wirtschaft, des Reichtums oder der beruflichen Staatsmacht wählen können und dann den Rest der Zeit damit verbringen, ihnen im Fernsehen zuzusehen oder in den Zeitungen über ihre demokratischen Heldentaten zu lesen. Wir können nicht für ein anderes System stimmen, »die Regierung mischt sich immer ein«; wir können nicht gegen seine technokratische Expansion, gegen Wachstum, Fort-schritt oder Wohlstand stimmen; und wir können niemanden wählen, der das System, das wir haben, sinnvoll verändern könnte. Im Allgemeinen können wir uns glücklich schätzen, wenn die Wahl nicht manipuliert wird, auch wenn wir nie genau wissen werden, ob dies der Fall ist oder nicht.

Wir können sicher sein, dass enorme Anstrengungen unternommen wer-den, um die Köpfe der Menschen in einem »demokratischen System« so zu formen, dass sie entweder ausreichend verwirrt sind, um in die richtige Rich-tung zu wählen, oder ausreichend abgelenkt und zerstreut, um keinen Auf-stand zu machen, wenn sie den Betrug bemerken. Und wir können sicher sein, sollte jemand auf den Wahlzettel kommen, der sich den Forderungen des technokratischen Systems widersetzen könnte, es eine »Krise der Demokratie« geben wird, die das System mit allen ihm zur Verfügung stehenden Mitteln bewältigen wird. »Demokratie« ist gut fürs Geschäft. Leidet das Geschäft, wird sie auf magische Weise »undemokratisch«.

Und schließlich, sollte durch einen noch unwahrscheinlicheren Zufall eine Regierung gewählt werden, die auch nur ein minimales Interesse daran hat, das Volk wirklich zu vertreten, oder die dem technokratischen Kapital ein wenig feindlich gesinnt ist, können wir sicher sein, dass diejenigen, die die

Macht in der Gesellschaft innehaben, sofort ihre Unterstützung für die Demokratie aufgeben werden. Sie werden korrumpierbare Führungskräfte kaufen, einen Wirtschaftskrieg gegen den Feind vom Zaun brechen und mithilfe der Gewalt- und Zwangsorgane, über die sie eine undemokratische Kontrolle ausüben – Polizei, Armee, Medien, Gerichte und so weiter –, die »Bedrohung der Demokratie« diffamieren, unterminieren, »destabilisieren« und früher oder später ausradieren. Das heißt: die hirnrissige Vorstellung pulverisieren, dass die Regierung sich um die Interessen des Volkes kümmern soll, während in der »realen Welt« der Zweck von Regierungen – ob demokratisch oder nicht – darin besteht, die nationalen Grenzen auszudehnen, die Kontrolle über die Ressourcen für die Wirtschaft zu erlangen, die Interessen der Wirtschaft zu verteidigen, die Eigentumsrechte für die wirtschaftliche Klasse zu schützen, die Arbeitskräfte für die Wirtschaft bereitzustellen und die Infrastruktur für die Wirtschaft zu verwalten, sich um die Interessen der Machthaber zu kümmern und vor allem den götzendienerischen Bedürfnissen des egoistischen Systems zu dienen, seiner grundlegenden Einstellung zur Realität und den Gesetzen, Legitimationen, Skripten und Techniken, die es zu seiner Verteidigung und Aufrechterhaltung einsetzt. Die Vorstellung, dass die Regierung sich um die Interessen der Menschen oder der Natur kümmern sollte, ist nützlich für die Außendarstellung, hat aber null Einfluss auf die Politik. Es sei denn, diese Interessen werden den herrschenden Klassen aufgezwungen; dann werden kleine Zugeständnisse an das, was die demokratischen Massen wollen, mit viel Tamtam gemacht, um die Bedrohung zu entschärfen.

Die häufigste und effektivste Methode, mit »Bedrohungen der Demokratie« umzugehen, besteht jedoch darin, dass diejenigen, die das System grundlegend verändern wollen, sich durch Teilhabe am System aufreiben. Demokratie legitimiert nicht nur Autorität und sorgt für eine gewisse hierarchische Mobilität innerhalb des Systems, sondern lenkt auch die Opposition in überschaubare Bahnen. Wenn anständige Leute, selbst wenn sie nur moderate Ambitionen zur Veränderung des Systems haben, in die demokratischen Strukturen eindringen, stellen sie fest, dass sie im Grunde nichts erreichen können. Die Industriearchitekten des modernen Systems waren sich dessen sehr wohl bewusst. Sie erkannten, dass die furchterregende revolutionäre Kraft der neuen städtischen

Arbeiterklasse durch die Absorption der allgemeinen Unzufriedenheit in institutionelle Hierarchien gemildert und zerstreut werden konnte, insbesondere in die Gewerkschaften, deren Aufstieg die frühen modernen Versuche zur Demontage des Systems kastrierte.

Wir leben also nicht in einer Demokratie; und wir können es auch nicht, solange die Macht des Geldes, des Eigentums, der Professionalisierung und der Technik, ganz zu schweigen von der Massenpsychose einer leicht zu formenden »öffentlichen Meinung«, die Macht des legendären Stimmzettels völlig überwältigt. Aber das hält Schriftsteller, Wissenschaftler, Politiker und Aktivisten sowohl von rechts als auch von links nicht davon ab, nach dem gelobten Land zu streben. Die Idee ist, dass, sobald wir eine wirkliche Demokratie haben, welcher Art auch immer – sozialistisch, kapitalistisch, marxistisch, anarchosyndikalistisch –, sobald die »Macht des Volkes« die Macht des Geldes, des Eigentums, der Technik usw. besiegt hat, wenn die wohlbekannte kleingeistige Dummheit einer riesigen Anzahl emotional gleich denkender Menschen durch die aufgeklärten Dienste »guter« professioneller Pädagogen und die Abwesenheit »böser« professioneller Gedankenmanipulatoren überwunden ist, unsere politischen, sozialen und ökologischen Probleme dann mehr oder weniger ein Ende haben werden; denn wahre Demokratie, sagt uns das moderne System, ist der einzig rationale Weg, die Gesellschaft gerecht und frei zu organisieren. Alles andere ist faschistischer Wahnsinn.

Dass die Demokratie Verantwortungslosigkeit, psychotisches Gruppendenken, die Zerstörung geistiger Unabhängigkeit und oberflächliche Mittelmäßigkeit fördert; dass sie von Natur aus spalterisch und grausam wettbewerbsorientiert ist; dass sie gegenseitige Hilfe, Spontaneität, Individualität, Unabhängigkeit und Intelligenz unterdrückt; dass sie eine Quelle der Wahrheit, der Intelligenz oder des Bewusstseins sein könnte, zu deren Entdeckung wir keine demokratische Entscheidungsfindung brauchen; dass Freundschaften, süße Liebesaffären, glückliche Familien und gut funktionierende Gesellschaften in der gesamten Urgeschichte weder demokratisch *noch* autoritär waren; dass niemand, der bei klarem Verstand ist, Demokratie in wichtigen Angelegenheiten akzeptiert, wenn die Abstimmung nicht nach seinem Willen ausgeht, und warum sollte er es tun, wenn er im Recht ist?; dass die Demokratie unweigerlich die AUSGRENZUNG (derer, denen nicht vertraut werden kann, richtig abzustimmen: Kriminelle, Kinder, Ausländer, »Verrückte« usw.) und die ÜBERWACHUNG (Durchsetzung des Willens derer, die es können) mit sich bringt; nichts von alledem kann in Betracht gezogen werden, ohne den Eindruck zu erwecken, man käme von Neptuns blauen Monden.

Aber das unmenschlichste Element der Demokratie und der Grund, warum sie sowohl von unmenschlichen Eliten als auch von ihren entmenschlichten Abhängigen verehrt wird, ist jedoch, dass sie, wie das Gesetz, mit dem sie untrennbar verbunden ist, die Eigenverantwortung ausschaltet.

Wer ist verantwortlich für die Klimaerwärmung? Wer ist verantwortlich für das »sechste große Massenaussterben«? Wer ist verantwortlich für die schrecklichen Bedingungen in Chinas und Bangladeschs Fabriken? Wer ist verantwortlich für den erstarkenden Faschismus? Wer ist verantwortlich für das Verschwinden der Liebe aus der Welt? Wer ist verantwortlich für unser Unglücklichsein? Wer ist verantwortlich für den Tod der Kultur? Wer zum Teufel ist verantwortlich für Justin Bieber und Ed Sheeran? Die Politiker können es nicht sein, sie sind die »Vertreter des Volkswillens«, um nicht zu sagen Sklaven des Marktsystems. Die Menschen selbst können es nicht sein, denn sie sind für nichts verantwortlich, oder? Die Manager und CEOs können es nicht sein, denn sie sind ihren Aktionären gegenüber verantwortlich, und wenn sie etwas Edleres als den Profit in den Vordergrund stellen würden, wäre ihr Unternehmen bankrott. Es können auch nicht die Aktionäre sein, denn sie haben keine Kontrolle. Die Journalisten können es nicht sein, sie berichten nur über die Fakten. Es können *kaum* die Polizisten, die Lehrer, die Anwälte oder die Ärzte sein; sie machen nur ihren edlen Job unter sehr schwierigen Bedingungen. Es können auch nicht all die technischen Spezialisten sein, die das System entwickeln und betreiben; alles, was über ihre besondere Kompetenz hinausgeht, ist eindeutig die Angelegenheit von jemand anderem. Es können nicht die Zuhälter, Drogenhändler, Porno- und Filmproduzenten sein; sie geben den Kunden nur, was sie wollen. Es können nicht die psychisch Kranken, die Mörder, die Umweltverschmutzer, die Pädophilen oder die Diebe sein, denn ihre Krankheit hat sie dazu *gemacht*. Und es können *nicht* Ed und Justin sein, denn sie sind ganz normale Jungs, die Spaß haben. Eigentlich kann es niemand sein, denn: »Ich habe mir nicht ausgesucht, ich zu sein!«

Niemand ist also verantwortlich. Puh! Keiner von uns muss sich mehr darum kümmern, etwas für unser Leben oder unsere Welt zu tun. Wir können einfach nach Herzenslust konsumieren, ausbeuten und produzieren, und jemand anders – jemand, der verrückt genug ist, Verantwortung zu übernehmen – kann etwas dagegen tun. Wenn sich so ein Verrückter findet.

Aber Moment mal, das kann nicht stimmen. Die Welt kann nicht einfach zufällig so phänomenal aus den Fugen geraten sein. Es muss *jemanden* geben, der dafür verantwortlich ist. Da ich es offensichtlich nicht bin, oder eine Gruppe, der ich angehöre: Wer kann es dann sein? Ja, natürlich! Das müssen *sie* sein! Es sind die Faschisten, die Brexit-Befürworter, die Brexit-Gegner, die Regierung, die Bilderberger, die Muslime, die Juden, die Schwarzen, die Weißen, die Roten (Kommunisten), die Kapitalisten, die Anarchisten, der Westen, der Osten, die Frauen, die Männer, die Sexisten, die (Generation) Snowflake, die Feministen, Mama, Papa, die Millennials, die Boomer, die Katholiken, die Chinesen, die Immigranten, das Establishment, die ungewaschenen Massen, die Bourgeoisie, die Echsenmenschen von Alpha Draconis oder die Arschlöcher. Alle außer mir. Alles außer dem System.

Es ist das System, das Macht hat, Macht über und in allen Menschen. Diese Macht kommt zwar denen zugute, die an der Spitze stehen – den Eliten und ihren Managern, die den größten Teil der Schuld am System tragen und das verdrängen. Aber unsere Kaiser und Mandarine haben unbewusst eine demokratische Maschinerie geschaffen, um ihre bewusste Verantwortung abzuwälzen und sie dann mit mächtigen Schlagworten – Gerechtigkeit, Gleichheit und Fortschritt – zu schmücken, damit wir die unmenschliche Monstrosität ihrer Macht und unsere totale, erniedrigende Unterwerfung nicht erkennen.

Diese persönliche Erniedrigung stellt sicher, dass Ausreden und Sündenböcke gefunden werden. Weil das System das eigene Selbst so tief durchdringt, ist es in der Lage, die da oben durch die Gedanken und Wünsche derer dort unten – durch die »öffentliche Meinung« und den »gesunden Menschenverstand« – sowie durch die auferlegten Bedürfnisse der technologisch-bürokratischen Zwischenzone, durch die jeder bei der Plackerei um sein tägliches Brot gehen muss, zu unterstützen. Wer sich Gedanken darüber machen muss, was die Nachbarn denken, was der Chef denkt, was die Freunde denken, und zur Schule gehen, zur Arbeit gehen, den Hund anmelden, die Steuern bezahlen, die Einkäufe erledigen, den Wasserkocher ersetzen und das Betriebssystem aktualisieren muss, der wird effektiver domestiziert und diszipliniert als es ein Orwell'scher Staat, eine Geheimpolizei oder die Launen eines verrückten Königs es je könnten. Da aber all diese Zwänge und Demütigungen zumindest teilweise aus den *eigenen* Ängsten und Wünschen, aus dem *eigenen* Selbst heraus entstehen, bleibt das System im Dunklen. und es ist unmöglich, seine Wurzeln und Quellen zu erfassen. So ist es viel einfacher, die Schuld auf die Überbevölkerung, die korrupten Politiker, den Verfall traditioneller Werte, den Neoliberalismus, den Terrorismus oder den Teufel zu schieben.

Das demokratische System produziert Schuldzuweisungen, Ausreden und Sündenböcke im gleichen Maße wie Abhängigkeiten – die alle zusammenwirken. Sie fühlen sich schuldig? Dafür gibt es die Wohlfahrtsverbände. Sie fühlen sich rebellisch? Dafür gibt es eine Demonstration. Sie fühlen sich unglücklich? Dafür gibt es eine Diagnose. Sie fühlen sich ziellos? Dafür gibt es eine Ideologie. Sie fühlen sich gewöhnlich? Dafür gibt es eine *spezielle Identität*. Sie fühlen sich einsam? Dafür gibt es eine Facebook-Gruppe, eine Nutte oder einen Roboter. Fühlen Sie sich gelangweilt? Dafür gibt es eine App, eine Pille oder einen Einkauf. Haben Sie das Gefühl, dass alles ist Ihre Schuld? Sie Dummerchen! Reden Sie mit Ihren Kumpels, die machen sich keine Gedanken über so verrückte Ideen. Und dann, wenn wir die Welt vergiften, können wir auf unsere Spende, unser Rezept, unser T-Shirt, unseren Glauben, unseren Verein und unser Smartphone verweisen und sagen: »Seht her! Ich tue mein Bestes« oder »Es tut mir leid, ich *muss* dich entlassen« oder »Es ist alles *deren* Schuld« oder »Entschuldigung? Wie bitte? Ich habe nicht richtig zugehört.«

Der Mythos der Demokratie tauchte – Überraschung! – zum ersten Mal im antiken Griechenland auf. Diese wahnsinnigen Erfinder des Geldes und des Rechts, diese Betrüger und Narren, die als erste das Bewusstsein mit dem Denken verwechselten, diese Frauenhasser, Sklavenhalter und Päderasten, diese Diebe und Plünderer, sie waren es, die als erste die albtraumhafte Illusion erfanden, auf der das Narrenparadies der Verantwortungslosigkeit beruht: die demokratische Masse. Sie waren es! Gib ihnen die Schuld!

Heute wird diese Illusion mehr denn je benutzt, um jede Form von Gewalt, Sucht, Egoismus und Unterdrückung zu rechtfertigen. Jegliche Verantwortung für »psychische Krankheiten«, jegliche Verantwortung für Völkermord, jegliche Verantwortung für die zahllosen Demütigungen und Enttäuschungen, die wir täglich erleben, wird auf etwas anderes abgewälzt. Niemand ist wirklich glücklich, alles liegt im Sterben, aber nichts davon ist *meine* Schuld. Das funktioniert für jedermann, vor allem aber für die Besitzer und Manager des Systems. Vielleicht ist Ihnen, zum Beispiel, aufgefallen, dass im »Spätkapitalismus« nichts wirklich funktioniert. Das ist bewusst so geplant – denn lähmende Bürokratie, weit verbreitete Ungeschicklichkeit, frustrierende Interaktionen und allgegenwärtige Schlamperei sind gut fürs Geschäft – und wird gleichzeitig einfach zugelassen. Einige der schrecklichsten Verbrechen gegen die Menschlichkeit werden heute begangen, weil zugelassen wird, dass sich das System selbst mangelhaft vervielfältigt und organisiert und dass es seine Operationen willkürlich entfaltet, in quälender Langsamkeit. Diejenigen, die etwas tun könnten, tun es einfach nicht. So rollen Geld und Macht den Zauberberg hinauf, während die Menschen, denen beides vorenthalten wird, Stück für Stück zermalmt werden, ohne dass jemand dafür verantwortlich ist, ohne dass jemand die Schuld trägt, ohne dass überhaupt ein Schuldiger gefunden wird. Unter solchen Umständen ist es nicht verwunderlich, dass wilde »Verschwörungstheorien« entstehen, während das System selbst ungeschoren davonkommt.

17
Der Mythos der Bildung

Das Ziel der Bildung ist es, den Menschen zu einem Leben in völliger institutioneller Abhängigkeit zu sozialisieren. Die Schule lehrt uns, dass das Recht von einer institutionellen Autorität ausgehen muss, dass eine sinnvolle Tätigkeit auf einem marktfreundlichen »Karriereweg« erfolgen muss, dass jeder, der sich äußern will, zuerst Zugang zu zentral gesteuerten Sprachplattformen haben muss, dass jeder, der etwas tun will, zuerst ein Zeugnis oder Qualifikation erwerben muss, und vor allem, dass die eigenen Wünsche und Instinkte nichtig sind.

Allgemeine Inkompetenz, Selbstentfremdung und permanente Kindlichkeit sind das Ziel der Bildung, das *erklärte* Ziel. Die Väter der modernen Schule haben mit erschreckender Deutlichkeit gesagt, was die Schule leisten soll. Selbsterkenntnis, Selbstvertrauen, Seelenruhe, Sensibilität, Spontaneität und Autonomie kommen nicht vor, sie sind vielmehr existenzielle Bedrohungen höchsten Grades, die immer wieder ausgemerzt werden müssen.

Das Ziel der Bildung ist es, junge Menschen in den vom Marktsystem geforderten Techniken auszubilden: große Mengen nutzloser Daten zu verwalten; immer und *immer* wieder das Gleiche zu tun; Dinge zu tun, die sie eigentlich nicht tun wollen, unter extremem Zeitdruck und aus keinem besseren Grund als dem, dass eine Autoritätsperson es ihnen vorschreibt, wobei sie der Welt um sich herum keine Beachtung schenken und vorgegebene Mythen unhinterfragt akzeptieren. Sogenannte »objektive« Prüfungen erfüllen diesen Zweck perfekt, indem sie diejenigen ausschließen, die darauf bestehen, die Dinge auf ihre eigene Weise, in ihrer selbst gewählten Zeit und ohne offensichtlichen Zwang zu tun, obwohl es viele andere Möglichkeiten gibt, systemische Bedrohungen und fehlerhafte Einheiten zu identifizieren. Die Unfähigkeit, still zu sitzen, aus dem Fenster zu starren; die Weigerung, unsinnige Aufgaben zu erledigen; der Hass auf Autoritäten; das Schwänzen der Schule; das Stellen der falschen Fragen, »unangemessenes« Verhalten und beleidigende Äußerungen sind alles Gründe für Verdächtigungen, Ruhigstellung, Spott, Versagen oder Ausgrenzung.

Das Ziel der Bildung ist es, den Eintritt von Arbeitnehmern in den überfüllten Arbeitsmarkt hinauszuzögern – und sie zu zwingen, Schulden anzuhäufen, die nur durch mehr Arbeit abgebaut werden können – und Hunderttausenden von nutzlosen Intellektuellen etwas zu tun zu geben, und zwar, nach 20 Jahren, in denen sie der Bildung unterworfen waren, 40 Jahre damit zu verbringen, andere der Bildung zu unterwerfen. In den Broschüren der Institutionen, in denen diejenigen, die endlich der Schule entkommen sind, aufgefordert werden, etwas »Inspirierendes« aus ihrem Leben zu machen, indem sie wieder zur

Schule gehen, ist normalerweise nicht die Rede von Lehrern, die ihre Schüler dazu inspirieren, das zu tun, was sie lieben (oder, was noch inspirierender ist, den zu lieben, mit dem sie Sex haben).

Das Ziel der Bildung ist es, den Menschen zu einem ständig bewerteten »Fall« zu machen. Natürlich wird von den Lehrern nicht erwartet, dass sie die Unterwürfigkeit direkt oder explizit bewerten. Der Lehrplan ist vielmehr so aufgebaut, dass diejenigen mit guten Noten und positiven Zeugnissen belohnt werden, die die Lehrmeinung übernehmen und in ihrer Arbeit getreulich wiedergeben, die keine Probleme machen und sich bereitwillig dem VERSTECKTEN LEHRPLAN unterwerfen. Solche Schüler – meist aus der Mittelschicht – sind für gehobene Berufe prädestiniert. Ihnen kann vertraut werden, dass sie ihre Neugier, ihre Kreativität und ihren kritischen Geist in gewinnbringende Bahnen lenken, ohne das Ganze ernsthaft infrage zu stellen.

Der versteckte Lehrplan besteht in der Erfahrung des Schulbesuchs, nicht in dem, was in der Schule gelehrt wird; in der Tatsache, dass man den größten Teil seines Lebens in der Schule verbringen muss, dass man ständig bewertet und diszipliniert wird und dass man seine feineren Instinkte jahrelang unterdrücken muss. Die Kritiker der Reformen konzentrieren sich ausschließlich auf die Fächer, die in der Schule gelehrt werden, auf die Art und Weise, wie der Lernfortschritt der Schüler bewertet wird, auf den Unterrichtsstil, das Klassenmanagement, die finanziellen Kosten. Das sind legitime Fragen, wenn es um Bildung geht. Der Sinn und Zweck des Schulbesuchs wird dabei außer Acht gelassen. So wie man einzelne Politiker, »Bonzen« und Unternehmen kritisieren, aber niemals das System an sich infrage stellen darf, so wird man in der Schule ermutigt, das, was der Lehrer sagt, infrage zu stellen (zumindest in den »besseren« Schulen), aber den Sinn der Teilnahme am Unterricht (virtuell oder physisch) überhaupt infrage zu stellen, ist Ketzerei; und tatsächlich etwas gegen unser Eingeschränktsein zu unternehmen – den Unterricht zu verlassen; zu lernen, was man will; zu sagen, was man fühlt – ist inakzeptabel, in vielen Fällen sogar ein Gesetzesbruch.

Das Ziel der Bildung ist es, Eigeninitiative, Unabhängigkeit und Selbstvertrauen zu unterdrücken. Das oberflächliche Mittel, mit dem dies erreicht wird, ist die Bestrafung jedes ernsthaften Versuchs, interdisziplinär zu lernen oder sich dem Lehrplan zu widersetzen, was aufgrund der Tatsache, dass jede sozio-ökonomische Aktivität von den Werten und Zeugnissen abhängt, die das System hervorbringt, jedes Lernen außerhalb seiner Grenzen mehr als nutzlos macht: Handwerk, Selbsterkenntnis, soziale Verantwortung und allgemeine, nicht auf Zeugnissen beruhende Kompetenzen werden in einem stark verschulten System unpädagogisch, und die gesamte Welt jenseits des Lehrplans wird unpädagogisch, um nicht zu sagen unwirklich (was zum Teil den Schock erklärt, den Absolventen oft bei ihrer ersten Begegnung mit der Welt erleben). Schulen und Universitäten müssen um jeden Preis vollständig von der Gesellschaft entkoppelt werden. Die Vorstellung, dass die Schüler einen sinnvollen Beitrag zur Gesellschaft leisten, dass sie von denen lernen können, die es tun, oder dass sie sich auf ihren eigenen Willen verlassen können, um ihre Entwicklung zu bestimmen, ist utopisch. Denn das würde eine totale Umwälzung der Gesellschaft erfordern, um die Schüler so zu »lehren«, wie sie seit Millionen von Jahren »gelehrt« werden, durch ihre eigenen Neigungen und integriert in *eine Bildungsgesellschaft*.

Das Ziel der Bildung ist es, die Schüler weniger intelligent zu machen. Das wirkliche Leben zu ignorieren und die Kinder davon abzuhalten, mit dem Leben etwas anzufangen, reicht schon aus, um sie abzustumpfen. Sollten sie aber dennoch begeisterungsfähig, sensibel, scharfsinnig, kreativ und intelligent bleiben, kann und wird die Schule diese gefährlichen Instinkte der Kinder effektiv auszulöschen versuchen, indem sie sie acht, zehn, zwölf Stunden am Tag in einen Raum sperrt und sie zwingt, miteinander zu konkurrieren, indem sie ihre einzigartigen Charaktere ignoriert (oder bestenfalls fast nichts tut, damit sie sich entwickeln können) und vor allem, indem sie das *Tun* durch eine seltsame Tätigkeit ersetzt, die sich »Lernen« nennt: die Zerlegung der Tätigkeit in eine Reihe von Schritten oder »Kenntnissen«, die dem Schüler von oben vermittelt werden, damit sich dieser dann ewig den Sisyphusberg der Kompetenz hinaufquält. Jeder Schritt nach oben wird belohnt, jeder Rückschritt bestraft, wodurch die Angst vor dem Ungewissen (und damit vor dem Experiment) und eine regelrechte Besessenheit von der »richtigen Antwort« tief in der Psyche des Schülers verankert werden.

Das Ziel der Bildung ist es auch, normale Menschen daran zu hindern, miteinander kommunizieren zu können. Dies wird dadurch erreicht, indem akademische Diskurse genutzt werden, um einen Fachjargon zu schaffen, der mit der quasi-religiösen Autorität der wissenschaftlichen Wahrheit ausgestattet ist und der die Schlüsselbegriffe der normalen menschlichen Sprache usurpiert, aber nicht in der Lage ist, das wahre Leben wiederzugeben, so wie es von denjenigen gelebt wird, die es wirklich leben. Die Umgangssprache ist heute gespickt mit Begriffen wie »Energie«, »Gerechtigkeit«, »Paradoxon« und »Bewusstsein«, die nur von qualifizierten Experten oder professionell programmierten Computern »korrekt« verwendet werden können. Sogar Wörter wie »Liebe«, »Gott«, »Schönheit« oder »Realität« tragen das subtile, unausgesprochene Gefühl in sich, man müsse ein professioneller Experte (Psychologe, Priester, Künstler oder Philosoph) sein, um sie wirklich zu verstehen oder zu verwenden. Sich in einem öffentlichen Forum zu Themen wie Politik, Kunst, Geschichte, Psychologie usw. zu äußern, ohne über die *entsprechenden Referenzen* zu verfügen, ist eine Form anmaßenden Wahnsinns, die nur von betrügerischen Verrückten und lächerlichen Naiven praktiziert wird.

Das Ziel der Bildung ist es, die Kinder von den Erwachsenen und damit von ihrer eigenen Kultur zu trennen. Die Technologie dient dem gleichen Zweck. Die Kinder sollen sich nicht an den Erfahreneren orientieren (und ebenso sollen die Erwachsenen nicht von den weniger Erfahrenen Begeisterung und Spielfreude erlernen), sie sollen sich in gleichaltrigen Cliquen zusammenschließen. Die Kinder sollen nicht die Sprache, die Musik, die Geschichten, die Werte oder das Wissen der Älteren aufnehmen, sondern das der Gleichaltrigen, der Kinder, die sich in der gleichen hilflosen, kulturlosen Leere befinden. Das Aufwachsen ohne die bedingungslose Liebe der Familie, ohne die Weisheit der Erwachsenen (nicht unbedingt der Eltern, aber der Älteren), ohne die Zwänge, die das Leben in einer gewöhnlichen, verkörperten Welt mit sich bringt, verwirrt die Jugendlichen bis zur Dummheit und macht sie ängstlich bis zum Wahnsinn, aber egal wie chaotisch ihr Leben ist, sie sind nicht imstande, Erwachsene um Hilfe und Liebe zu bitten. Das *fühlt* sich einfach nicht gut an. Diese wahnsinnige Orientierung an Gleichaltrigen könnte die Gesellschaft schnell zersetzen und unsägliches Leid über Eltern und Kinder bringen, aber die totale Isolation von der Gesellschaft, die totale Abhängigkeit von der Technik und die »Jugendkultur« sind gut fürs Geschäft! Wenn die Kinder nach

Jahren der Isolation schließlich in die Welt der Erwachsenen zurückkehren, sind sie buchstäblich zu nichts mehr zu gebrauchen.

Das Ziel der Bildung ist es, wenige Chancen zu schaffen und Angst zu schüren, sie zu sichern; die Klasse zu stärken, indem denjenigen, die über genügend finanzielles und kulturelles Kapital verfügen, prestigeträchtige Abschlüsse ermöglicht werden; aus dem Ausgangsmaterial der Armut eine Masse von Schulabbrechern zu produzieren und sie als nutzlos und minderwertig zu stigmatisieren; Snobismus, Grausamkeit, Langeweile und weit verbreiteten FUNKTIONALEN ANALPHABETISMUS (die Unfähigkeit, außerhalb der institutionellen Strukturen etwas Sinnvolles zu tun) zu züchten; Nuancen zu nivellieren, die Welt im Namen des »Multikulturalismus« oder der »Vielfalt« (oder, in faschistischen Strukturen, des »auserwählten Volkes«) zu homogenisieren; den Zugang zum Erwerbsleben von marktüblichen Zeugnissen abhängig zu machen und diesen Zeugnischarakter während des gesamten Lebens aufrechtzuerhalten, das in Abhängigkeit von »Bildung« und »Ausbildung« verbracht wird, die wie Medizin, Recht, Konsum und Spektakel alle Aspekte des Lebens in diesem System abdecken müssen. Idealerweise wird im »perfekten« Bildungssystem *alles*, was wir Menschen tun, eine Reihe von Qualifikationen und Zertifikaten erfordern: Kochen, Kindererziehung, Sprechen, Radfahren, Gehen, Sex – alles, was wir tun, basiert auf einer abgestuften Hierarchie von »Kompetenzen«, die – wie bei allen virtuellen Erfahrungen, die zentral oder aus der Ferne verwaltet werden – durch das Erreichen einer ausreichenden Anzahl von Punkten durch das Programm freigeschaltet werden.

Schließlich und vor allem besteht der Zweck der Bildung darin, den jungen Menschen die vollständige Akzeptanz des zivilisierten Systems einzuprägen. Dies geschieht nicht explizit. Explizit lernt der Schüler, was immer die passende ideologische Doktrin der jeweiligen Gesellschaft ist: Kommunismus, Kapitalismus, Christentum, Islam, was auch immer. Es ist ein Test der Konformität. Die Gewinner werden die Geschichte akzeptieren, die Verlierer werden sie ablehnen, aber *alle* werden nach zehn bis zwanzig Jahren, in denen sie der Natur und der Kultur beraubt wurden, die institutionelle Erfahrung und ein daran *angepasstes* Leben in domestizierter Gefangenschaft als normal akzeptieren.

Diejenigen, die sich ihren Weg durch jahrzehntelange Bildung – sowohl schulisch als auch »informell« – erkämpft haben, sind unfähig, wirklich etwas zu tun, und unfähig, wirklich etwas zu verstehen. Sie trauen ihren eigenen Instinkten nicht, haben Angst vor der Natur und fremdeln mit ihrem eigenen Körper. Sie sind notorisch unkreativ, verklemmt und unglücklich, während sie sich an das wenige klammern, was sie wissen – eine Ideologie, ein paar Fakten – und an das wenige, das sie lieben – ein Hobby, eine Droge –, als hinge ihr Leben davon ab. Sie klingen gleich, sie sehen gleich aus. Sie sind auf ein Leben der Verzweiflung, der Frustration, der Einsamkeit, der intensiven Mittelmäßigkeit, der demütigenden Unterwürfigkeit und der völligen Sinnlosigkeit des Versuchs vorbereitet, einen von einer Handvoll grotesk unangenehmer Jobs in einer Welt zu finden, die vor unseren Augen zusammenbricht.

18
Der Mythos der Autorität

Menschen sind nicht in der Lage, sich selbst zu versorgen, zu organisieren, zu schützen oder zu regieren. Sie brauchen eine Macht, die das für sie tut. Dieses Credo trieft aus jeder Pore des Eigentümers, des Experten, des Staats, der Institutionen und egozentrischen, gedankenlosen Eltern.

Oft ist die Botschaft eine ausdrückliche Ermahnung oder ein Befehl, die Autorität zu respektieren, dem Fürsten zu gehorchen oder seinen Platz zu kennen. Aber normalerweise ist der Mythos der Autorität in hoch entwickelten Systemen implizit, als unausgesprochene Annahme, dass eine Welt, in der die Macht, Ihnen und mir Befehle zu erteilen, normal, richtig und natürlich ist.

Gehorsam wird gefördert und aufrechterhalten, und zwar durch Belohnung derer, die sich unterordnen, und durch Bestrafung jener, die rebellieren. Schulen sind so strukturiert, dass sie Kinder identifizieren und herausfiltern, die »nicht gut mit anderen harmonieren«, die »lautstark ihre Meinung äußern«, die »Unruhestifter«, die »aufsässig« sind oder die eine »lockere Einstellung« haben. Die Zulassungsgremien von Eliteuniversitäten und die Interviewer für Spitzenjobs reagieren sehr empfindlich auf Bedrohungen durch Personen, die sich als widerspenstig erweisen könnten. Aufzeichnungen, Zeugnisse und sogar geflüsterte Reputationen, die zunehmend systematisiert werden, folgen den Unruhestiftern bis ins Grab; und wenn jemand, der sich der Autorität widersetzt, irgendwie durch dieses Minenfeld in eine einflussreiche Position gelangt, wird er zermürbt, untergraben und schließlich ausgestoßen.

Das meiste davon geschieht (halb)automatisch. Das System ist darauf ausgerichtet, dass es mit einem Minimum an menschlichem Eingreifen Bedrohungen beseitigt und Gehorsam belohnt. Wer sich um seine Funktionsabläufe kümmert, tut dies unbewusst, instinktiv oder ohne die Werte und Anforderungen ernsthaft zu hinterfragen. Derweil blicken diejenigen, die ganz unten im System stehen, mit Bewunderung zu denjenigen auf, die zur Führung auserkoren wurden. Offenbar ist der typische Manager bestenfalls ein unscheinbarer Mensch, der in der Regel nichts anderes kann, als zu zaudern, Fakten zu verbergen, Informationen zu manipulieren, Klassenverhältnisse zu verschleiern, bei Gewichtsverlagerungen seiner Vorgesetzten wie ein Hündchen zu folgen und Lippenbekenntnisse zu edlen Tugenden abzulegen sowie Instinkte zu kontrollieren und sofort zu unterdrücken, wenn sie tatsächlich auftreten. Aber das sind genau die Eigenschaften, die das System verlangt. Intelligenz, Kompetenz, Originalität, menschliche Gefühle, Großzügigkeit und Integrität werden, wenn sie mit dem *Wertekanon* des Systems in Konflikt geraten, sofort und automatisch abgelehnt.

Hinter dem globalen Filtermechanismus für Konformität steht ein ebenso umfassendes Programm zu dessen Validierung. Geschichte, Biologie, Anthropologie und Psychologie werden herangezogen, um auf der Grundlage dürftigster Beweise die Idee zu rechtfertigen, dass Menschen *starr* hierarchisch, egoistisch, kriegslüstern, machtbedürftig sind, damit sie funktionieren, oder einfach nur leere Festplatten, die darauf warten, von demjenigen personalisiert zu werden, der die Systemsteuerung in der Hand hat.

Die Geschichte des Einheitssystems lehrt uns, dass nur Macht real oder bedeutsam ist, und die Konzernmedien zeigen uns, immer und immer wieder, in ihren schwärmerischen Berichten über (lebende und tote) Royals, in ihren aufwendigen Kostümfilmen, in ihrem Promiklatsch, in ihrer Faszination für die Großen der Gesellschaft und in ihrer unkritischen Berichterstattung über

Politik, dass Macht entweder normal, notwendig und unvermeidlich ist oder dass sie nicht wirklich existiert.

Doch in einigen entscheidenden Aspekten trifft das nicht mehr zu. Im Endstadium des Systems hat sich ein großer Teil der ausbeuterischen Architektur seiner früheren Formen in die Psyche des Individuums verlagert. Die Disziplinierungsmechanismen der Institutionen gibt es nach wie vor, ebenso wie die Autoritätspositionen in den Streitkräften, Gefängnissen, Regierungen usw., aber das Hochladen großer Teile des Selbst, die digitale Ausbeutung menschlicher Kommunikation und Emotionen sowie die Entwicklung automatisierter Überwachungs- und Kontrolltechniken haben zu einer Selbstbeobachtung oder Privatisierung von Schlüsselaspekten systemischer Unterwerfung und Macht geführt. So wie das kollektive Bedürfnis nach Geselligkeit und Kommunikation auf exklusive Wünsche und persönliche Ambitionen umgelenkt wurde, richtet sich die Frustration über den Chef oder die herrschende Klasse nun auf den eigenen Mangel an Kreativität, Gesundheit, Glück, Produktivität, Marktfähigkeit oder Willenskraft.

Deshalb neigen die Unterdrückten, wie Byung-Chul Han hervorhebt, heute eher zur Depression als zur Revolution.[34] Die Macht scheint neu verteilt worden zu sein, aber es ist eine ARTIFIZIELLE VERTEILUNG, was bedeutet, dass die Ungleichheit fortbesteht – sich verschärft –, während die emotionalen und mächtigen Techniken, die sie erzeugen und aufrechterhalten, in die abstrakte virtuelle Wolke diffundieren.

Der Mythos der Autorität ist einer der grundlegenden Mythen des Systems. Wenn der Mensch in seiner eigenen Wahrnehmung – und nicht als bloße Theorie – erkennen würde, dass die Quelle des Lebenssinns seine eigene Erfahrung, sein eigenes Bewusstsein ist, und dass ihm nicht gesagt werden muss, was er denken, fühlen, wollen und tun soll, dann würde das System beim Aufwachen wie ein schlechter Traum verschwinden.

Aber natürlich hat *dieser* böse Traum einen viel größeren Einfluss auf ihn als irgendein Albtraum beim Schlafen, denn die Quelle seiner Konditionierung

---

34 Byung-Chul Han, Psychopolitik. Neoliberalismus und die neuen Machttechniken. Frankfurt/Main 2014

ist nicht nur eine falsche intellektuelle Überzeugung, eine dem System dienende Lüge, die er im Verlauf seines Lebens aufgeschnappt hat, sondern sein
ganzes Selbst, das von Geburt an so ausgerichtet wurde, dass es die Erscheinungsform der bestehenden Welt als ultimative Realität akzeptiert.

Aus diesem Grund ist der Systemmensch ein so erbärmlicher Feigling.
Sein Selbst wird von dem Moment an, in dem es die Welt erblickt, zu einem
dienstbaren Anhängsel des »Laufs der Dinge« deformiert. Sobald er gehen kann,
werden seine Schritte in ein Leben gelenkt, das von anderen gestaltet wird;
seine Spiele werden von anderen diktiert, seine Entdeckungen von anderen
geleitet, sein Lernen von oben bestimmt und sein Leben für ihn entschieden. Die Welt, auf die er blickt – überwältigend, *massiv*, mächtig – ist *voll und
ganz* vermittelt, *voll und ganz* von anderen erdacht. Er muss nicht *lernen*, sich
diesen anderen unterzuordnen oder auch nur über sie nachzudenken, er ist
völlig abhängig von der Wirklichkeit, die sie für ihn geschaffen haben, und
daher als Erwachsener besorgt, Autoritäten zu verärgern; apathisch, wenn es
darum geht, sich gegen Ungerechtigkeiten zu wehren; unfähig, für sich selbst
zu denken; und ängstlich, wenn es gilt, den eigenen Kopf zu riskieren. Denn er
weiß es nicht nur, sondern spürt im tiefsten Innern seines Wesens, dass eine
ernste, existenzielle Gefahr droht, dies zu tun. Darum ist es kaum nötig, die
Menschen zu kontrollieren oder zu indoktrinieren, sie zu disziplinieren oder
ihnen den Mythos der Autorität einzuflößen. Die Menschen kommen bereits
vor-unterjocht auf die Welt, jede Generation ist ängstlicher, abhängiger und
unterwürfiger als die vorherige. Das System produziert *Angstmaschinen*, und
mit jedem Jahr, das vergeht, gelingt ihm das immer besser.

Das hoch entwickelte System macht es einem natürlich sehr einfach, ein
Feigling zu sein. Warum sollte ich zum Beispiel aus der Deckung kommen, wenn
ich mich in einem Graben voller Fremder befinde? Wen kümmert es, wenn ein
paar Juden oder ein paar Ausländer verschwinden? Wen kümmert es, wenn
ein paar Radikale oder Dissidenten vermisst werden? Wen kümmert es, wenn
ein integrer Mensch wegen seiner Integrität gefeuert oder verhaftet wird? Wen
kümmert es? – Mich nicht. Nicht wirklich. Ich kenne diese Leute nicht einmal.

Ja, ja, ich weiß, es ist traurig und schrecklich, dass Regenwälder abgeholzt
und Gemeinschaften entwurzelt werden und dass all diese armen Menschen

in fremden Ländern in schmutzigen Fabriken arbeiten müssen, um meine Hosen herzustellen. Aber ich habe Wichtigeres zu tun. Es gibt einfach keinen wirklichen, handfesten Grund, mich um meine Nachbarn, meine Kollegen, die hundert Arten, die heute ausgestorben sind, oder die Menschen, die all die Dinge herstellen, die ich benutze, zu sorgen; und so erscheint auch der Mut, dies zu tun, abstrakt und unwirklich.

Diese Unwirklichkeit wird noch verstärkt durch den schleichenden Fortschritt des Systems, der es noch schwieriger macht, sich aufzulehnen. Da die Eigentümer und Manager des Systems wissen, dass die Menschen dazu neigen, sich gegen plötzliche Veränderungen wehren, arbeiten sie in demselben langsamen Tempo, versklaven ihre Völker und zerstören die Natur nach und nach.

Das, was passiert, ist schlimmer als das, was zuletzt passiert ist, aber nur ein *bisschen* schlimmer, also ist es erträglich, und ansonsten handelt niemand. Also noch einmal: Warum den eigenen Hals riskieren? Wer weiß, vielleicht ist der nächste Schritt abwärts der, der eine Revolution auslöst, *dann* werde ich das Richtige tun, *dann* werde ich mitmachen. Wer weiß? Im Moment ist es besser, durchzuhalten, ruhig zu bleiben, den Kopf einzuziehen, kein Aufsehen zu erregen. Etwas später werde ich mutig sein.

Der Mythos der Autorität, die Vorstellung, dass wir eine Person, eine Gruppe, ein System oder unser eigenes entfremdetes Gewissen brauchen, die uns sagen, was wir tun sollen, ist eine inhärente Folge des Lebens in einem zivilisierten System, sie ist allen zivilisierten Ideologien gemein: dem Kommunismus, dem Kapitalismus, dem Monarchismus, dem Faschismus, dem Professionalismus und fast allen religiösen Traditionen.

Jede dieser konstitutiven Ideologien legt großen Wert auf ihre Unterschiede zu den anderen, auf ihre eigenen einzigartigen Legitimitätsansprüche – unsere Führer wurden von der Arbeiterklasse gewählt/ leistungsorientierte Bildung/ der freie Markt/ die Wissenschaft/ Gott ... – und doch ist das Ergebnis seltsamerweise immer das Gleiche: Eine Gruppe von Menschen sagt einer anderen Gruppe von Menschen, was sie zu tun hat, und macht das Leben auf der Erde zur Hölle für jeden und alles, was sie oder das von ihnen beherrschte System kontrolliert.

Ich habe vorhin »sie und ich« unterschieden, weil *Sie* und ich wissen, dass wir diese Menschen nicht brauchen. *Wir* brauchen keine Gesetze, die uns sagen, was richtig und was falsch ist; keine Staaten, die jeden Aspekt unseres Lebens kontrollieren; keine Institutionen, die uns sagen, wie wir zu leben haben; und keine Smartphones, die unsere Wünsche lenken und unser verkörpertes Selbst verflüchtigen. Zwar brauchen wir die Autorität der Tradition oder der Weisheit, aber wir brauchen nicht die Autorität der systemischen Herrschaft und Kontrolle. Ja, nur, vielleicht denken Sie: Das sind *sie* – *sie* sind das Problem! Ohne Fürsten oder Parlamente oder Experten oder intelligente Ablenkungen würden *sie* außer Kontrolle geraten, *sie* würden vergewaltigen und brandschatzen, *sie* würden krank sein und dumm und ineffizient und unfähig, sich selbst unter Kontrolle zu halten.

Ja, vielleicht, aber wir können uns mit *ihnen* arrangieren, denn *sie* sind unsere Nachbarn. *Sie* sind menschlich und erreichbar. Automatisiere die Ausbeutung und verknüpfe sie mit unseren eigenen Bedürfnissen und Wünschen und wir bleiben in einem virtuellen Vakuum zurück, uns selbst verzehrend und Geister jagend.

19
Der Mythos der Kultur

»Innovativ« und »neu« sind zwei der meistverwendeten Wörter im kapitalistischen Vokabular, aber genau wie »Wachstum«, »Freiheit«, »demokratisch« und »berichtenswert« gilt »innovativ« nur dann als wirklich innovativ, wenn es dem Geschäft dient. Das Kapital sucht nach neuen Antworten auf eine einzige Frage: Wie lässt sich mehr Kapital anhäufen? Neue Wege, um mehr Arbeit aus den Arbeitskräften herauszupressen; neue Technologien, um die Produktion zu steigern, den Konsum zu kontrollieren oder abweichende Meinungen zu unterdrücken; neue Methoden, um die Menschen an das System zu binden; neue Anreize, um mehr zu kaufen; neue Techniken, um Gewinne zu erzielen; neue Produkte, neue Märkte und neue Marketingkampagnen – all das sind die Bedürfnisse des Systems und daher die akzeptable Richtung der Innovation.

Die Art der Grenzen für die systemische Innovation liegt im Widerspruch zwischen »Innovation« und »Risiko«. In der systemischen Literatur bezieht sich das Wort »Risiko« stets auf die Risiko*minimierung* auf das niedrigstmögliche Niveau und damit auf die »Maximierung der Rendite«. Alles, was nicht vorhersehbar oder kontrollierbar ist – kreative Inspiration, autonome Entscheidungen und alle spontanen natürlichen und sozialen Prozesse – stellt eine enorme Bedrohung für das System dar und muss um jeden Preis eingeschränkt oder kontrolliert werden. Das geschieht entweder durch *direkten Zwang* – weshalb die Kapitalisten *immer* versuchen, die Regierungen zu kontrollieren, die Risiken entschädigen und diejenigen kontrollieren können, die das Kapital verärgern, indem sie ihre Mieten nicht bezahlen oder nicht zur Arbeit erscheinen, oder durch *indirekte Einflussnahme* – indem sie die Umwelt so umgestalten, dass das Bewusstsein auf ihre Prioritäten gelenkt wird, und so die Aktivitäten in kanalisierte, kontrollierbare und vorhersehbare Bahnen zwingen. Eine wirklich freie Entscheidung, Inspiration, das Leben selbst, muss *induziert* werden, denn nur unter solchen Bedingungen sind Kapitalisten bereit, auf einem »freien« Markt »Risiken« einzugehen.

Die Ausschaltung der Bedrohung durch die Unsicherheit führt zu der sich endlos ausbreitenden omni-identischen suburbanen Todeszone, die wir als DIE STADT (und speziell als DIE VORSTADT) bezeichnen; zu dem monokulturellen landwirtschaftlichen Ödland ohne freies natürliches Leben, das wir als den LÄNDLICHEN RAUM bezeichnen; und zu der vorhersehbaren Uniformität aller Hochschulabsolventen, Berufstätigen, Arbeitsplätze, Schulen, Filme, Bücher, Lieder und Zeitungskolumnen; kurz: zum *Tod der Natur* und zum *Tod der Kultur*. Nur eine solche MONOWELT (auch INTERZONE genannt), in der alle Komponenten verständlich, vorhersehbar, kontrollierbar und austauschbar sind, ist für das System akzeptabel. Mehr von einer solchen Welt gilt als »innovativ« oder »neu«, weniger – und sei es noch so originell, nützlich, anschaulich oder schön – wird automatisch abgelehnt.

Die Ablehnung von Originalität, Wahrheit, Kreativität usw. ist keine persönliche, explizite und zielgerichtete Aktivität, sondern eine systemische Leistung. Die kollektive Originalität (auch »SZENIUS« genannt) wird *automatisch* durch die Verknappung der Zeit, das Fehlen der Geselligkeit, die Digitalisierung der Erfahrung und andere Folgen der Ausweitung des Systems auf den kulturellen Bereich erstickt, was die Künstler dazu zwingt, ihrer Werke in Abhängigkeit von der Maschinerie des Systems zu realisieren. Die Kulturindustrie wiederum beurteilt die Kunst danach, wie systemtauglich sie ist, und setzt ihre ganze Energie dafür ein, dass systemfreundliche Werke Erfolg haben. Diese Prämie für den Markterfolg bedeutet, dass keine Kunst produziert werden darf, die sich gegen irgendeine Klasse, Schicht, geografische oder religiöse Gruppe der potenziellen Käuferschaft richtet. Mord und Totschlag sind in Ordnung, ebenso wie ein bisschen Polemik, aber die ernsthafte Unterstellung, dass zum Beispiel Religion, Wissenschaft, Feminismus, Kapitalismus, Demokratie oder Kommunikationstechnologie Schwachsinn sind, wird sich nicht verkaufen und kann daher nicht produziert werden.

Wirklich radikale Gesellschaftskritik, die sich darauf konzentriert, die Wurzeln gesellschaftlicher Missstände aufzudecken, ist bei allen Verlegern, Produzenten und Kritikern tabu (*»zu aufrührerisch, zu kontrovers, zu wütend«* oder vielleicht auch *»klischeehaft«*), ebenso wie jedes Werk, das Genres überschreitet (*»zwischen den Stühlen sitzt«*), ebenso wie jedes Lied, jeder Roman, jeder Film oder jedes Kunstwerk, in denen das Wesen des menschlichen Lebens anders als seine systemische Erscheinung und seine Prioritäten zum Ausdruck kommt (*»Es gefällt mir, aber ich fürchte, ich werde es nicht verkaufen können«*), ebenso wie jedes Werk, das sinnvollerweise darauf hindeutet, dass es eine natürliche, soziale oder existenzielle Realität jenseits des Selbst geben könnte (*»Ich habe es nicht verstanden«* oder *»Es hat nicht zu mir gesprochen«*).

In der Systemfiktion gibt es keine erkennbare soziale Realität. Sobald sie auftaucht, hat sie die Fremdartigkeit einer fremden Welt. Tatsächlich erscheinen fremde Welten den Lesern und Zuschauern meist *viel* vertrauter. In der Kunst des Systems lebt der Mensch kaum in einer sozialen Welt; oder in einer naturgegebenen. Die unbeholfene Nachahmung der Natur ist erlaubt, ebenso wie der widerliche Relativismus der grünen und neogrünen Untergangspropheten, aber das Essenzielle der natürlichen Erhabenheit oder die Harmonie in künstlerischer Form ist in Malerei und Literatur so selten wie die Wildnis in der Gesellschaft und wird mit demselben Unverständnis aufgenommen.

Die Prioritäten des Marktes und der ausgeprägte Konservatismus der Kulturindustrie erfordern auch, dass Kulturproduzenten (Autoren, Künstler, Musiker usw.) bevorzugt werden, deren Ruhm oder die Nachahmung anderer erfolgreicher Kulturprodukte von vornherein einen großen Markt garantieren. Mit der Zeit dominieren große Namen die Massenmedien, so wie große Unternehmen den Massenmarkt beherrschen, unabhängig davon, wie mittelmäßig oder unbedeutend ihr Werk ist.

Ein weiterer Druck auf die Kulturszene ist die Zerstörung der Gesellschaft, aus der sie natürlicherweise hervorgeht. Massiv überhöhte Grundstückspreise treiben die Lebenshaltungskosten in die Höhe, wodurch die freie Zeit zum Schaffen großer Kunst ausgepreist wird. Und so wie die Gentrifizierung in der physischen Welt die Mieten in die Höhe treibt, so schließt die »Gentrifizierung der Künste« die ärmeren Menschen und die Arbeiterklasse aus, die weder die Zeit noch die Verbindungen haben, um am öffentlichen Kulturbetrieb teilzunehmen oder sich Zugang zu den Mitteln der künstlerischen Produktion zu verschaffen, ganz zu schweigen vom Verständnis ihrer eigenen kulturellen Tradition oder der Realität, die ihre größten Schöpfer zum Ausdruck bringen wollten.

Deshalb sind das Internet am Strand, Klaviere in der Schule, Graffiti von William Morris, Ozu im Fernsehen, Beethovens Siebte im Zug von London nach Brighton oder jede andere Form der »Demokratisierung« der Künste so gut wie wirkungslos. Der Unterhaltungskonsument steht ohnmächtig vor den neoliberalen »Kreativindustrien«, die das kulturelle Leben vollständig kolonisiert haben, indem sie den Sinn durch Neuheit, technologische »Innovation«, »Vielfalt« und andere marktfreundliche ideologische Instrumente ersetzen, die dann *als* Kultur wahrgenommen werden; alles andere wird als »seltsam«, »langweilig«, »anstößig« oder »hoffnungslos veraltet« empfunden. Hinzu kommt, dass diese Konsumenten gestresst, gehetzt und einsam sind, den ganzen Tag mit sinnloser Arbeit zur Bereicherung anderer verrichten, in hässlichen Unterkünften leben, die anderen gehören, oder durch ein Leben voller emotionaler Überreizung, Hyperabstraktion, Sinnesentzug, Entfremdung, Werbung oder bitterer Armut verwirrt sind. Unter solchen Umständen werden die ewige Wahrheit und die atemberaubende Schönheit der großen Kunst und der wilden Natur, ihre revolutionäre Harmonie, Subtilität und Kraft entweder vereinnahmt oder können überhaupt nicht mehr wahrgenommen werden. Die Organe dafür sind verkümmert, und selbst wenn das Problem erkannt oder die Lösung erahnt wird, fehlt die nötige Energie, etwas dagegen zu unternehmen, geschweige denn selbst nachhaltige Werke von Schönheit zu schaffen. Die meisten Menschen wissen nicht, was sie mit ihrer freien Zeit anfangen sollen, und sobald sie dann da ist, verspüren sie nur das ängstliche Bedürfnis, kommerzielle Unterhaltung oder bestenfalls kulturelle Vertrautheit zu konsumieren. Das ist auch der Grund, warum eine Medienreform letztlich sinnlos ist.

Die letzte und eine der katastrophalsten Methoden, den Spieltrieb zu degradieren und zu verbannen, ist die Einschränkung des Spiels. Kinder haben keine Möglichkeit, außerhalb von künstlichen, vom Verstand geschaffenen, intensiv verwalteten institutionellen oder virtuellen Umgebungen zu spielen. Und Erwachsene auch nicht. Fröhliches Lachen, »unangemessene« Sprache, Satire und unzensiertes Spiel sind an allen Arbeitsplätzen überall verboten und werden durch »Spaßtage«, »informelle Arbeitsräume«, »Bindungsübungen«, »prima Kollegen« und andere marktfreundliche Moralverstärker ersetzt. Das Spiel in der Freizeit läuft meist auf Rausch, Wettbewerb oder passiven Spaßkonsum hinaus. Freies kooperatives Schaffen, unkontrollierte Freude und seelisch befreiende Rituale – die lebendige Grundlage des kollektiven Genius – sind heute so weit von der Wahrnehmung der meisten Menschen entfernt, dass es keiner zentralen Autorität bedarf, um eine solche Party zu unterbinden; allgemeine Unbeholfenheit, Apathie, Verwirrung und die verklemmte Abneigung des inneren Zensors sind eine viel wirksamere Polizei. Wir brauchen keine Autoritäten, die unser Verhalten lenken, wenn wir eine innere Stimme haben, die uns sagt, dass es frivoler Blödsinn ist, seine Freizeit mit etwas anderem als der Verbesserung seiner Arbeitsmarktfähigkeit zu verbringen, dass das Spielen mit den Kindern anderer Leute gleichbedeutend mit Pädophilie ist, dass ein Wochenende mit Improvisationstheater im Wald »nicht mein Ding« ist oder dass *Dummheit dich bloßstellen wird*. Solche Belehrungen kappen die Subversion an der Wurzel und damit auch die subversiv originelle Kultur.

Das Ergebnis all dieser Zwänge ist, dass fast nichts mehr von echter, lebendiger Kultur bei denen ankommt, die sie am meisten brauchen, den ärmeren Schichten, die von massenproduziertem Einheitsbrei überflutet werden, den sie statt ihrer eigenen, unmittelbaren Realitätserfahrung in ihrer schäbigen und oberflächlichen künstlerischen Produktion zu reproduzieren pflegen; eine allgegenwärtige Pornografie, die die Seelen vieler junger Männer abstumpft, die sonst vernünftigerweise ihre Gitarren wichsen würden.

Wenn gewöhnliche Menschen nicht mehr zusammen abhängen, jammen und faulenzen, wenn sie keinen Zugang mehr zu kreativen Ressourcen haben, wenn sie aus ihren eigenen Vierteln verdrängt werden, wenn sie so weit wie möglich von der Wildnis und einem würdevollen, naturbelassenen Leben in dieser entfernt sind, entsteht ein sich selbst verstärkender Kreislauf des kulturellen Verfalls, in dem nur die mittelmäßigsten (wenn auch technisch versierten) Maler, Produzenten, Regisseure, Musiker und Schriftsteller es sich *leisten* können, Kunst zu produzieren und Einfluss auf die Kultur zu gewinnen; der zwangsläufig dazu benutzt wird, die Reichweite zweit-, dritt- und viertklassiger Werke zu vergrößern, was wiederum dazu führt, dass Künstler, die nicht mehr in der Lage sind, Schönheit zu schaffen, glauben, das Wort »Genius« beziehe sich auf Friseurhandwerk; Telefonherstellung; Burgerrezepte; Grafikdesign; mit Digitaleffekten gesättigte Kampfsequenzen; Luxuspornos; wie Mittelschulabsolventen klingende Literaturfiguren; Reboots; faden akustischen Einheitsbrei; düstere, aufreizende oder »ironische« moderne Kunst; moderne Künstler, die aussehen, klingen und sich verhalten wie Topmanager; Hip-Hop, Superhelden; reiche Kinder mit tiefen Stimmen, die anstelle von Schauspielern auftreten können.

Seit den 1990er-Jahren leben wir in einer solchen kulturellen Ödnis (obwohl der Todesstoß bereits in den frühen 1980er-Jahren erfolgte). Seitdem ist die Freude der bloßen Erregung gewichen, die Surrealität der bloßen Beliebigkeit, die Lebendigkeit der bloßen Intensität, die große, verrückte Skurrilität der Arbeiterkomödie dem witzlosen Gekicher der bürgerlichen »Comedy«. Der Unterschied ist nicht mehr erkennbar, weil die Künstler keinen Zugang mehr zu einer Wirklichkeit haben, die sie zwingt, ihn zu erkennen. Diejenigen, die die Kunst schaffen wollen, die wir brauchen, sind von der Harmonie der gelebten Natur und der echten Kultur isoliert und können sie nicht mehr wahrnehmen. Kulturelle Hässlichkeit und ästhetische Verwahrlosung kolonisieren die Erde und werden zur Normalität, bis der Bau eines großen Kunstwerks so schwierig und unwahrscheinlich wird wie der Bau einer Kathedrale, während diejenigen, die mit Sehnsucht auf die einst von uns gebauten Kathedralen zurückblicken, hoffnungslos altmodisch erscheinen.

Die Kontrolle des kulturellen Schaffens und die Kontrolle der Masse, aus der es hervorgehen soll, arbeiten also Hand in Hand. Die Freiheit der einfachen Menschen, originelle Kunst- oder Kulturwerke zu schaffen, ist für die Macht unerträglich, die Leben der Menschen in eine Ware verwandeln und die Auswirkungen des daraus resultierenden Elends mit einem beruhigenden Spektakel von Unterhaltung und autoritärer Normalität kompensieren muss, indem sie die Bevölkerung an den Status quo bindet, und zwar durch unaufhörliche Förderung und Reproduktion jener Ideen und Lebensweisen, die sowohl ihr als auch dem Ego, das sie nährt, dienen.

Dieses zeitgebundene (oder *modebewusste*) Ego war schon immer ein Feind der großen Kunst oder jeglicher Art von sinnvollem Fortschritt in der menschlichen Erkenntnis, d.h. der Leistung des Genius, der zeitlosen, natürlichen Intelligenz des Lebens, für die sich große Menschen aufreiben. Das Ego, das sich von den intellektuellen, moralischen und ästhetischen Moden der Gruppe nährt, an die es sich wärmend anschmiegt, fürchtet sich vor allem, was auf eine Wirklichkeit hindeutet, die jenseits dessen liegt, was es weiß oder zu wissen glaubt: Das Unbekannte – also das Ursprüngliche – begegnet dem Ego immer als ein *unvereinbar Vertrautes*, d.h. als eine Form von Gewalt, Bedrohung, Beleidigung oder einer anderen Spielart des Teufels (siehe Mythos 25). In dieser Hinsicht ist es aufschlussreich, das Leben von Jesus von Nazareth, Bach, Beethoven, Mozart, Dostojewski, Van Gogh, William Blake, J.M.W. Turner, D.H. Lawrence und Nietzsche zu studieren. Sie alle wurden von ihrer Umgebung abgelehnt, kamen und gingen mit der Mode, kämpften um Geld, und all ihre Werke befinden sich heute in den Händen von Kritikern, Kuratoren und anderen bürgerlichen Kulturwächtern.

Das Ego wird alles in seiner Macht Stehende tun, um sich vor der Realität zu schützen, die der Genius darstellt, *sofern* diese Realität die Chance hat, auch nur in die Nähe des Bewusstseins zu gelangen. Der unstillbare Durst, den das Ego nach Reflexionen seiner eigenen Überzeugungen, Wünsche und Ängste hat, reicht aus, um es vom Genius durch Berge von bedeutungslosem Geschwätz abzulenken, die es zur Beruhigung konsumiert. Diese Beruhigung nennt sie »Vergnügen«, »Spaß« oder, wenn es sich um einen inzwischen sicher toten, vom System infiltrierten Künstler handelt, »Wertschätzung«. Die ernsthafte Auseinandersetzung mit dem lebendigen Genius und den tiefen Ausdrucksformen des Innenlebens des *Individuums* (im Gegensatz zum *Typus* der Masse oder der Minderheit) langweilt, beleidigt, verwirrt, ärgert und entsetzt das Ego, das alles tut, um sich selbst nicht in die Quere zu kommen.

Das ist die Essenz des kulturellen Lebens in einem spätkapitalistischen System, das keine Ideologien fördert oder einem unfreiwilligen Publikum eindeutige Propaganda aufzwingt, sondern *automatisch* unterwürfige, vom Ego getriebene Menschen in kulturelle Machtpositionen befördert und ihnen eine Plattform bietet, um endlos – »frei« – stereotype Verhaltensweisen, etablierte soziale Rollen und beruhigende, egofreundliche Ausscheidungen zu reproduzieren. Der unglückliche, gestresste, ehrgeizige, gefühllose und psychisch gefangene Lehrer, Verkäufer oder Fabrikarbeiter macht Feierabend, um Unterhaltung zu konsumieren, in der eine Welt von unglücklichen, gestressten, ehrgeizigen, gefühllosen und psychisch gefangenen Lehrern, Verkäufern und Fabrikarbeitern normal erscheint. Selbst Zeichentrickfilme, die im Jenseits spielen, Fantasy-Epen, die in alternativen Realitäten angesiedelt sind, und dystopische Science-Fiction aus dem Jahr 3500 müssen intensive Spezialisierung, entfremdende Kommerzialisierung, infantile Technophilie, sinnlose oder zwanghafte Bürokratie, starre Hierarchien, Szientismus, Relativismus, Selbstbesessenheit, angespannte Emotionalität, fadenscheinigen Buchstabenglauben, rastloses Begehren, Hyperrationalismus, beruhigendes Gruppendenken und Verleugnung des Lebens verherrlichen. Man darf, ja man muss sich gegen die Feinde in der gegebenen Welt wehren (im Idealfall sogar gegen »den Menschen«), aber es gibt keinen Raum, auch nur an Widerstand gegen die Welt selbst, ihre grundlegende Struktur, zu denken. Sie sind sich vielleicht sogar schwach bewusst, dass das alles Scheiße ist, aber die Botschaft ist, dass das Ego und sein System nicht verändert werden können. Das Ego ist ewig und omnipräsent. Es ist ich und ich bin es. Rebellen stellen das nicht infrage und selbst sprechende Hotdogs unterwerfen sich ihm gedankenlos.

20
Der Mythos vom Spaß

Das System macht Spaß, wenn Sie einen Zweitwohnsitz in Cornwall haben, oder wenn die Tate Modern eine Retrospektive der eigenen Arbeiten beauftragt hat oder wenn Mama und Papa Ihr tolles Praktikum finanzieren oder wenn Sie sich seit 2010 nicht mehr ausgeloggt haben. Zurück auf dem Planeten Erde herrscht der lebendige Tod: zermürbende Langeweile zu Hause, am Arbeitsplatz und vor allem auf den (virtuellen und realen) Straßen, die sie miteinander verbinden. Der Mangel an Abenteuern, die erdrückende Sinnlosigkeit, die tief verwurzelte Unzufriedenheit durch die trostlose Vorhersehbarkeit des Lebens, der Mangel an kollektiver Freude und das überwältigende Gefühl, dass *nichts passiert*, sind allesamt endemisch für das System, das *nur* existieren kann, indem es entwürdigende, unkreative und langweilige Arbeit für die große unsichtbare Mehrheit schafft, indem es den Zugang zu den individuellen und kollektiven Quellen der Kreativität blockiert, indem es die spontane, aktive, befreiende Freude (und ihre Begleiterscheinungen, radikale Großzügigkeit, wilder Humor und Seelenfrieden) unterdrückt und durch systemfreundliche Surrogate ersetzt.

Da die Erwerbsarbeit eine Tätigkeit ist, die dem Individuum jegliche Initiative und Energie raubt, um für jemand anderen Profit zu erwirtschaften, und da sie unerträglich unangenehm und langweilig ist, erscheint die »freie« Zeit im Vergleich zur Arbeit wie ein Gartenparadies. Krankmeldungen werden erfunden und arbeitssparende Geräte angeschafft, um das Freizeit-Arkadien um die eine oder andere Minute zu verlängern. Da aber der Zugang zu freier Natur und echter Kunst beschränkt ist, sind die Wochenendausflügler gezwungen, ihr Vergnügen zu kaufen, wie sie alles andere kaufen, nämlich bei großen Unternehmen, die, um Profit zu machen, den kleinsten gemeinsamen Nenner ihrer Bevölkerungsgruppe ansprechen und so statt befriedigender Kultur süchtig machende Erregung und Angst erzeugen. Mit anderen Worten: Sobald wir uns von der Erwerbsarbeit befreit haben, müssen wir uns einer Welt unterwerfen, die von ihr geschaffen wurde.

So wird das Leben zu einer Reihe von immer komplizierteren, stressigeren oder langweiligeren Hindernissen, die überwunden werden müssen, um ein paar emotional überaktive Momente »frei« zu haben, um auf Instagram zu surfen, einen Superheldenfilm zu sehen, eine halbe Flasche Wein zu kippen, ein »aufregendes Erlebnis« im Urlaub zu haben, vor einer Webcam zu wichsen oder irgendein anderes Produkt zu konsumieren, das man in seiner *unfreien* Zeit miserabel hergestellt hat. Diese Sucht nach den vom Markt produzierten Pornos nennen wir Spaß oder, wenn es sich um den Versuch handelt, den tieferen Sinn des eigenen Lebens in ein paar erschöpfende Momente am Ende der Woche zwischen Putzen und Büroarbeit zu pressen, Hobby. Der Suchtcharakter dieses Prozesses führt dazu, das jeder Versuch, ihn ins Bewusstsein zu bringen, als Schmerz empfunden wird und sofort auf Ablehnung, Spott oder Feindseligkeit stößt.

Der symbolträchtigste Zeitvertreib des hoch entwickelten Systems ist wahrscheinlich das Videospiel, in dem das System eine Art Apotheose erreicht. Das typische Videospiel ist eine unwirkliche, vom Verstand geschaffene Softporno-Umgebung mit nahezu ununterbrochenem Wettbewerb, die auf einer kolossal verschwenderischen technologischen Infrastruktur basiert, in der ein Individuum mit benebelten Sinnen in einem abgedunkelten Raum sitzend und auf einen Bildschirm starrend versucht, unter extremem Zeitdruck und Ressourcenmangel rationale Probleme zu lösen oder furchterregende Feinde zu vernichten, um eine hohe Punktzahl zu erreichen, die Karte vollständig zu besetzen oder den totalen Sieg über alle zu erringen. Das ist dann ein »großer Spaß«.

Die katastrophalen Folgen dieses Vergnügens für den eigenen Körper und die eigene Psyche sowie für diejenigen, die unsere Gesellschaft ertragen müssen, sind nicht so schwer zu verbergen, aber das System bietet uns reichlich Gelegenheit, unsere Schuldgefühle, Einsamkeit, Selbstmordängste, Schlaflosigkeit, Impotenz, Mittelmäßigkeit und Existenzängste auf alles Mögliche zu schieben, außer auf die Sucht *nach* dem System, oder unseren Schmerz mit vom Markt geförderten Narkotika zu betäuben, mit dem »Aufschub der Befriedigung«, mit der Hoffnung, eines Tages von der Arbeit befreit zu werden, oder mit Kursen in sogenannter »Achtsamkeit«, d.h. Techniken der Selbstbeherrschung, die völlig frei sind von revolutionärem Handeln und revolutionärer Freude, um die Sodomie der Unternehmen gelassen hinnehmen zu können.

Eine schillernde Minderheit braucht nicht beschwichtigt zu werden. Diejenigen, die einen inspirierenden Job haben, bei dem sie an Kinderhirnen operieren, für die UN arbeiten oder Schauspielerhüte entwerfen, sehen einfach nicht ein, was die ganze Aufregung soll; sondern sie klammern sich an ihre wunderbaren Aufgaben und verschließen die Augen vor den Kompromissen und der Schande, auf dem goldenen Gipfel des Arbeitsberges zu leben. Diejenigen, die es sich leisten können, sinnvolle Beziehungen zu unterhalten, oder die dafür bezahlt werden, an Hightech-Fahrradrennen teilzunehmen oder bei Preisverleihungen herumzugondeln, genießen ihren Spaß und verdrängen das Bewusstsein, dass die glitzernde Party in Wirklichkeit seltsam verklemmt ist – wie alle Spektakel.

Guy Debord erkannte als Erster die zentrale Rolle des passiven Spektakels im System. Die Rolle der Massen in der kapitalistischen Kultur ist und *kann nur* die des Fans, des Publikums, des Konsumenten *sein*. Das soll nicht heißen, dass Nichtteilhabe von Natur aus krankhaft ist, aber eine Gesellschaft, in der Rituale, Kunst, Abenteuer, Feste und Freude den Einzelnen nur durch riesige, zentral gesteuerte, technologisch verstärkte *Displays* von »Kreativität« erreichen können, korrumpiert die Macht die einfachen Menschen, ihre eigene Kultur zu schaffen. Sie können sich Ihr Team, Ihren Kanal oder Ihre Reise durch Hyrule[35] aussuchen – vielleicht schaffen Sie sogar aktiv die kulturellen Artefakte des Spektakels, das im Spätkapitalismus mehr und mehr von der Arbeit des »Ehrenamts« abhängt, das seine digitalen Plattformen mit seiner Arbeit bevölkert –, aber es darf Ihnen niemals erlaubt werden, sich für eine Welt echter, sinnlicher kultureller Teilhabe und des Miteinanders zu entscheiden.[36]

Aus diesem Grund ist jedes Vergnügen im spätkapitalistischen System, trotz vieler gegenteiliger Behauptungen, sehr *einsam*, weil man daran gehindert wird, sein Vergnügen unabhängig und kollektiv zu gestalten und erst recht seine Umgebung. Das ausgelassene Lachen des Miteinanders ist im Twitter-Feed, im Subreddit oder im Massen-Mehrspieler-Online-Spiel nicht zu hören,

---

35 Anmerkung des Übersetzers: Hyrule ist das sagenumwobene, fiktive Land, in dem sich die meisten Spiele der Nintendo-Videospielserie »The Legend of Zelda« abspielen.
36 Das Spektakel ist nicht dasselbe wie die Simulation. Letztere ist ein Objekt, das die Aufmerksamkeit eines Subjekts kolonisiert. Das Spektakel hebt den Unterschied zwischen Subjekt und Objekt auf albtraumhafte Weise vollständig auf. Siehe »Ad Radicem«.

und die Vorstellung, dass wir gemeinsam *echte* Abenteuer kreieren könnten IRL (»In real life«, also »im echten Leben«), sorgt für Irritation oder Angst; sehr oft sogar für den Vorwurf, diejenigen, die eine solche Möglichkeit vorschlagen, hätten ... warten Sie's ab ... keinen Spaß!

Der Mythos des Spaßes wird gewöhnlich beschworen, indem der Unterschied zwischen der bunten huxleyanischen Dystopie der modernen, »individualistischen«, »kapitalistischen« oder »demokratischen« Ersten Welt und der monotonen Dystopie der vormodernen, »konformistischen«, »sozialistischen« oder »totalitären« Orwell'schen Zweiten oder Dritten Welt betont wird. Es ist unvorstellbar, dass riesige, zentral oder künstlich gesteuerte Spektakel uns davon abhalten, unsere eigenen Rituale aktiv zu gestalten. Es ist unvorstellbar, dass der Zugang zu einer endlosen Flut überwältigender Pornos uns buchstäblich die Energie und die Präsenz der Liebe aussaugt. Es ist unvorstellbar, dass ein enorm »bereichernder« Urlaub ein exotischer Konsum auf *Kosten* ferner Länder ist. Es ist unvorstellbar, dass der Spaß, den wir haben, eine Pseudounterhaltung ist, die uns unbewusst beruhigen soll. Und es ist unvorstellbar, dass Zombie-Survival-Spiele auf der Xbox uns davon abhalten, in der realen Welt die Dämonen zu besiegen oder die Prinzessin zu retten. Schlimmer als unvorstellbar – eine aktive Quelle des Unbehagens. Aus diesem Grund werden solche Vorstellungen heftig abgelehnt oder hochmütig verworfen, noch bevor sie das volle Bewusstsein erreicht haben.

Die intensive Langeweile des kapitalistischen Unlebens wurde den Menschen erst bewusst, als sie die Misere des 19. Jahrhunderts zu überwinden begannen. Die meiste Zeit des 19. und des frühen 20. Jahrhunderts lebten die Menschen unter entsetzlichen Entbehrungen auf den unteren Stufen der Stairway to Heaven. Als Ytong-Steine und Corned Beef aus der Dose die physischen Schmerzen der Massen, zumindest im Westen, ausreichend linderten, wurde allen plötzlich klar, wie sehr sie sich langweilten. Die Reaktion darauf – Sex, revolutionäre Kunst, psychedelischer Drogenkonsum, Aussteigertum und das Interesse an östlichen Religionen, was wir gemeinhin als die »Hippie«-Bewegung der Sechzigerjahre bezeichnen – versetzte die Kapitalisten in Angst und Schrecken, und sie machten sich sofort daran, die Bewegung zu vereinnahmen (und gleichzeitig lächerlich zu machen), ihre Praktiken zu verbieten, die Arbeit auszuweiten, um die leeren Räume zu füllen, und mehr Energie darauf zu verwenden, attraktive, marktfreundliche Alternativen zur wirklichen Unterhaltung zu entwickeln. Diese Alternativen – Blockbusterfilme, Videospiele, Nischenprodukte, die an die Identität der Konsumenten appellieren, ein Kalender voller ablenkender und beruhigender Spektakel (vor allem Sport) und in jüngster Zeit das Internet und die sozialen Medien – haben die Gefahr der quälenden Langeweile wirksam neutralisiert, zumindest für diejenigen, die domestiziert genug sind, um nicht bewusst zu bemerken, dass etwas fehlt, und sie durch weitaus wirksamere Formen der sozialen Kontrolle ersetzt: Angst und Ohnmacht, der Lohn der Unerfahrenheit.

Der hypermoderne Mensch, der in einer virtuellen oder intensiv mediatisierten Umgebung lebt, erlebt nichts und drückt daher auch nichts aus. Er ist gezwungen, den Inhalt seiner Rede durch die hyperbolische Übertreibung von Kleinigkeiten zu ersetzen (Anekdoten, die auf einer atemlosen, manischen Überreaktion auf mikroskopische Reize beruhen) oder durch die Reproduktion von »Kultur« (Dinge, die er gelesen oder auf dem Bildschirm gesehen hat und die von denselben leblosen Köpfen geschaffen wurden). Oder er trocknet aus, schaltet ab, zieht sich zurück in einen farblosen Zustand kastrierter Anomie, unheimlichen Desinteresses und Gleichgültigkeit. Da er sich mit diesem Zustand – dem nicht erfahrenden Selbst – identifiziert, wird das Auftauchen von Erfahrung, oder auch nur deren Andeutung, mit noch mehr Angst, Traurigkeit, Unbehagen, Langeweile, Bedürftigkeit, hysterisch defensiver Überreaktion und dem Verlangen nach dem Unleben begrüßt. All das ist akzeptabel für die Machtsysteme vor dem Zusammenbruch, die ängstliche, intellektuell fähige, ständig konsumierende Technophile begehren; vorsichtige, bescheidene, dumpfe, halbtote, sozial unfähige, unruhige, reaktive, halb schizoide Geister, die sich an ein völlig formales, zerbrechliches, flüchtiges Ego klammern. Diese Leute sind spaßig.

21
Der Mythos der Arbeit/Erwerbsarbeit

Singet Hosianna! Wir haben Arbeit! Freudenbekundungen des kapitalistischen Flügels des Systems sind selten: Die Olympischen Spiele, der Gewinn in einem Krieg und Silvester erschöpfen mehr oder weniger die Palette der offiziellen Anlässe zum Feiern, mit den entscheidenden Ausnahmen einer Wachstumsrate von 4 Prozent und sinkender Arbeitslosigkeit, die gleichbedeutend mit dem Paradies sind. Was Wachstum eigentlich bedeutet und wie es ist, diese Arbeiten zu erledigen, spielt keine Rolle: Sie »produzieren Wohlstand«. Das ist alles, worüber man sich Sorgen machen muss.

Wie *ist* es, 40, 50, 60 oder 70 Stunden pro Woche Betten in Fünfsternehotels zu überziehen, Schrauben an Toastern festzumachen, Kuhhäute zuzuschneiden, Tomaten zu pflücken, in einem Amazon-»Logistikzentrum« zu arbeiten, Kuchen für M&S zu backen, Bier für Drizly auszuliefern? Recyclingmüll in Essex sortieren, Gap-Hosen in Islamabad nähen, Schwefel auf Java abbauen, Kinder per Internet unterrichten, Luxuswohnungen in Rio kacheln oder an irgendeiner produktiven (Herstellung von Dingen) oder reproduktiven (Dienstleistung für Dinge und Menschen) Aufgabe im System arbeiten?[37]

Solche Fragen beunruhigen weder diejenigen, die die äußerst raren Jobs der Freude an sich reißen (d.h. die Experten), noch denjenigen, die ihre Freude über einen boomenden Arbeitsmarkt zum Ausdruck bringen, noch die armen Seelen, die so abhängig vom Geld sind, dass sie fünf Minuten mehr Zeit zum Überleben mit Dankbarkeit gegenüber jenen verwechseln, die von ihrer Sklaverei profitieren. Keiner von denen hält inne und macht sich Gedanken darüber, dass Arbeit ebenso wie Grund und Boden keine Ware ist und auch niemals eine sein kann.

Die Umwandlung der Arbeitskraft in eine Ware, damit sie zu einem Teil – und zwar, mit dem zur Ware gewordenen Land und Geld, zu einem integralen Bestandteil – des Wirtschaftssystems werden kann, zerstört sie und damit uns,

---

37   Anmerkung des Übersetzers: Allen schreibt hier von Arbeit, die für Lohn verrichtet wird, also von entfremdeter Erwerbsarbeit.

die Menschheit. Das Marktsystem kann es nicht dulden, dass die Arbeitskraft über ihre Zeit (in der Lage ist, die Arbeit zu unterbrechen, wann immer sie will), über ihre Produktivität (sie ist wirklich qualifiziert) oder über ihren Mehrwert (was sie mit dem macht, was sie produziert) selbst entscheidet, und es muss sich diese Kontrolle aneignen, indem es der Arbeitskraft die Fähigkeit nimmt, sich eigenständig zu versorgen, etwas eigenverantwortlich zu schaffen oder für ihren Unterhalt zu sorgen, ohne dass sie vom Druck der Marktkräfte geleitet wird, oder selbst zu entscheiden, was sie mit ihrem Mehrwert macht, der immer dem System gehören muss.

So wird Arbeit (oder menschliche Aktivität) in Kapital (oder Geld und Eigentum) umgewandelt. Das System erfordert, dass ein Teil der produktiven Tätigkeit der Menschen vom Eigentümer gestohlen wird, damit dieser sein Unternehmen und sein Bankguthaben mit mehr Geld und Eigentum vergrößert, insbesondere mit Land und Arbeitsmitteln, sodass noch mehr Kapital generiert werden kann. Wer in diesem System arbeitet, kann *niemals* frei sein. Er kann vielleicht den Arbeitsplatz wechseln, aber er muss seine Arbeitskraft immer an das System verkaufen und seine Tätigkeit innerhalb des Systems immer an dessen ultimativen Bedürfnissen ausrichten, was ihn in die seltsame Lage versetzt, in einer Welt zu leben, in der offenbar eine Vielzahl an Arbeiten erledigt werden muss, für die es allerdings kaum Arbeitsplätze gibt. Der Arbeiter kann auch *niemals* gerecht entlohnt werden; er muss immer einen Teil dessen, war er produziert, dem Eigentümer abliefern und schafft damit die Voraussetzungen für die weitere Ausbeutung des Lebens auf der Erde – das immer mehr zu verkäuflichen Waren deformiert werden muss – und für den weiteren Kauf von Lebewesen – die arm, hilflos oder verrückt genug gemacht werden müssen, um sich den Forderungen des Kapitals nach Arbeitskräften und Konsumenten zu unterwerfen.[38]

Und so sind »Tatkraft«, »Autonomie«, »Kompetenz«, »Exzellenz«, »Kreativität«, »Fairness« und »Engagement«, obwohl sie den größten Teil der Inhalte von Stellenanzeigen ausmachen, am Arbeitsmarkt ebenso fehl am Platz und bedrohlich wie Großzügigkeit, Ehrlichkeit, Kreativität und Gerechtigkeit; aber

---

38 Perlman, P. (1969): The Reproduction of Everyday Life. Anything Can Happen, p. 31–49. Black & Red.

wie immer in einem hoch entwickelten System besteht keine Notwendigkeit, sie bewusst auszurotten. Das System erledigt die Arbeit des Tyrannen automatisch, indem es das produktive Leben in den übergreifenden sozialen Mechanismus einbettet, der nur funktionieren kann, wenn die Arbeitnehmer extrem zeitdiszipliniert sind, sich vor Arbeitslosigkeit fürchten und nicht mit freier Zeit umgehen können; wenn sie nicht in der Lage sind, sich selbst oder ihre Angehörigen zu versorgen oder für sie zu sorgen; wenn sie voller Enthusiasmus für die ihnen übertragene Arbeit sind, die hoffnungslose Sinnlosigkeit des Arbeitslebens verinnerlicht haben, ein triviales Verhältnis zur Natur (einschließlich des eigenen Körpers) aufweisen und »trainiert« für ein Leben als HYPERSPEZIALIST sind.

Arbeitsteilung – die natürliche, angenehme und äußerst nützliche Tendenz von Individuen und Gruppen, mehr von dem zu tun, was sie am besten können – wird durch das System mechanisch zur Hyperspezialisierung oder zur Fixierung des Menschen – ihn *einschraubend* – in den Mechanismus des Systems degradiert. Die Hyperspezialisierung, die bereits in der Schule beginnt, wo die Menschen nach ihrer systemischen Funktion sortiert werden, und sich in der Arbeitswelt voll entfaltet, hat zwei wesentliche trennende Elemente: Die *Teilung der Tätigkeit*, die Zerlegung von qualifizierten Prozessen in eine Reihe von winzigen und nervtötenden Teilaufgaben, die das Bewusstsein derer, die sie ausführen, immer und immer wieder zu Brei stampfen, und die *Teilung des Zwecks*, die Trennung der körperlichen Tätigkeit von der geistigen Tätigkeit und dem Willen sowie die daraus resultierende Teilung der Menschen in zwei antagonistische Gruppen: Auf der einen Seite ARBEITER, die sich auf einen mikroskopisch kleinen Ausschnitt eines Produktions- oder Reproduktionsprozesses konzentrieren, den sie einst in seiner Gesamtheit überblickten, wobei sie keine Kontrolle über die Richtung und das Ergebnis ihrer (»Blaumann«-)Arbeit haben, und auf der anderen Seite MANAGER, die dafür bezahlt werden, Aufgaben und damit Menschen in den Arbeitsmechanismus einzuordnen, um erstens Profit für diejenigen zu erzielen, die mit ihren großen Löffeln am Ende des Produktionsprozesses sitzen und goldene Leistungspunkte abschöpfen, und um zweitens die expandierenden und ineinandergreifenden Unterprogramme zu warten, die das System umfasst. Die Folge dieser beiden

Prozesse – die Generierung riesiger Mengen an Profit und die Schaffung von Aufgaben, die dazu dienen, die unaufhörliche Expansion des Systems zu messen, zu überwachen, zu manipulieren und zu verwalten – führt zur Schaffung einer enormen Menge an Bullshit-Jobs;[39] Büro-Aufgaben, die keinen anderen Zweck haben, als ein Finanzloch zu stopfen oder nutzlose Informationen zu produzieren und zu organisieren.

Durch die Trennung nicht nur voneinander, nicht nur von seinem Land und seiner Gemeinschaft, sondern auch von sich selbst, wird der Arbeiter zum Idioten am (physischen oder digitalen) Fließband, zum Fremden seiner Klasse und seiner Gesellschaft (die beide in seiner Erfahrung zu etwas Abstraktem werden), zum Verbannten aus seiner eigenen Natur, was ihn unweigerlich krank macht, ihn dadurch beschwichtigt und befriedet; disziplinarische Vorteile, die von den Industriellen seit Jahrhunderten sehr geschätzt werden. Die Managerin wird ihrerseits entweder zur Tyrannin, die immer raffiniertere Techniken entwickelt, um den Arbeiter effizient (re)produzieren zu lassen (obwohl sie seltsamerweise nicht so sehr an der Entwicklung solcher Methoden zur »Rationalisierung« des Managements interessiert ist), oder sie wird zu einem Zombie, der sich mit immer absurderen Methoden zur »Rationalisierung« des Managements beschäftigt, die durch die Hyperspezialisierung, die Hyperexpansion der Macht der Institutionen, die Hyperfinanzialisierung der Weltwirtschaft und all die Hyperverschwendung, das Hyperelend, die Hyperkrankheit und die Hyperlangweiligkeit, die all dies hervorbringt, erforderlich werden. Die ganze Zeit wird sie von dem Gefühl verfolgt, dass ihr Leben ohne Sinn und Zweck ist. Aber das ist kein Problem! Das System verfügt über ein Bildungsprogramm, um vor-entfremdeten Arbeitsenthusiasmus zu erzeugen; ein Gesundheitssystem, um zerbrochene Einheiten zu reparieren oder zu entsorgen; ein Rechtssystem, um fehlerhafte Einheiten unter Quarantäne zu stellen; ein Unterhaltungssystem, um ausgelaugte Einheiten mit tollen Erlebnissen von der Ursache ihres Elends abzulenken, und ein Wissenschafts- und Mediensystem, um die Unwürdigkeit, die Sinnlosigkeit, den Betrug oder das

---

39 David Graeber, Bullshit Jobs. Vom wahren Sinn der Arbeit. Stuttgart 2020. Bemerkenswert ist, dass Graeber, ein Elitefachmann, es irgendwie versäumt hat, die Elitefachleute in seine Kritik einzubeziehen.

von Grund auf Schlechte ihres Arbeitslebens zu rechtfertigen. Und das alles mit großem Profit für den Markt und die Experten, die ihn am Laufen halten. Ein Schlüsselelement bei der Verwaltung der Arbeit ist das Sozialsystem. In den fortgeschrittenen kapitalistischen Ländern dient es zwei Zwecken. Erstens, um die sogenannte Reservearmee der Arbeitnehmer in einem Zustand disziplinierter Arbeitsbereitschaft zu halten. Diese Hauptakteure der Arbeitsvermittlungen sind (zusammen mit den eingeschifften Immigranten) dazu da, um diejenigen, die *in* einem Arbeitsverhältnis stehen, mit dem Wissen zu disziplinieren, dass es 20.000 andere gibt, die ihren Platz unbedingt einnehmen wollen. Jedoch müssen diese genau beobachtet und streng kontrolliert werden, denn sie sind nie weit davon entfernt, die Bedeutung des Wortes »gerecht« zu verstehen.

In dem Maße, wie das System den Druck erhöht, erzeugt es revolutionäre Hitze in der Masse der elenden, ausgebeuteten Arbeiter, von denen es abhängt, und sieht sich dann gezwungen, den Hunden ein paar Knochen hinzuwerfen. Diese Brosamen vom Tisch der Eliten – ein Mindestlohn hier, ein Krankengeld dort, etwas Sozialhilfe vielleicht oder ein bisschen Wohngeld – werden von den untergeordneten Klassen als gerecht akzeptiert, die alles über die *gemeinnützige* Wohlfahrt vergessen haben, die wir hatten, bevor die Staaten sie abbauten. Das ist der zweite Grund, warum das System das *staatliche* Wohlfahrtssystem toleriert: Es kann benutzt werden, um revolutionären Druck zu verringern.

Die Arbeit wird also – wie die Arbeitslosen, wie die Natur, wie das Bewusstsein selbst automatisch diszipliniert, indem sie in das System integriert wird, das die Arbeitnehmer zwingt, jede einzelne Kalorie ihrer Energie im Dienst des Systems zu verbrauchen und sich selbst zu verstümmeln, um in die Rolle zu passen, die das System ihnen als die am besten geeignete zugewiesen hat. Als der Weltmechanismus in seine letzte, spätkapitalistische Phase eintrat und sich auf unmittelbar übertragbare virtuelle Kanäle verlagerte, änderte sich die Art dieses Zwangs und die Art des Engagements, die er von den Arbeitern verlangte, von relativ offensichtlich institutionellen Zwängen zu außerordentlich subtilen Formen des Zwangs. Die Tyrannen der alten Schule gibt es natürlich immer noch – es ist immer noch so, dass nur die Unterwürfigen und Unsensiblen in Führungspositionen befördert werden oder es dort aushalten können –, aber in dem Maße, in dem das System perfektioniert wird, verteilt es sein Kommando über die Magische Wolke. So wie im Callcenter niemand ist, der für die verschiedenen administrativen Albträume von Freizeiten verantwortlich gemacht werden kann, ist am Arbeitsplatz niemand, der für die Arbeitszeit verantwortlich ist. Wer den Horror der erwerbsmäßigen Armut ertragen muss, wird eher von Zeitplänen, Tabellenkalkulationen und Smartphones gegängelt als von Kapos und Kommandanten.

Da immer mehr Aufgaben automatisiert und ausgelagert werden, verfügt das postmoderne Unternehmen über immer weniger Grund und Boden oder materielle Ressourcen und stellt immer weniger Menschen ein. Arbeitskraft, »frei«gesetzt, wandelt sich in das PREKARIAT – einen Zustand chronischer Entwurzelung, lähmender Arbeitsarmut und begründeter Angst, in dem das Individuum zu einem Unternehmen wird, das mit »befreundeten« transnationalen Organisationen – und dem EHRENAMT – »partnerschaftlich« zusammenarbeitet, in dem die Bestandteile des Zustands, den wir gewöhnlich als »Leben« bezeichnen (miteinander reden, sich unterhalten, sich gegenseitig helfen, Dinge herstellen, spielen usw.) von den postmodernen Institutionen »geerntet« werden, die entweder über die Netzwerke verfügen, in denen diese Aktivitäten stattfinden, oder, noch banaler, die sich einfach nehmen, was frei geschaffen wird.

Prekär Beschäftigte müssen nicht nur ihre Arbeitskraft während der Arbeitszeit, sondern ihr ganzes Wesen verkaufen, jederzeit und für immer. »Die Arbeit findet überall statt und die Disziplin oder Kontrolle der Arbeit erfolgt überall.«[40] In den letzten Phasen des Systems wird Erfolg mehr und mehr zu einem Maß dafür, wie gut man sich selbst verkauft oder *performt* (im doppelten Sinne des Wortes), d.h. wie gut man die Ziele des Systems erfüllt (SELBSTMANAGEMENT) und gleichzeitig Ungezwungenheit, Freundlichkeit, Kreativität, Engagement, Enthusiasmus und was auch immer ausstrahlt (EMOTIONALES MANAGEMENT). Der Stress, der dadurch ausgelöst wird – verstärkt durch die invasive Überwachung und das Ausgesetztsein von »Begutachtung« im virtuellen Panoptikum des Internets – ist enorm, aber da es das eigene Ich ist, das

---

40   Standing, G. (2011): The Precariat; the New Dangerous Class. Bloomsbury Academic.

den Arbeitnehmer zum Handeln *zwingt* (im doppelten Sinne des Wortes), ist es für das Ich unmöglich, die Ursache und die Art seiner Entfremdung von der Realität zu erkennen oder die Lösung zu finden.

In diesem System ist die Erwerbsarbeit von Natur aus entfremdend. Entfremdet von seiner Gemeinschaft oder seinem Kontext und von seinem eigenen bewussten Selbst, blickt der Arbeiter auf das, was er produziert, und auf die Objekte, die um ihn herum produziert werden, als wären sie außerirdische Artefakte. Die Aufgabe des hoch entwickelten Systems besteht nicht darin, diese (hoch profitable) Entfremdung aufzuheben, was unmöglich ist, sondern die Subjektivität des Arbeiters zu stimulieren und zu verwöhnen, damit er sie sich zu eigen macht. Im Idealfall ist die Arbeit bequem, zielgerichtet, gesellig und macht *Spaß*; bestehend aus »einzigartig geschätzten Individuen« mit vollständiger »Autonomie über ihre Arbeit«, »Teilhabe am Unternehmensgewinn«, die sechs Stunden am Tag in einem umweltfreundlichen skandinavischen Technologieunternehmen verbringen, bevor sie mit einer solarbetriebenen Bahn nach Hause schweben, um den Abend mit dem Backen von Brot und der Planung einer aufregenden Wanderung zu verbringen. Im Idealfall liegt der Körper des Arbeitnehmers zu Hause gemütlich auf einem weichen Schaumstoffbauch und saugt warme, leicht betäubende Milch aus einer großen Kunststofftitte, während sein hochgeladener Verstand in einer wundersamen Wolke schwebt und zwischen faktenmanipulierender »Arbeit« und superheldenhaftem Sex wechselt; er ist immer noch eine Maschine, aber keine rostige analoge Apparatur mehr, sondern ein sexy Cyborg! Wenn das nicht möglich ist, wenn der Arbeiter auf der untersten Stufe der Produktionsleiter steht, wo die Dinge wirklich gemacht werden, und es zu kostspielig ist, seine Ängste zu beseitigen, dann muss der Arbeiter selbst beseitigt werden, entweder durch ein Elektrohalsband fixiert und mit einem KI-Manager verbunden oder durch einen echten Roboter ersetzt, vollständig aus der Maschine herausgeschleudert und in ihrem ungeheuren Abfall erstickt.

Das Pseudo-Du akzeptiert all dies nicht nur als normal, sondern sogar als wünschenswert. Arbeit, wie Sklaverei, Schulden, Demokratie und Krieg, gibt dem Menschen einen Grund, nicht frei zu sein, einen Grund, sich nicht mit sich selbst (oder seinem Partner) auseinandersetzen zu müssen, einen Grund, sich über seine traurige Geschichte zu beklagen und einen Grund, nichts dagegen zu tun. Jeder sagt, er wolle frei sein vom Albtraum der Arbeit, aber wenn er diese Freiheit bekommt, bricht er zusammen und sucht sofort nach mehr Arbeit; oder nach mehr Spaß, was auf dasselbe hinausläuft.

22
Der Mythos der Einzigartigkeit

Der »demokratische« Kapitalismus unterscheidet sich radikal vom totalitären Kommunismus. Das wird uns gesagt, und doch hatten und haben alle diese Systeme die gleiche Einstellung zur Natur und zur Gesellschaft: Beherrschung, Ausbeutung und Vernichtung. Die entfremdenden Prinzipien des »wissenschaftlichen Managements«[41] und die hyperrationalistischen Bestrebungen der Modernisten, Natur und Kultur vollständig einer zentralisierten, spezialisierten, wissenschaftlichen Kontrolle zu unterwerfen, wurden von den amerikanischen Kapitalisten, den deutschen Faschisten und den sowjetischen Kommunisten eifrig übernommen, die weder Land noch Arbeit als etwas anderes als Ressourcen betrachteten, und alle endeten in demselben Elend, derselben Armut und demselben ökologischen Ruin.

Bei Kapitalisten ist es in der Regel die private Macht, die darüber entscheidet, wie das produktive Leben verwaltet wird und wohin der Überschuss fließt (mit einem flüchtigen Hinweis auf »Demokratie«). Bei den sogenannten Faschisten und Kommunisten ist es in der Regel der Staat, der diese wichtigen Entscheidungen trifft. Nirgendwo wird die Arbeiterschaft sinnvoll konsultiert, nirgendwo können die einfachen Leute ihr Schicksal selbst bestimmen. Der zentral gelenkte Markt des Kommunismus gibt dem Arbeiter nominell das Eigentum an den Produktionsmitteln, verweigert ihm aber funktionell jede Macht über das, was er produziert. Das heißt, der Kommunismus ist, wie Lenin einräumte – und wie *von Engels selbst vorgeschlagen* – eine Form des bürgerlichen STAATSKAPITALISMUS. Ein echter libertärer Sozialismus oder

---

41   Auch bekannt als Fordismus und Taylorismus.

Anarchismus – die Praxis der Demontage des Marktes, des Staates und des Systems – wie ihn in gewissem Maße die Sowjeträte der Russischen Revolution praktizierten, wurde von Lenins »sozialistischen« Bolschewiki ebenso gewaltsam zerschlagen wie von Maos »Roter« Armee und Hitlers nationalen »Sozialisten«.

Der Kapitalismus ist bestrebt, sich als Gegenpol zum Kommunismus, Faschismus und Totalitarismus zu positionieren und alle Gemeinsamkeiten auszulöschen, um einen ideologischen Antagonisten, einen Bösewicht zu projizieren, der militärische Interventionen im Ausland und die Unterdrückung von Kritik im Inland rechtfertigt. *Wir* fallen nicht in Länder ein, um Ressourcen zu kontrollieren, sondern um uns gegen den Kommunismus zu verteidigen. *Wir* bringen Kritiker nicht zum Schweigen, weil sie die Macht bedrohen, sondern weil Kritik am Kapitalismus gleichbedeutend ist mit Unterstützung der Bösen. *Wir* bauen keine Mauern, um arme Mexikaner von den Arbeitsplätzen fernzuhalten, wir lassen ein oder zwei von ihnen die diamantene Leiter erklimmen und schließen den Rest strukturell aus.

Ein weiteres Element des Mythos der Einzigartigkeit ist die nützliche Vorstellung, dass der Kapitalismus wunderbar isoliert von den bösen alten autokratischen Systemen früherer Zeiten existiert. Offene Gewalt, ständige Kriege, bizarre Rituale und Aberglaube – all das gehört der Vergangenheit an. *Wir* würden uns nie so unzivilisiert verhalten. *Unsere* Kriege zählen nicht als Gewalt, *unsere* militärsportlichen Spektakel, *unsere* professionellen Rituale und *unser* »gesunder Menschenverstand« zählen nicht als Aberglaube, *unsere* Armut ist nicht wirklich Armut. In ähnlicher Weise kritisieren die sogenannten Neoliberalen die alte, spießige »Neoklassik«, während sie sich auf genau dieselben (extrem starken) staatlichen Interventionen, dasselbe Geld- und Eigentumssystem, dieselbe professionelle Beherrschung des Gemeinguts und im Grunde auf dieselbe egoistische Wahrnehmung des Universums stützen.

Aber das bei Weitem durchdringendste Element der dem System dienenden Idee, dass »wir« anders sind als »sie«, ist die Vorstellung, dass es einen Unterschied zwischen der »Linken« und der »Rechten« gibt.

In der realen Welt reicht das gesamte Medienspektrum – zusammen mit allen Regierungen, Unternehmen und professionellen Institutionen (die auch gerne so tun, als seien sie einzigartige, autonome Einheiten und nicht integrale Bestandteile des einen Systems) – von GANZ RECHTS (die die Medien als »links« bezeichnen) bis EXTREM RECHTS (die sie als »rechts« bezeichnen). Rechts von diesem mikroskopischen, *offiziellen* OVERTON-FENSTER gibt es einen kleinen Bereich des puren modernen FASCHISMUS, und links davon gibt es die MITTE (die politische Position des größten Teils der Welt) und die *inoffizielle* LINKE (besetzt von sozialistischen Reformisten).

Es wird viel über die Unterschiede zwischen diesen Gruppierungen gesprochen, aber funktional sind sie alle identisch. Nehmen wir zum Beispiel den Unterschied zwischen der offiziellen Linken – den sogenannten sozialistischen Politikern und Schriftstellern – und der inoffiziellen Linken, die aus Marxisten, sozialistischen Liberalen, sozialistischen Anarchisten (d. h. Anarchosyndikalisten) und ähnlichen »Dissidenten« und »Radikalen« besteht. Die letztgenannte Gruppe hat genau die gleiche *grundlegende* Einstellung gegenüber der Zivilisation, der Technologie, der Demokratie, dem Staat, der Arbeit und sogar der Realität selbst wie ihre Kritiker. Deshalb denken und verhalten sie sich ähnlich wie ihre Gegner aus dem Mainstream, reagieren in gleicher Weise auf echte Kritik und integrieren sich mühelos in das System, sobald sie in irgendeiner Form an die Macht kommen. Ihre Reaktion auf die sogenannte Coronavirus-Pandemie war ein perfektes Beispiel dafür. Viele »Radikale« und »Linke«, selbst solche, die weit abseits des Mainstreams standen, weigerten sich nicht nur, das Geschehene infrage zu stellen, sondern drängten auf *härtere* Maßnahmen – alles zum Nutzen des technokratischen Systems und zum Ruin der Armen in der Welt.

Neben der Fiktion, dass »unser« System einzigartig ist oder dass »unsere« politische Position einzigartig ist – der *Mythos von der Einzigartigkeit des Systems* –, steht die Idee, dass Sie und Sie und Sie, die die atomaren Bestandteile dieses besonderen »Wir« bilden, auch besonders sind. Sie sind wichtig, wie es scheint. Sie sind anders, so heißt es. Das ist der *Mythos von der persönlichen Einzigartigkeit.*

Ihre Freiheit, »zu sein, der wie Sie sind«, existiert innerhalb vorgegebener Grenzen. Sie können alles sein, was Ihrer Rolle auf dem Markt, als Konsument oder Produzent, entspricht. Sie können jede Identität (definierbare

Persönlichkeit) haben, die Ihnen gefällt, wenn sie Ihnen hilft, einen Job zu bekommen oder auf eine Stellenanzeige zu reagieren. Streber? Transe? Buddhist? Betreuer? Fan? Atheist? Schwarzer? Feinschmecker? Essenverweigerer? Zwangsneurotiker? Retro-Porno-Enthusiast? Herzlich willkommen. Wenn Sie sich nicht sicher sind, wer Sie sind, diagnostizieren, testen und vermessen wir Sie und passen Ihre Erfahrungen an das an, von dem wir wissen, dass Sie es mögen. Und wenn Sie dann immer *noch* nicht zu uns passen, nehmen wir Sie fest – das heißt, wir geben Ihnen die Identität eines »Gefangenen«.

Was die kapitalistische Wirtschaft nicht tolerieren kann, ist die Weigerung, sich *letztlich* mit Hautfarbe, Körperform, Geschlecht, Diagnose, Rasse, Religion, sexueller Präferenz, Ideologie (links, rechts, grün, rot, schwarz ...) oder marktgesteuerten Interessen und Talenten zu identifizieren. Die Unfähigkeit des Systems, das Undefinierbare anzuerkennen, wird vom individuellen Ego, das von Geburt an darauf trainiert ist, sich an seine Ängste und Abhängigkeiten zu klammern und sich mit seiner konstruierten Identität und seiner definierbaren Welt zu behaupten, begeistert – wenn auch unausgesprochen – begrüßt. Das Ego hat vor echter Selbsterkenntnis – die sich aus der *De*konstruktion der Identitätsdefinition ergibt – ebenso viel Angst wie der Markt. Sowohl das systemische Ego als auch der kapitalistische Markt werden echte Unabhängigkeit, Einzigartigkeit, Originalität und psychologische Freiheit von Abhängigkeiten mit Unverständnis, Spott und Verachtung willkommen heißen.

Und so kommen wir zu dem wunderbaren *Mythos der Vielfalt*, der Idee, dass die Institutionen des Systems riesige Ansammlungen von durch und durch einzigartigen und unabhängigen Individuen schätzen oder produzieren, während in der wirklichen Welt das, was sie wirklich brauchen, fordern und produzieren, Schulen, Büros, Städte, Bauernhöfe, Fabriken und Wälder sind, die ausschließlich aus gehorsamen, isolierten Replikanten bestehen. Sie können gemessen und gesteuert werden. Die Natur – unzählige einzigartige Menschen, die unter unzähligen einzigartigen Arten leben – kann das nicht.

Und siehe da, immer neuere und fantastischere Nahrungsmittel werden produziert, immer seltsamere und neuartigere Arten, uns zu kleiden, zu heizen oder zu wohnen, und eine immer größere Vielfalt von Persönlichkeitsprofilen prägt die Ernährung; immer engere und subtilere Formen von Sexualität oder

Geschlecht, immer raffiniertere und hyperspezifischere Interessen, immer neue Störungen und Syndrome, immer spezifischere persönliche Identitäten werden eifrig konstruiert, um den heiligen Gral des psychologischen Kapitalismus zu erreichen: *Einzigartigkeit* ... während gleichzeitig lokale Sprachen, regionale Akzente und die Musikalität der Sprache überall vereinheitlicht werden, Exzentrik verbannt wird, alle Kleidungsstücke anfangen, sich zu ähneln, alle Häuser von Ikea ausgestattet werden, alle Musik anfängt, gleich zu klingen, Filme zu völlig vorhersehbaren Reproduktionen werden, Schulen, Krankenhäuser und Flughäfen auf der ganzen Welt ununterscheidbar werden, ebenso wie Fabriken, Bauernhöfe und Wälder. Von der Natur sehen wir nicht viel mehr als Tauben, Katzen, Ratten, Füchse, Hunde und Fliegen; von der Welt sehen wir nicht viel mehr als Essen, Sex, Sport und Krieg; von uns selbst fühlen wir nicht viel mehr als das, was wir wollen und was wir nicht wollen; und das war's dann. Alle reden über die gleichen Dinge, haben das gleiche enge Spektrum an Meinungen und reagieren in vorhersehbarer Weise auf die gleiche Art von Leben, das überall auf die gleiche Weise gelebt wird. Offiziell nennt man das »Vielfalt«. In Wirklichkeit ist es – für diejenigen, die sensibel und bewusst genug sind, die Realität wahrzunehmen – eine unerträgliche Monotonie, deren unausweichliche Folge *Krankheit* ist.

Echte Vielfalt – d. h. natürliche Systeme, die unzählige einzigartige, aber kooperierende (oder nicht kooperierende) und kontextuell vorteilhafte Elemente integrieren – ist äußerst robust. Im Gegensatz dazu sind Fabrikhühner, Fabrikhölzer, Fabrikmais, Fabrikhäuser, Fabrikkinder und Fabrikarbeiter anfällig für Infektionen, Störungen und Schmerzen und müssen daher ständig mit künstlichen Hilfsmitteln, Nährstoffen, Düngemitteln und Antibiotika vollgepumpt werden. Sie müssen ständig und aggressiv gegen die geringsten Angriffe verteidigt werden, und sie müssen ständig genehmigt oder genormt werden von einer professionellen Klasse, die dafür bezahlt und privilegiert wird, die wackeligen monokulturellen Hütten der Zivilisation vor dem Umsturz zu bewahren.

23
Der Mythos der Wissenschaft

Die praktisch-mechanische Komponente des modernen Systems – seine Maschinerie – beruhte weitgehend auf der Arbeit der Arbeitsmechanik, deren technische und ideologische Grundlage nur ein Element einer viel umfassenderen Philosophie der rationalen Systematisierung war, die seit Anbeginn der Geschichte voranschreitet, aber mit Beginn der Neuzeit begann, die menschliche Tätigkeit vollständig zu verdrängen und durch eine Reihe technischer Praktiken zur Maximierung der Leistung zu ersetzen. Diese Art des Lebens – die Abstraktion oder Isolierung einiger weniger Erfahrungselemente, die völlige Vernachlässigung alles anderen (der Fachbegriff: »Rauschen«) und die Manipulation dieser Elemente, um ein bestimmtes Ergebnis zu erzielen – nennen wir gewöhnlich WISSENSCHAFT.

Gegen Ende des 19. Jahrhunderts erkannten die Eliten der Großkonzerne das außerordentliche Potenzial dieser »Wissenschaft« als Mittel zur Förderung der Kapitalakkumulation, woraufhin sie alsbald die Klassiker als Hauptziel der »höheren Bildung« ablöste. Angetrieben durch die von einer neuen Klasse professioneller »Wissenschaftler« entdeckten Energiequellen und leistungsfähigen Organisationsabläufe konnten die kapitalistischen Strukturen ihre Produktionskraft und ihre geografische Reichweite massiv ausweiten, und das System, das sich bis dahin auf die Verwaltung einiger weniger Aspekte der Produktion und des Outputs konzentriert hatte, konnte sich nun mithilfe neuer Analysetechniken und neuer Überwachungs- und Manipulationsmechanismen darauf konzentrieren, jeden noch so kleinen Aspekt des Lebens in einen Prozess, eine Ressource oder ein Produkt umzuwandeln. Nichts, aber auch gar nichts, so begann der Systemmensch zu begreifen, konnte sich dem technisch-wissenschaftlichen Prozess der Abstraktion, der Messung und vor allem der totalen Kontrolle entziehen.

Zwar bedurfte es zur Schaffung von Reichtum noch immer dienstbarer Menschen, und vieles musste noch in den Markt integriert werden. Sonnenlicht, Luft, der Einsatz von Körperfunktionen, die Fortpflanzung und das persönliche Gespräch zum Beispiel lagen zur Enttäuschung des wissenschaftlichen Managements noch immer außerhalb der Reichweite des Marktes, und es gab noch immer einige organisatorische und disziplinarische Bereiche, die noch nicht vollständig automatisiert waren. Aber das Ende war endlich in Sicht, der strahlende utopische Moment, in dem der Mensch ein für allemal überflüssig werden könnte, eine Aussicht, die übrigens von einer aufstrebenden Bewegung linker Denker gefeiert wird, die den Tag herbeisehnen, an dem alle Arbeit (ja, *alle* Arbeit) von Maschinen erledigt wird und wir »frei« sind, in silbernen Raumschiffen herumzutollen, Schwerkraft ist nur noch Unsinn.

Offenbar ist es kein Problem, diese Champagnerwelt zu bauen, zu betreiben und zu erhalten, und besteht keine Gefahr, dass die allgegenwärtige Technologie uns noch weiter von unserer eigenen Natur entfremdet. Diese Kindsköpfe, die die Tatsache ignorieren wollen, dass die Überproduktion von Technologie den Niedergang aller untergehenden Zivilisationen begleitet und beschleunigt, nennen sich selbst »voll automatisierte Luxuskommunisten«, um die Tatsache zu verschleiern, dass sie in Wirklichkeit »voll süchtige und domestizierte Staatskapitalisten« sind.

Zurück zur modernen *institutionellen* Wissenschaft: Ihr Hauptzweck ist nicht, bestimmte objektive Aspekte der Welt zu erklären oder unser Leben zu verbessern, sondern das System zu rechtfertigen, seine Techniken (Software) und Technologien (Hardware) weiterzuentwickeln und die Natur seinen Bedürfnissen anzupassen (der richtige Begriff für diesen Prozess ist DOMESTIZIERUNG). Jeder Fortschritt beginnt immer mit optionalen, harmlosen, hilfreichen Verbesserungen und Erfindungen und endet immer mit der weiteren Versklavung des Menschen und der Deformierung der menschlichen Natur. Wir beginnen mit Autos, die uns helfen, uns fortzubewegen, oder mit Telefonen, die uns helfen, zu kommunizieren, oder mit Antibiotika, die uns helfen, Infektionen zu überwinden, oder mit Waschmaschinen, die uns helfen, »Zeit zu sparen«, und wir enden damit, dass wir völlig abhängig von Autobahnen, Computern, Medikamenten und Haushaltsgeräten sind, unfähig, unsere Beine zu benutzen, um dorthin zu gehen, wo wir hinmüssen, unseren Mund zu nutzen, um zu sprechen, unseren Körper oder unsere Umwelt zu nutzen, um uns zu heilen, oder unsere Zeit zu nutzen, um Dinge zu tun.

In der Zwischenzeit stirbt die Natur, Gemeinschaften zerfallen, »traditionelle Werte« brechen weg, Körper erkranken, der Verstand verkümmert, wir entfremden uns von unserer eigenen Natur. Aber nichts davon reicht aus, damit auch nur ein paar vereinzelte Spinner auf die Idee kommen, dass viele unserer schwerwiegendsten Probleme eine Folge des Lebens in der Knechtschaft der industriellen Technologie und der ihr zugrunde liegenden Hyperrationalität sein könnten.

Das moderne System mag sich erst in jüngster Zeit der technischen Macht der Wissenschaft bemächtigt haben, aber die gemeinsamen Wurzeln von System und Wissenschaft reichen so weit zurück wie die Ursprünge der Zivilisation. Alle drei – Wissenschaft, System und Zivilisation – beruhen auf der Fähigkeit des Geistes, Subjekte und Objekte von Bewusstsein und Kontext zu isolieren, diese Subjekte und Objekte als Abstraktionen darzustellen und – in dem drittrangigen Prozess, den wir gewöhnlich als Wissenschaft bezeichnen – diese Abstraktionen zu überprüfbaren narrativen Theorien zu systematisieren.

Die durch dieses »Isolieren-Darstellen-Systematisieren« geschaffene abstrakte Welt wurde im Laufe der Zivilisation immer nützlicher, »genauer« und geordneter (innerlich kohärenter), was die Tatsache verschleiert, dass die Wissenschaft so gut wie keinen Einfluss auf die gewöhnliche Existenz (Leben, Tod, Liebe, Kreativität, Schönheit, Selbsterkenntnis usw.) hat, die viel besser durch Mythos, Volkswissen und Kunst abgedeckt wird, und dass letztlich das gesamte Gedankengebäude auf einer Illusion beruht. Die Zweckdienlichkeit und Faktengenauigkeit der Wissenschaft verdecken diese Wahrheit: dass die Welt, so *wie der Verstand sie begreift*, durch *die Tätigkeit des Verstandes* ins Leben gerufen wurde.

Die Zivilisation – die vom Menschen geschaffene »Welt«, wie wir sie gewöhnlich erleben – ist letztlich auf abstraktem Sand gebaut. *Alle* vorherrschenden Ideologien – abergläubische, religiöse, philosophische und wissenschaftliche – basieren auf einer vom Verstand geschaffenen Welt und auf dem grundlegenden Glauben, dass das, was der Verstand erschafft, real ist oder dass der Verstand in der Lage ist, die Realität zu erfassen. So mögen Schamanen, Priester, Philosophen und Wissenschaftler an unterschiedliche Dinge glauben und über ihre Überzeugungen heftig streiten, aber sie verhalten sich alle auf

die gleiche Weise: Sie behandeln die Realität als einen Mechanismus, der vom
Verstand erfasst werden kann (der von Gesetzen oder Göttern gesteuert wird),
sie vermischen Bewusstsein und Denken, sie ordnen die Erfahrung (was tatsächlich geschieht) dem Wissen unter (was ich über das, was geschieht, weiß),
und sie vergrößern die Kluft zwischen beiden, indem der Zugang zu Wissen
oder Technologie für Uneingeweihte eingeschränkt wird, durch das Kleiden
der Großen in Roben, das Verbrämen der Sprache in Jargon, die Annahme von
Metaphern (der wissenschaftlichen Metapher der Messung oder der religiösen
Metapher des Mythos) als faktisch wahr, die völlige Ablehnung des Zeugnisses
des Individuums, die reflexartige Empörung über Angriffe auf die Orthodoxie,
und indem sie sich entweder an die Macht anbiedern oder sie monopolisieren.

Da der »zivilisierte« hyperbuchstäbliche Verstand selbst keinen Maßstab
hat, um das zu beurteilen, was ihm vorausgeht oder ihn übersteigt, wird jede
grundlegende Erfahrung der Wirklichkeit, die paradox, nicht-dualistisch, qualitativ oder durch Abstraktion nicht zu erfassen ist, *automatisch* als falsch,
ketzerisch oder verrückt abgetan. Gott, sagt der Verstand, ist ein *buchstäbliches
Ding*, das Bewusstsein ist ein *buchstäbliches Ding*, die Materie ist ein *buchstäbliches Ding*, die Gesellschaft ist eine Ansammlung von *buchstäblichen Dingen*,
die Realität oder der Kontext ist eine Ansammlung von *buchstäblichen Dingen*,
die Arbeit, das Land und das Leben selbst sind *buchstäbliche Dinge*, und alle
diese buchstäblichen Dinge stehen in einer buchstäblichen Beziehung zuei-
nander, und zwar auf eine Weise, die ebenfalls der Verstand offenbaren kann.
Um sich in den Plan Gottes einzufügen, um sich mit der von der Wissenschaft
enthüllten »natürlichen« Ordnung in Einklang zu bringen, um seinen Platz
in der kapitalistischen Gesellschaft zu finden oder um sich in die von der Be-
rufswelt bestimmte Realität einzufügen, muss sich der Mensch – *der ebenfalls
ein buchstäbliches Ding ist* – in der richtigen Weise zu ihnen verhalten. Alles
andere ist Ketzerei, Wahnsinn oder reine Fantasie für buchstäbliche Systemlinge; für Juristen und Anwälte, für Sekten und religiöse Fundamentalisten,
für Feministinnen der dritten Welle (»Nein heißt Nein«), für antirassistische
Extremisten und moderne Linke, für Technikbegeisterte (und die von ihnen
geschaffenen oder genutzten sozialen Medien), für die Standardpsycholo-
gie, für den Journalismus (links und rechts), für das Management, für den

Szientismus, für die Postmoderne, für die alten Griechen und ihre Erben und für durchgeknallte Verschwörungstheoretiker. Für all diese Menschen *ist die Wahrheit buchstäblich* (entweder ausschließlich oder letztendlich), und das Paradoxon, die Implikation, die Metapher, das Mysterium und die Qualität sind Quellen existenziellen Unbehagens, die es auszumerzen gilt.

Und doch sagen uns die Ideologen der Unzivilisation seltsamerweise nie, was die buchstäblichen Dinge, die sie verehren oder von denen sie abhängen, *eigentlich sind.* Weder in der Religion noch in der Wissenschaft wird *jemals* erklärt oder ausgedrückt, was ein Ding wirklich ist, sondern nur, wie es beschrieben werden kann und wie es sich verhält. Was die Dinge sind (DAS DING AN SICH), bleibt für den wissenschaftlichen Verstand, der nur *Repräsentationen* (durch Messungen) wahrnehmen kann, völlig und inhärent undurchsichtig. Aus diesem Grund beschäftigt sich die Wissenschaft ausschließlich mit Ursache und Wirkung und ist nicht in der Lage, *irgendetwas* von Bedeutung zu erklären (die Entstehung des Universums, den Ursprung des Lebens, die Natur des Bewusstseins, die Realität des Todes, wie man ein zeitloses Liebeslied schreibt oder was man gegen schlechte Laune tun kann). Alles, was geschieht, ist angeblich das Ergebnis eines vorangegangenen, gedanklich isolierbaren Ereignisses. Bewusstsein, die unaussprechliche Qualität der Existenz »hinter« ihren sinnlich-räumlichen Formen, ihre Freiheit von jeder Ursache und die daraus folgende Verantwortung ist für die vom Verstand geschaffene Welt völlig unerträglich und muss ignoriert oder vernichtet werden. Das ist das Projekt der systemischen Wissenschaft und ihres Mittäters, des Rechts, die alles aus der Existenz heraus definieren wollen, weil nur das Definierte kontrolliert werden kann.

Es ist das chronisch und permanent unsichere Ego, das versucht, die Realität zu kontrollieren. Das Universum soll in ein Netz starrer, buchstäblicher Definitionen umgewandelt werden, so wie auch die sinnliche Realität in ein kontrollierbares Simulakrum umgewandelt werden soll (siehe Mythos 9). Dieses gewohnheitsmäßige, bequeme *Pseudo-Selbst* beherrscht die wissenschaftlichen Institutionen der Welt ebenso wie alle anderen Institutionen, weshalb die abstrakte wissenschaftliche Weltsicht als unkritische Orthodoxie dargestellt wird, weshalb das »wissenschaftliche Establishment« einheitlich unsensibel, egoistisch und dumm ist und weshalb es, wohin es auch blickt, eine Realität sieht, die unsensibel, egoistisch und dumm ist. Das Universum, so der »Konsens«, ist ein *buchstäblicher Mechanismus*, Natur eine *ständige Kriegsführung* und der Mensch *von Natur aus egoistisch*; denn diejenigen, die den Konsens bilden – berechenbare, streitlustige, egoistische Mittelmänner – können nichts anderes tun, als nach buchstäblichen Mechanismen, Konflikten und Widerspiegelungen der »Realität« zu suchen, die sie kennen.

Dem System kam es gelegen, dass, nachdem eine religiöse Ideologie, die das Leben als inhärent sündhaft definierte, ihre Macht über die Gesellschaft verloren hatte, eine wissenschaftliche Ideologie aufkam, die das Universum als im Wesentlichen bedeutungslos und das Leben als inhärent egoistisch definierte. Wie passend, als sich die Aufmerksamkeit vom Organismus auf das Gen verlagerte – siehe da: Wir entdeckten, dass auch das Gen sinnlos und egoistisch ist! Was für ein außerordentliches Glück! Zugegeben, es gab häretische Bewegungen, die die Erbsündenlehre (mittelalterliche christliche Mystik), den Darwinismus (Lamarckismus und Kropotkin'sche Theorien der Selbsthilfe) und den Neodarwinismus (Epigenetiker und Neo-Lamarckisten) infrage gestellt haben, aber irgendwie sind diese Ideen nicht *ganz* in der Schublade verschwunden. Irgendwie gelingt es ihnen immer, sich als falsch zu *erweisen*.

Beweise sind wichtig, weil sie den Einzelnen von der Verantwortung für seine Philosophien und Theorien befreien. Nicht ich glaube, dass die Menschen sündig und erlösungsbedürftig sind, oder egoistisch und kontrollbedürftig; das ist *bewiesen*. Schauen Sie, es steht in Büchern: »Die Bibel«/»Über die Entstehung der Arten«/»Das DSM«/»Der Wohlstand der Nationen«/»Die Tragik der Allmende« … Es steht geschrieben, es ist ganz selbstverständlich, es ist indiskutabel. So sehr ich auch glauben möchte, dass wir alle gute Menschen sind, dass wir verantwortlich sind oder dass das Universum ein bewusstseinsfähiger Organismus ist, muss ich mich doch an die *Fakten* halten, verstehen Sie?

Ehrliche Wissenschaftler, die außerhalb der etablierten Weltanschauung stehen, wissen, dass alles, was auf wissenschaftlichen Fakten basiert – alle Theorien und wissenschaftlichen Überzeugungen – *letztlich* auf Glauben beruht. Sie wissen, dass Wissenschaft auf Metaphern beruht, dass sie von Natur aus oberflächlich ist, dass sie inhärente Grenzen hat, die niemals aufgehoben werden können, dass sie niemals das Ding an sich durchdringen kann, dass sie niemals den Kontext erfassen, sondern nur daraus extrapolieren kann, dass der reflexartige Appell an den Rationalismus ein *politisches Manöver* ist (die tiefe Politik des Systems; die Anbetung des Lesbaren, des Greifbaren, des Buchstäblichen und des Denkbaren) und dass die Wissenschaft *nichts* Sinnvolles über den Ursprung des Universums, den Ursprung des Lebens, die Natur (d. h. die Qualität) des Bewusstseins und somit über Liebe, Tod, Schönheit und Wahrheit zu sagen hat; Worte, die Wissenschaftler nur sehr selten aussprechen.

Intelligente Wissenschaftler sind sich der primären Rolle bewusst, die vage – manchmal unreflektierte – kontrainduktive, kontraintuitive und sogar *kontrarationale* Neigungen und Eingebungen nicht nur im Leben allgemein, sondern auch *bei wissenschaftlichen Entdeckungen* spielen. Sie sind sich der Grenzen der wissenschaftlichen Hyperspezialisierung bewusst, der bedauerlichen Folgen der zwanghaften Konzentration auf immer kleinere Wissenskörner und der daraus resultierenden Angst, die Hyperspezialisten wie alle zutiefst institutionalisierten Menschen haben, wenn sie mit Qualitäten und Totalitäten, mit Bewusstsein und Kontext oder mit irgendeiner Art von Erfahrung außerhalb ihres engen Spezialgebiets konfrontiert werden, deren Bedeutung sie zu komischen Ausmaßen aufblasen. Nichts davon bedeutet, dass reduktionistische Wissenschaft, abstraktes Denken oder intellektuelle Spezialisierung nutzlos sind – sie sind, wie uns die Verteidiger der Wissenschaft immer wieder in Erinnerung rufen, die eigentliche Essenz des Nutzens, und nur ein Narr würde das technische Wissen oder das logische Denken ignorieren, die uns die Wissenschaft und der spezialisierte Verstand zur Verfügung stellen –, und ebenso wenig bedeutet »auf Glauben basieren« etwas völlig Willkürliches und Illusorisches. Wäre die Wirklichkeit nicht *irgendwie* relativ, vom Verstand erfassbar und »faktisch«, dann hätte nichts, was der Verstand versteht, irgendeine Bedeutung.

Offensichtlich sind Fakten existent und offensichtlich kann der wissenschaftliche Verstand eindeutig erkennen, was sie sind; etwas, das Narren und Lügner (Religiöse, Postmoderne, Monogendroiden, Klimawandelleugner, Flacherdler, mystische Flusengehirne, Revisionisten, Corporate-PR-Leute, Wirtschaftsexperten, Politiker und andere Gläubige von Verschwörungstheorien) gerne leugnen oder ignorieren. Aber Fakten haben *letztlich* nichts mit Qualität, Wahrheit und Bewusstsein zu tun; und wahre Wissenschaftler wissen das, weshalb sie sich an die Kunst, die Erfahrung, den Bauch und die Mutter wenden, um sich über Dinge zu informieren, die mit dem Verstand allein nicht zu bewältigen sind.

Institutionelle Wissenschaftler hingegen, die die Mehrheit bilden, werden dafür bezahlt, dass sie ihre Intelligenz für die technischen Bedürfnisse des Systems prostituieren, dass sie die rechtmäßige Unterordnung der Wissenschaft unter die Erfahrung des Bewusstseins ignorieren und dass sie an dem irrsinnigen Glauben festhalten, die Realität sei etwas, was der Verstand wissen kann; kurz, dass sie diese dunkelste aller Religionen, den Szientismus, aufrechterhalten.

24
Der Mythos des Relativismus

Der Szientismus ist die Anwendung der wissenschaftlichen Methode auf das gesamte Leben, auf Fragen, die die wissenschaftliche Objektivierung, Konzeptualisierung und Systematisierung niemals erhellen kann. Für den hyperrationalen Wissenschaftler gibt es keine Wahrnehmung, die nicht objektiviert, konzeptualisiert und systematisiert werden kann. Was der Verstand nicht erkennt, existiert nicht und darf nicht existieren. Es ist *alles* relativ. Wahrheit und Unwahrheit, Gut und Böse, Schönheit und Hässlichkeit, richtig und falsch, Sinn und Sinnlosigkeit, Liebe und Hass, Vernunft und Wahnsinn ... All diese Dinge sind für den rationalen Szientismus entweder *objektiv* – sie befinden sich in begrifflichen Neuronen, Genen oder Atomen »da draußen« – oder *subjektiv* – sie werden vom (weitgehend verblendeten) Individuum erschaffen. Die Tatsache, dass sie real sind – also keine subjektiven Illusionen –, aber gleichzeitig nicht von Priestern oder Wissenschaftlern objektiviert werden können, ist das wesentliche Tabu sowohl der theistischen Religion als auch des atheistischen Szientismus.

Traditionelle Religion ist zwar mit dem Kapitalismus nicht unvereinbar, aber sie wurde weitgehend über Bord geworfen oder besser gesagt kastriert,

d. h. ihres wichtigen ideologischen Einflusses beraubt. Zu viele geschulte Techniker kontrollieren die Organe der akademischen Macht, als dass die durchsichtigen Absurditäten des Dogmas des Eselszeitalters an Boden gewinnen könnten, und die Wissenschaft ist dem Kapital einfach zu nützlich, als dass sie ignoriert werden könnte. Aber diese Nützlichkeit beschränkt sich nicht nur auf ihre Rolle in der Technik, sondern sie hat auch eine doppelte Funktion bei der Bildung der Einstellungen von Frauen und Männern. Eine Ideologie, die Wahrheit, Schönheit, Gerechtigkeit, Güte, Gewissen usw. entweder als objektive Dinge betrachtet, die gemessen und zentral verwaltet werden können, oder als subjektive Fantasien, die ignoriert werden können, ist ideal, um die dominierende Rolle des technokratischen Managements im Leben der Menschen zu rechtfertigen. Gleichzeitig werden ihre »Behauptungen«, dass z. B. das Schiefergasbohren falsch ist, dass die Zahlung überhöhter Boni an Banker ungerecht ist, dass Büroarbeit sinnlos ist, dass ein ungemachtes Bett keine Kunst ist, dass die Liebe aus der Welt verschwindet, dass der Körper ein Bewusstsein hat oder dass das Universum ein Organismus ist, einfach ignoriert; nichts davon kann im Labor überprüft werden.

Das soll nicht heißen, dass die Ideologen des Systems nicht über Liebe, Tod, Gerechtigkeit, Schönheit, Qualität, das Heilige und das Profane sprechen – sie tun es ständig –, aber kratzen Sie unter der Oberfläche der liberalen Zeitungskolumne, des heiligen Gedankens zum Tag, des Katalogs der modernen Kunst, des alternativen Manifests, des populärwissenschaftlichen Traktats (das sich regelmäßig Wörter aneignet, die die Wissenschaft nicht verstehen kann, wie »Schönheit«, »Gott« und »Realität«), der Broschüre über die Detox-Yoga-Kur oder der bürgerlichen Philosophie des mystischen Untergangs, werden Sie feststellen, dass es zwar zahlreiche verbale Verweise auf das Absolute oder den »Nichtmaterialismus« gibt; aber letztlich werden sie alle relativ verstanden, was zufälligerweise ein Ansatz ihrer Arbeitgeber ist. Wäre die Essenz des Meinungsartikels nicht im Wesentlichen relativistisch, würde er die Verantwortung für Liebe und Wahrheit übernehmen ... und niemals veröffentlicht werden. Er wäre zu schräg, zu extrem, zu politisch oder einfach nicht das, was die Leserschaft will. Wäre sich die Autorin ihrer Verantwortung bewusst, sich direkt mit der Realität der Liebe auseinanderzusetzen, würde sie nie zu Wort kommen.

Was also ist Wahrheit? Was ist Schönheit? Was ist Liebe? Was ist Gerechtigkeit? Was ist Bewusstsein? Welche Wahrnehmung ist weder objektiv noch subjektiv? Wie sehr liebt es der Relativist, solche Fragen zu stellen! Wie er sich die Hände reibt, und seinen Verstand verkrampft, und auf die Entstehung einer *Idee* wartet, etwas, worüber er *nachdenken* kann, etwas, das er *verstehen* kann. Sich wirklich der Wahrheit *stellen*, sich wirklich bemühen, Schönheit zu *schaffen*, wirklich bewusst *sein*, wirklich *lieben* ... Nix. Verstehe ich nicht.

Die relativistische Philosophie der Nichtexistenz von Wahrheit, Liebe, Qualität, Sinn, Gerechtigkeit, Verantwortung und Realität hat ihre Wurzeln im klassischen hebräischen und griechischen Denken und in der modernen wissenschaftlichen Bewegung, die lächerlicherweise als »Aufklärung« bekannt ist. Die extremste ideologische Form des Relativismus ist jedoch der Postmodernismus. Während der Szientismus – der objektive Flügel des aufgeklärten Kapitalismus – damit beschäftigt ist, Realität und Qualität in Konzepte, Theorien, Gehirnscans, Gene, Teilchen, Strukturen und dergleichen umzuwandeln, behauptet die Postmoderne einfach, dass sie nicht existieren; nur eine »destrukturierte« oder »de-konstruierte« »Repräsentation« existiert. Demnach haben das Unsinnige, das Nutzlose und das Hässliche das gleiche Recht, in die Kunstgalerie, die Wochenendbeilage oder die Diskussionsrunde aufgenommen zu werden, wie das fein Gearbeitete, das gesellschaftlich Nützliche, das transzendent Schöne und das tatsächlich Wahre. *Tatsächliche* Wahrheit, für den postmodernen Denker, verschmilzt mit *abstrakter* Wahrheit und erweist sich entweder als Unsinn oder als inhärent autoritär. Einige postmoderne-Denker (insbesondere Foucault, Deleuze, Fisher und gelegentlich Lyotard) leisteten wichtige Beiträge zum radikalen Skeptizismus, indem sie solche versteckten Zwangssysteme, die Kontrolle des Wissens, die Lügen der Aufklärung usw. angriffen, aber sie hatten nichts, womit sie ihn ersetzen konnten: nur kapriziöse, egoistische Emotionen und einen kaleidoskopischen Albtraum von abstrakten »Standpunkten«, die weder miteinander noch mit irgendeinem sozialen, natürlichen oder bewussten Ganzen verbunden sind.

Das ist zumindest teilweise der Grund, warum intellektuelle Betrüger wie Lacan, Derrida und Žižek ihre Ideen unverblümt vortragen können und so rezipiert werden, als hätten sie tiefe Wahrheiten ausgesprochen; schließlich gibt es so etwas *wie* eine tiefe Wahrheit gar nicht, weshalb wortreicher Bullshit mühelos ins Leere laufen kann. Das ist auch der Grund, warum die Verkäufer von künstlerischem Quacksalberprodukten wie Hockney, Anselmo, Richter, Warhol, Ryman und all die anderen Scharlatane des korrupten, hyperkapitalistischen Marktes der »Modern Art« eine mit Kinderkotze bespritzte Leinwand oder einen mit Spinat gefüllten BH den seriösen Gemütern der anspruchsvollen Medienwelt präsentieren können, ohne dass jemand vor Lachen in Ohnmacht fällt. So etwas wie moralische Wahrheit gibt es nicht wirklich – und deshalb bedarf jede moralische Verkommenheit, die ich begehe, keiner nachvollziehbaren Rechtfertigung –, genauso wie es auch keine ästhetische Wahrheit gibt, und deshalb ist eine mit Gaffer-Klebeband an die Wand getapte Banane Kunst.

In der Tat gibt es ein paar Qualitäten, die professionelle Künstler und Kunstkritiker lernen müssen, zu schaffen und zu erfassen: Ironie, Formalität, Irrelevanz, Kitzel und Trostlosigkeit. Aber letztlich ist alles, was eine kulturelle Kreation braucht, um in die Tate Modern oder das Museum of Modern Art zu gelangen, dass ihr Schöpfer gut vernetzt ist. Politik, Medien und Wirtschaft funktionieren auf die gleiche Weise, weshalb sie alle unaufhörlich eine kulturelle Realität reproduzieren, die auf der vollständigen Zerstörung der Natur und des natürlichen Selbst[42] beruht und nichts als eine illusorische oder »Hyper«-Realität hinterlässt – in Wahrheit eine schizoide intellektuelle Horrorshow, in der wir unfähig sind, zu handeln, zu denken, zu sprechen oder zu urteilen.

Diese »Realität« ist die unausgesprochene »Wahrheit« einer wahrheitslosen Welt. Sowohl die Postmoderne als auch der Szientismus berufen sich auf die Abwesenheit von Göttern und übernatürlichen Meta-Narrativen (d. h. jede Art von Sinn im menschlichen Leben), während sie dem mächtigsten Mythos dienen, den die Welt je gekannt hat: dem fortschrittlichen System, dem sich jeder auf der Erde unterwerfen muss. Die von den Dienern des Systems präsentierten Geschichten und Rituale – die Ursprungsmythen, die Heldengeschichten, die

---

42 »Die Postmoderne ist das, was man erhält, wenn der Modernisierungsprozess abgeschlossen und die Natur für immer verschwunden ist.« (Frederic Jameson)

Theaterstücke, die »bahnbrechenden« Dokumentarserien, die Schuldebatten, die seligmachenden Erfolgsvisionen und die Abhandlungen über die geheime Ordnung der Dinge – verschmelzen zum Glaubensbekenntnis und zur Ethik der einen Weltreligion, die überall und zu jeder Zeit von denen gepredigt wird, die behaupten, so etwas gäbe es nicht.

Die dem Relativismus innewohnenden Widersprüche stören die Hyperrelativisten ebenso wenig wie die dem Rationalismus innewohnenden Widersprüche die Hyperrationalisten. Wertfreie moderne Geister fühlen sich wohl mit der Behauptung, dass alle Ideologien Lügen sind – außer ihrer eigenen –, dass Sprache keine Bedeutung vermitteln kann – außer bei der Behauptung, dass Sprache keine Bedeutung vermitteln kann – oder dass es so etwas wie richtig und falsch nicht gibt – außer in der Behauptung, dass es so etwas wie richtig und falsch nicht gibt. Sie fühlen sich mit diesen sich selbst widerlegenden Behauptungen wohl, weil sie keine Wahrheit rechtfertigen, die in der Welt vorgefunden werden kann; sie rechtfertigen den gefühlten Wunsch, dass es keine Welt *gibt.*

Im Grunde genommen ist der Postmodernismus oder extreme Relativismus eine Form von hochgradiger Schizophrenie, ein Zustand, der den institutionellen (meist priesterlichen oder professionellen) Verstand seit den Anfängen der Institutionalisierung in der Bronzezeit befallen hat. Zu seinen Symptomen gehören ein grundsätzlicher Mangel an Humor, eine ständig wachsame Angst, eine Abneigung gegen Grenzen,[43] Beschränkungen und offensichtliche Einschränkungen und folglich eine Abneigung gegen wertbeladene Begriffe, die die Macht haben, einen grundsätzlichen Mangel an qualitativer Erfahrung aufzudecken. Hyperrelativisten verwenden die Worte »gut« und »schlecht«, »richtig« und »falsch«, »hässlich« und »schön« oder »gesund« und »geisteskrank« nie tatsächlich oder sinnvoll, weil sie nicht wissen, was sie bedeuten. Sie *denken*, sie bedeuten so etwas wie »ich mag« und »ich mag nicht«. Denn sie können sich auf nichts beziehen, was in der wirklichen Welt existiert, denn für sie gibt es keine wirkliche Welt, nur eine Ansammlung von wertlosen Objekten da draußen und vielschichtigen Interpretationen, Ideen, Blickwinkeln,

---

43 Darren, Allen (2016): The Apocalypedia. A Utopian Guide to What is and What isn't. Green books.

Standpunkten, Überzeugungen, Einstellungen und Perspektiven hier drinnen. Hinter oder unter denen ist nichts, das Nichts, das unter ihren Persönlichkeiten liegt, das in ihren Albträumen aufsteigt und sprechend zu ihnen zurückkehrt, mit der Wahrheit, der Liebe und der Schönheit, die sie fürchten.

25
Der Mythos der Religion

Den Glauben, dass Ideen und Worten real sind, nennen wir ABERGLAUBEN. Eine Gruppe von Menschen, die abergläubische Überzeugungen teilen, nennen wir einen KULT oder, wenn die Gruppe sehr groß ist, eine RELIGION. Religionen bestehen aus Menschen, deren Persönlichkeit auf der Annahme beruht, dass Ideen und Worte buchstäblich real sind und dass Kritik an diesen Ideen und Worten wirklichen Schaden anrichten kann. Solche Kritik kann von Nicht-gläubigen kommen, die die Ideen und Worte völlig ablehnen (»UNGLÄUBIGE«), oder sie kann von Gläubigen kommen, die die Ideen und Worte oder einige von ihnen nicht wörtlich auslegen (»HÄRETIKER«); in beiden Fällen ist die Bedrohung existenziell; die Existenz der egoistischen Persönlichkeit – durch das kultisch-religiöse GRUPPENDENKEN, von dem sie abhängt – ist bedroht.

Paradebeispiele für Religionen sind die drei großen abrahamitischen Religionen, Judentum, paulinisches Christentum und Islam, deren Angehö-rige dazu neigen, das geschriebene Wort zu verehren und Kritik oder Satire als buchstäblichen Angriff zu verstehen. Fanatische Buddhisten, Hindus, Atheisten, moderne Linke, Nationalisten, Sozialisten, Faschisten, Ärzte, Jour-nalisten und andere Sektenmitglieder reagieren aus den gleichen Gründen auf die gleiche Weise. Weisen Sie in einem fanatischen kommunistischen Forum darauf hin, wie kleinlich, boshaft und autoritär Karl Marx war (oder der Kommunismus ist); weisen Sie eine Gruppe fanatischer Feministinnen darauf hin, dass (in den Worten der feministischen Autorin Fay Weldon) Vergewaltigung nicht das Schlimmste ist, was einer Frau passieren kann (ein thermonuklearer Krieg ist zum Beispiel etwas schlimmer), oder dass einige der am meisten benachteiligten Menschen in der westlichen Gesellschaft arme weiße Männer sind; weisen Sie eine Gruppe fanatischer schwarzer Aktivisten darauf hin, dass, sagen wir, mehr Weiße von unserer Polizei getötet werden als Schwarze; weisen Sie eine Gruppe fanatischer Muslime auf die absurden, allzu menschlichen Bedenken des Autors des Koran hin; machen Sie ein fanatisches nationalistisches oder marktgläubiges angelsächsisches Publikum auf die Verbrechen Israels oder die Verbrechen Amerikas (oder seiner Klienten) oder die Verbrechen Großbritanniens aufmerksam; machen Sie einen Anhänger von Trump, Blair oder Marx auf unbequeme Fakten aufmerksam; weisen Sie jemanden, der sich für die Abschaffung des Systems ausspricht, darauf hin, dass das Coronavirus für alle, außer für alte und gebrechliche Menschen, harmlos war und dass die Sterblichkeitsrate, unabhängig von den vor Ort ergriffenen Maßnahmen, überall gleich schnell zurückging; weisen Sie jemanden, der sich für die Abschaffung des Systems ausspricht, auf diese Dinge hin oder machen Sie sich über ein TOTEM (eine religiös verehrte Idee) lustig oder ein TABUwort oder verwenden Sie einen Tabubegriff und gehen Sie dann in Deckung, wenn eine körperliche Reaktion ausbricht: Schweißausbrüche, Angst, himmelwärts gerichtete Augen, Hysterie, bebende Wut.

Religiöse Anhänger, die Fanatiker, haben ein äußerst fragiles Selbst, das nur aus Gedanken und Gefühlen besteht, weshalb sie dazu neigen, Menschen nicht als Individuen zu sehen, sondern als Gedanken oder Kategorien, die von extremen Emotionen getragen werden. Die Welt der Fanatiker ist eine starre Taxonomie, die nur aus Guten und Bösen besteht. Die Guten – Muslime, Frauen, Schwarze, Amerikaner oder wer auch immer auf »unserer Seite« steht – sind allein aufgrund ihrer emotionalen Kategorie im Recht. Die Bösen sind im Unrecht, einfach aufgrund ihrer Kategorie. Wenn die Bösen schweigen, ausgrenzen oder kritisieren, muss das geradezu ketzerisch sein (rassistisch/ sexistisch/ leistungsorientiert/ faschistisch/ kommunistisch/ atheistisch/ abergläubisch/ intolerant/ unreif/ eine Aluhut-Verschwörungstheorie/ eine Überverallgemeinerung oder, der Klassiker, *sektiererisches Verhalten*), tun das die Guten, *kann* das Urteil *nicht* falsch sein.

Nicht nur andere Menschen werden als emotionale Kategorien wahrgenommen. Die religiöse Einstellung leugnet die verkörperte Realität allen

Lebens auf der Erde zugunsten einer Ersatzprojektion und eines Glaubenssystems. Ursprünglich fügte sich die mythische Idealisierung und Systematisierung in das natürliche Leben ein und diente ihm. Doch vor etwa 10.000 Jahren verselbstständigte sich der Aberglaube, der zunächst die Realität verdrängte und dann, mit dem Aufkommen des Monotheismus, den gesamten Weltmythos unterwarf, bis die Realität als schlechte Widerspiegelung eines abstrakten Schauspiels angesehen wurde. Obwohl der Niedergang der Religion vor etwa drei- bis vierhundert Jahren begann, blieb das Wachstum dieses Spektakels nicht nur unverändert, sondern beschleunigte sich in allen Lebensbereichen.

Der religiöse Eiferer von heute glaubt in der Regel weder an einen monotheistischen Gott noch an einen polytheistischen Mythos, ja, man kann kaum noch sagen, dass er »glaubt«, denn seine gesamte Existenz ist in eine künstliche Pseudowirklichkeit eingetaucht, die Kunst, Kultur, alles Wissen, Sprache, Denken und sogar die Wahrnehmung vollständig vereinnahmt hat. Es gibt nichts mehr, woran man glauben könnte, weil es keinen Standpunkt mehr gibt, *von* dem aus man glauben könnte; es gibt nichts mehr, womit man irgendeine von außen kommende Erfahrung oder Äußerung erfassen könnte. So wird jedes vorübergehende Phantasma, sofern das Selbst davon profitieren kann, hyperreal, während die Wirklichkeit, die Natur, die unmittelbare Erfahrung und jede auf ihr beruhende echte Kritik traumhaft, unwirklich, lächerlich oder, wenn sie dem Pseudo-Selbst zu nahe kommen, entsetzlich erscheinen.

Dieses Gefühl des Entsetzens liegt dem gewöhnlichen – schwerfälligen, buchstäblichen, freudlosen und verdrängten – Bewusstsein des religiösen Eiferers zugrunde. Es manifestiert sich als eine ständige, tief sitzende Sucht, Angst und Unruhe, die sich in Momenten der Langeweile (kein Zugang zu Betäubungsmitteln) als Gereiztheit, bei der geringsten Frustration als ungeduldiger Zorn und als mulmiges Gefühl der Unzufriedenheit äußert. Bei anhaltender Langeweile oder Frustration steigert sich das Entsetzen in Wut, Depression, Höhenflüge emotional Übererregung, Sadismus, Masochismus, Terror und schließlich völligen Wahnsinn. All dies wird vom Sektenmitglied mit Zähnen und Klauen verteidigt und zwar aus dem einfachen Grund, weil er fühlt. Jeder Versuch, *seine* Gefühle (*tatsächlichen* Emotionen) oder die Grenzen seiner sorgfältig geordneten und streng überwachten Kategorien oder den existenziellen Status seines Gottes oder seines Spektakels infrage zu stellen, ist unerträglich und führt zu sofortiger Ablehnung, zu einer irrsinnig rationalisierten Rechtfertigung oder zu einer sofortigen, fantastischen, infantilen und gewalttätigen Überreaktion. Stellen Sie den existenziellen Status moderner Götter infrage (*Rechte* oder *Kapital* oder *Geisteskrankheiten* oder *Demokratie* oder *Zivilisation* oder *Fortschritt* oder nur *uns*); weisen Sie auf die Rolle hin, die der Sport bei der Befriedung unruhiger Massen spielt, oder auf die erschreckende Dystopie des Sportspektakels; stellen Sie die Notwendigkeit von Schulen, Krankenhäusern und Gefängnissen infrage; sagen Sie den Menschen, dass Sie nicht arbeiten, nicht trinken, kein Smartphone haben; sprechen Sie ernsthaft und einfach über die Liebe oder den Tod; übernehmen Sie Verantwortung für das eigene Unglück; nehmen Sie Worte als Worte und nicht als Beschwörungsformeln, die die Macht haben, zu zerreißen und zu zerfetzen; kritisieren Sie die Technologie; weigern Sie sich, an den täglichen Festen des emotionalen Kannibalismus teilzunehmen; schalten Sie das WLAN oder die Hintergrundmusik oder die Nachrichten aus; leben Sie anders und glücklich ... und sehen Sie, wie die Gutmenschen um Sie herum genauso reagieren wie religiöse Fanatiker überall: Automatisch und aggressiv verteidigen sie ihre geistig-emotionale Identität und deren Spiegelbild in der Welt.

Es sollte inzwischen klar sein, dass sich nicht alle Religionen als Religionen bezeichnen. Der Szientismus der technokratischen Rechten tut das aus offensichtlichen Gründen sicher nicht, ebenso wenig wie die Newchurch[44] der modernen Linken, die derzeit die dominierende Religion des säkularen Westens ist. Ihre Totems sind VIELFALT, gleichbedeutend mit Einheitlichkeit der Meinungen; INKLUSION, gleichbedeutend mit Ausschluss oder Verfolgung von Gotteslästerern; und GLEICHHEIT, gleichbedeutend mit Sicherung von Macht und Privilegien für die wahren Gläubigen. Alle, die diesen Vorstellungen widersprechen, werden als gewalttätige Terroristen bezeichnet, die sündig

---

44 Landau, Hugo (2020): The Culture War, Part I: The Rise of Newchurch. Landau books.

(»privilegiert«) geboren wurden und für alles Böse in der Welt verantwortlich sind.[45]

Solche Abtrünnigen gibt es nicht zufällig; sie müssen erschaffen werden, damit der religiöse Gläubige seine moralische Autorität bewahren kann. Die Pseudowirklichkeit der sektiererischen Persönlichkeit existiert in einem Reich binärer Kategorien und ist daher auf die Existenz von *Feinden* angewiesen. Das Gute kann ohne das Böse ebenso wenig existieren wie die Linke ohne die Rechte, und so müssen Antagonisten in gleichem Maße erschaffen werden wie Rechtfertigungen. Solange die Sekte von der Macht ausgeschlossen ist, sind diejenigen, die Macht haben oder sie unterstützen oder anstreben – der König, die Regierung, das Establishment –, offensichtliche Ziele, aber sobald die Sekte an die Macht gelangt, muss sie stattdessen moralische Panik, Hexenjagden und eine Reihe von Denunziationskampagnen *generieren*. Heute ist damit jeder angesprochen, der die Notwendigkeit infrage stellt, Milliarden gesunder Erwachsener unter Quarantäne zu stellen, um das Leben einiger Achtzigjähriger zu retten. Morgen bedeutet es etwas anderes.

Die höchste Macht ist die verteilte Staats- und Unternehmensstruktur, nach der mächtige Sektenmitglieder in der Regel streben. Die Fanatiker sind nicht daran interessiert, die hierarchische Struktur des Systems radikal zu ändern oder aus ihr auszusteigen, sondern sie wollen die dominante Rolle spielen oder sich an die Spitze setzen, und dann wird der Staat marxistisch, buddhistisch, feministisch, schwarz oder jedianisch, die Kommissare verlassen das Schiff und setzen sich nach Ozeanien ab, und die Unterdrückung geht weiter wie bisher, nur mit anderen *Label*, aber mit intakter kategorialer *Struktur* und ununterbrochenen Auseinandersetzungen. Der Zustand des Maoisten von gestern, des Republikaners von heute und der Newchurch-Linken von morgen (siehe Mythos 30) ist letztlich derselbe, denn letztlich gibt es psychologisch keinen Unterschied zwischen religiösen Extremisten. Sie sind alle verkrampft, steif vor Unzufriedenheit, nachtragend, gereizt, auf und ab fahrend wie eine Achterbahn und doch trotzig selbstbewusst; alles Attribute des Egos, auf dem jeder Kult auf Erden aufgebaut ist und war.

45 Ebenda.

26
Der Mythos der Geisteskrankheit

Krankheiten sind objektive körperliche Zustände: Veränderungen von Zellen, Organen und Geweben, die Symptome verursachen oder sich als solche manifestieren und durch Untersuchungen des Körpers nachgewiesen werden können. Schizophrenie, Asperger-Syndrom, Zwangsneurosen, posttraumatische Belastungsstörungen, Narzissmus, Depressionen, Angstzustände, Borderline-Persönlichkeitsstörungen sowie *alle* Suchterkrankungen und Phobien sind *letztlich* keine körperlichen Zustände. Die Schizophrenie zum Beispiel *erfand* 1907 Eugen Bleuler, basierend auf der Erfindung der Dementia praecox im Jahr 1898 von Emil Kraepelin. Diese Männer stützten ihre Erfindung auf das Verhalten und ihre Überzeugungen über dieses Verhalten, nicht auf krankheitsbedingte Gewebeveränderungen oder andere erkennbare wesentliche Fakten. Auf diese Weise wurde seither jede »psychische Krankheit« erfunden (»entdeckt« ist der offizielle Ausdruck) – von der Homosexualität über das Aufmerksamkeitsdefizit-Hyperaktivitätssyndrom bis zu der aktuellen Ansammlung von Ess-, Sprach- und Verhaltensstörungen. Solche Probleme – und es sind Probleme – können physische Veränderungen des Geistes oder des Körpers verursachen, wie den ganzen Tag lang Klavierspielen lernen oder Computerspiele spielen, aber es wurde noch nie ein kausaler Zusammenhang zwischen Genen, Nerven, Geweben und psychischen Störungen entdeckt. In den meisten Fällen wurde überhaupt kein buchstäblicher, physischer Zusammenhang gefunden. Würde ein solcher Zusammenhang entdeckt, müsste der Patient in die Neurologie überwiesen werden, d. h. er wäre nicht mehr als *psychisch krank* eingestuft.

Psychische Krankheiten, das hat Tomas Szasz unter allen denkbaren Aspekten gezeigt, gibt es nicht, ebenso wenig wie Traumata. Es gibt Probleme, es gibt Verzweiflung, Entfremdung, Angst und Furcht, es gibt Egoismus und Faulheit, aber das sind keine *Krankheiten*. Sie werden von denen, die ein Interesse daran haben, die *sozialen* und *persönlichen* Ursachen von psychischen und Verhaltensproblemen zu ignorieren, *automatisch* als *körperliche* Krankheiten eingestuft. Die Betroffenen lassen sich in zwei große Gruppen einteilen. Die eine Gruppe umfasst diejenigen, die nicht bereit sind, ein verantwortliches und sinnvolles Leben zu führen. Wir nennen diese »psychisch Kranke«. Die andere Gruppe umfasst diejenigen, denen eine immense Macht über die Patienten zugestanden wurde: Reichtum, Status, exklusiver Zugang zu diagnostischen Geräten und Behandlungen, die Macht, Menschen gegen ihren Willen zu betäuben und einzusperren und sogar die Macht zu bestimmen, was real ist. Diese Menschen nennen wir ÄRZTE für »psychische Gesundheit«.

Beide Gruppen lehnen instinktiv jede Vermutung ab, dass persönliche und soziale Probleme persönliche und soziale Ursachen haben könnten. Die Möglichkeit, dass traumatische Kindheitserlebnisse zu »Geisteskrankheiten« führen oder dass es »Traumata« gar nicht gibt oder dass verbaler Missbrauch in der Kindheit zu »Persönlichkeitsstörungen« führt oder dass die Ernährung die psychische Gesundheit beeinflussen kann oder dass Schizophrenie in modernen, städtischen Umgebungen häufiger vorkommt oder dass vorzivilisierte Völker nicht an unseren »Geisteskrankheiten« leiden oder dass die Gesellschaft uns in den Wahnsinn treibt oder dass hinter Phobien, Syndromen und anderen »Beschwerden« ein *klitzekleines* bisschen Simulantentum stecken *könnte*, wird von der Ärzteschaft und ihren abhängigen Patienten sofort und reflexartig abgetan oder wegrationalisiert, selbst wenn sie der Wahrheit entspricht. Und zwar aus dem einfachen Grund: Wenn jemals akzeptiert würde, dass *wir* und nicht Phantomkrankheiten für unsere Probleme verantwortlich sind, hätten Ärzte keinen Job mehr, Patienten keine guten Ausreden, Pharmakonzerne würden die Milliarden verlieren, die sie mit unserer Ruhigstellung verdienen, und der Staat hätte keinen Anlass, problematische Bürger zwangseinzuweisen und wegzusperren.

Es stimmt, dass alle Krankheiten, die nicht ausreichend diagnostiziert werden, bis zu einem gewissen Grad metaphorisch sind, aber wenn die Symptome hauptsächlich körperlich sind, ist es sinnvoll, nach einer körperlichen Ursache zu suchen. So ergibt es keinen Sinn, nach einer körperlichen (genetischen, bakteriellen, viralen, strukturellen) Ursache für, sagen wir, Christentum, Homosexualität, Langeweile, Angst vor Vögeln, Depression, Psychose, Schizophrenie oder Faulheit zu suchen, es sei denn, jemand will sich seiner Verantwortung entziehen, Menschen gegen ihren Willen wegsperren oder sedieren, oder er ist ein religiöser Anhänger des Szientismus.

Werden Vertreter des medizinischen Establishments mit einem Problem konfrontiert, das hauptsächlich psychischer oder verhaltensbedingter Natur ist, suchen sie nach einer körperlichen Ursache und schließen persönliche und soziale Lösungen aus, indem sie pharmazeutische Interventionen und ego-beruhigende Therapien bevorzugen. Trotz ihrer vielen verlogenen Behauptungen finden sie nie eine konkrete körperliche Ursache, weswegen sie »Krankheiten« in die Welt setzen müssen und Diagnosen auf der Grundlage von Verhaltensweisen stellen: Masturbation, Analsex, Halluzinationen, seltsame Sprache, Alkoholismus, Anarchismus, Arbeitslosigkeit, schlechte Noten, Sozialismus. Dies führt zu einer Reihe absurder und irreführender Widersprüche, bei denen Patienten angeblich an der Krankheit X leiden, weil sie Symptome (d. h. Verhaltensweisen) Y und Z zeigen, die durch X verursacht werden. John kann nicht still sitzen, also hat er ADHS. Woher wissen wir, dass er ADHS hat? Weil er nicht still sitzen kann! Psychokraten lassen sich davon nicht beirren oder von ihrer verzweifelten Suche nach buchstäblichen und körperlichen Ursachen für psychische Leiden abhalten, aus dem einfachen Grund, dass *die Lösung psychischer Probleme nicht gut fürs Geschäft ist.*

Für das Geschäft und den autoritären Staat ist es gut, alle psychologischen Probleme, alle behindernden Ängste und alle psychotischen Wünsche zu medikalisieren, um die »Unerwünschten« aus der Gesellschaft zu entfernen, die Unzufriedenen durch monetarisierte Narkotika und Therapien in den Markt zu integrieren und die Ursache des Elends – das System und das Ego, das es nährt – aus dem Blickfeld zu verdrängen. In der Vergangenheit wurden medizinische Mythen wie Drapetomanie (die »Krankheit«, vor den Sklavenhaltern fliehen zu wollen), Kleptomanie und Hysterie benutzt, um die Unerwünschten zu zähmen, die inzwischen etwas aus der Mode gekommen sind. Heute gehören zu diesen unbegründeten Mythen die »Schizophrenie« (eine hypothetische Störung, für die es keinen Test gibt und an die viele Psychiater nicht glauben), die »Aufmerksamkeitsdefizit-Hyperaktivitätsstörung« (Unfähigkeit oder Abneigung, sich beschulen zu lassen), das »Oppositionelle Trotzverhalten« (Weigerung, ungerechtfertigten Zwang oder falsche Autorität zu akzeptieren), die »Narzisstische Persönlichkeitsstörung« (alle, die wir nicht mögen), die »Impulskontrollstörung« (weil es nützlich ist, Menschen zu pathologisieren, die wütend auf uns sind), die »Bipolare Störung« (extreme Stimmungsschwankungen) und das ganze Sammelsurium fetischisierter Phobien, die zur Verfügung stehen, um zu rechtfertigen, dass jemand nicht das Bad putzen oder im Wald scheißen muss. Bald werden Armut, Arbeitslosigkeit, beleidigende Äußerungen, unprofessionelles Verhalten, authentischer Charakter und Präsenz zu Störungen, die elektronisch erfasst und medizinisch behandelt werden müssen. Zu unserem eigenen Besten.

Das moderne System ist im Wesentlichen ein pharmakologisches oder medizinisches System. So wie Land und Arbeit aus ihrem Zusammenhang gerissen werden müssen, um in den Markt integriert zu werden, so muss auch der Körper rationalisiert und alle seine Probleme medizinisch behandelt werden. In THEOLOGISCHEN GESELLSCHAFTEN beansprucht die religiöse Autorität die Kontrolle über die Seelen der Frauen und Männer, und diejenigen, die eine nicht religiöse Autonomie anstreben, werden als Ketzer verfolgt; in »KOMMUNISTISCHEN« GESELLSCHAFTEN beansprucht die zentralisierte Autorität die Kontrolle über Land, Arbeit, Mehrwert usw., und diejenigen, die eine nicht kommunistische Autonomie anstreben, werden als »Kapitalisten« verfolgt; und in »KAPITALISTISCHEN« GESELLSCHAFTEN (dem pharmakratischen Staat) beansprucht die *professionelle Autorität* die Kontrolle über die Medikamente, die medizinische Versorgung und die »rationale Einstellung« der Bürger; und diejenigen, die eine nicht kapitalistische Kontrolle über ihren eigenen Körper, ihren Geist, ihren Medikamentenkonsum, ihre medizinische Versorgung, ihre Gemeinschaft oder ihre Umwelt beanspruchen, werden als Patienten oder, wenn ihre Behauptungen zu sehr in den Objektivitätsbereich vordringen, als Gesetzesbrecher verfolgt.

Am Ende ist es natürlich dasselbe: das kranke System. Für die Professionellen und ihre abhängigen Klienten ist es unmöglich, die Rolle zu akzeptieren, die das System bei der Verursachung des Unglücks oder bei der Bildung ihrer Haltung ihm gegenüber spielt. Daher *müssen* sie eine vorhersehbare Litanei von Rechtfertigungen für ihre Zwangsmaßnahmen vorbringen: »Depression muss eine Krankheit sein, weil Medikamente sie lindern« (leichte Traurigkeit ist also eine körperliche Krankheit, weil Eiscreme mich aufheitert?); »Leugnung psychischer Krankheiten ist gleichbedeutend mit Leugnung der Probleme der

Menschen«(automatische Verquickung von »Leiden«, die es eindeutig gibt, mit »psychischen Krankheiten«, die niemand je entdeckt hat); »Wir wissen, dass Schizophrenie genetische Ursachen hat«(das wissen wir nicht); »Die Trennung zwischen dem Geistigen und dem Körperlichen ist eine Illusion«(und deshalb existieren irgendwie Einhörner?); »Ich kannte jemanden, der psychisch krank war, weil er ein Einhorn war.), »Ich kannte eine Frau, die depressiv war, und es stellte sich heraus, dass sie einen Gehirntumor hatte – also ist Depression eine körperliche Krankheit«(ein logischer Trugschluss: die Entdeckung, dass einige Singles heimlich verheiratet sind, bedeutet nicht, dass Singledasein und Ehe gleichbedeutend sind); »Geisteskrankheiten muss es geben, weil Ärzte sie behandeln können«(und Teufel muss es geben, weil Priester sie austreiben?) und schließlich »Geisteskrankheiten müssen existieren, weil es einen Konsens darüber gibt, was sie sind«(so wie es früher einen Konsens darüber gab, was Hexen sind; Verifikation bedeutet nicht Validität). Solche Argumente sind im Wesentlichen religiöser Natur. Die Behauptung, dass Gene Depressionen verursachen, dass Liebe eine Chemikalie ist, dass Rauchen eine Krankheit ist, beruht auf der gleichen Art von »Beweisen« wie die Behauptung, dass eine Hostie zum Leib Christi wird, dass Jeanne d'Arc eine Hexe oder dass Rasputin vom Teufel besessen war, d.h. es gibt keinerlei Beweise dafür. Weist man als Patient darauf hin, führt das zu mehr »Behandlung« (mehr Medikamente, mehr Therapie und mehr Einkerkerung), und wenn man kein Patient ist, zu Verleugnung, Spott und Angriffen.

Dieses Tabu, dass die Autorität der Psychologen und die Pseudowissenschaft der Psychologie auf religiösen Illusionen beruhen, stützt sich auf das umfassendere Tabu des gesamten medizinisch-wissenschaftlichen Flügels des kapitalistischen Systems, dass der beste Weg, mit sogenannten »psychischen Krankheiten« umzugehen, darin besteht, die *Realität zu verbessern*. Für die Ärzte, Therapeuten, Politiker, Manager, Akademiker und Journalisten des kapitalistischen Marktsystems mag die »Gesellschaft« schuld sein. Aber ernsthafte Versuche, den Stress, die Einsamkeit, die Verwirrung, die Langeweile, die Angst und die Entfremdung zu überwinden, die ein Leben getrennt von unseren Gemeinschaften, unserer Natur und unserem eigenen Selbst mit sich bringt, indem wir in diese Sphären zurückkehren, kommen nicht infrage.

Sie sind unglücklich, weil Ihr Serotoninspiegel gesunken ist, weil Sie keinen ausreichend qualifizierten Therapeuten haben oder weil Sie nicht genug meditieren. Jedenfalls kann es nicht daran liegen, dass Sie gezwungen sind, Ihr Leben in einem Hamsterrad mit Bleistiefeln zu verbringen. Sie brauchen eine kognitive Verhaltenstherapie und ein Mantra! Sie werden im Rad bleiben und die Stiefel anbehalten, aber Sie werden sich weniger elend fühlen. Der Ausstieg aus dem Rad ist so unvorstellbar, so unaussprechlich, so wie das größte Tabu der Psychologie überhaupt, das Wort, das garantiert jedem Psychokraten das Fürchten lehrt: *Vernunft*.

27
Der Mythos der Psychologie

Die staatlich-korporative Religion der Psychologie ist, wie Karl Popper betonte, ein Tätigkeitsbereich, der niemals falsifiziert werden und, wie sowohl Immanuel Kant als auch Ludwig Wittgenstein betonten, niemals objektiv sein kann. Mit anderen Worten, sie ist eine Pseudowissenschaft wie die Wirtschaftswissenschaften. Ihre Scheinvalidität beruht weitgehend auf der Statistik, mit der sie von Anfang an eng verbunden war. Im Gegensatz zu einer echten Wissenschaft hat die Psychologie keine solide theoretische Basis, kann sich nicht auf gesicherte Fakten stützen und keine zuverlässigen Vorhersagen über die reale Welt machen. Sie kann nicht einmal ihren eigenen Gegenstand definieren.

Psychologen weigern sich, Beweise für die Natur der psychologischen Wahrheit – das Bewusstsein – aus der einzigen direkten Quelle zu ziehen, die sie jemals haben können: dem Bewusstsein ihres eigenen Lebens, weshalb sie nichts Sinnvolles über Vernunft zu sagen haben. Die Objektivität, auf die sie sich berufen – und auf die sie sich berufen müssen, um der wissenschaftlichen Bruderschaft beizutreten, deren Legitimität sie so gern beanspruchen –, ist eine Täuschung, ein monumentaler Betrug, der auf dem unaufhörlichen Diagnostizieren, Klassifizieren, Benennen, Kategorisieren, Quantifizieren und Messen von Verhalten beruht, auf dessen Grundlage sie die fiktiven medizinischen Kategorien erfinden, die sie »psychische Krankheiten« nennen.

Viele junge Menschen studieren heute Psychologie. Werden sie dort über die Natur des Bewusstseins belehrt oder dazu ermutigt, die Welt bewusst zu erleben? Wird ihnen geholfen, die Auswirkungen von Zwangssystemen auf das Bewusstsein zu verstehen? Spielt Selbsterkenntnis in ihren Kursen eine Rolle oder wahre Liebe oder echte Kreativität oder die Natur oder Techniken zur Förderung von Spontaneität oder das Gespür für Gewissen oder kritische Reaktionen auf offizielle Narrative? Werden sie ermutigt, die Verantwortung für ihr Unglück zu übernehmen oder anderen dabei zu helfen? Stehen die Denker und Schriftsteller, die in diesem Bereich gearbeitet haben und etwas Sinnvolles zu diesen Themen gesagt haben – Reich, Laing, Fromm, Szasz, Peele usw. – auf dem Lehrplan? Nein, nein, nein, nein. Stattdessen wird den Studierenden beigebracht, Probleme zu medikalisieren, seltsames Verhalten zu etikettieren, sich vor dem eigenen Denken zu fürchten, alternative Lebens- oder Wahrnehmungsweisen zu verabscheuen, Probleme ethischer, sozialer oder politischer Natur zu psychologisieren, die Beweise der eigenen bewussten Erfahrung zu ignorieren und die Welt durch das verrückte Prisma des verstümmelten modernen Geistes zu betrachten. Diejenigen, die ein Psychologiestudium abschließen, promovieren und die psychokratische Karriereleiter erklimmen, zeichnen sich wie alle erfolgreichen Fachleute durch extreme Unterwürfigkeit, lähmende Kulturlosigkeit, ein unantastbares Gefühl institutionalisierter Überlegenheit und ausgeprägte Mittelmäßigkeit aus.

Psychologen werden nicht angestellt, um die menschliche Natur, das Bewusstsein oder die Realität des menschlichen Lebens auf der Erde zu erforschen, denn all dies löst bei den Fachleuten Verärgerung, Angst und Schrecken aus. Die Prioritäten ihrer Arbeitgeber liegen woanders. Erstens werden Psychologen beschäftigt, die Kategorie der »psychisch Kranken« zu erweitern, um den Markt für Therapien und Medikamente zu vergrößern. Zweitens ist es ihre Aufgabe, die gesamte Verantwortung für die Frustrationen, die das Leben in einer unmenschlichen Welt mit sich bringt, den messbaren Elementen des menschlichen Körpers (Gehirn, Gene, Chemikalien, Genitalien usw.) zuzuschreiben. Die Vorstellung, dass das individuelle Bewusstsein oder gar die Gesellschaft für menschliches Elend und Wut verantwortlich ist, muss ausgerottet werden. Drittens werden Psychologen von großen Unternehmen eingesetzt, um uns dazu zu bringen, mehr zu kaufen, indem sie bei den Verbrauchern, insbesondere bei den jungen Nutzern moderner Technologien, einen permanenten Zustand der Begierde und der Angst erzeugen. Viertens: Neben der Perfektionierung von Technologien und Konsumstrategien werden Psychologen von Unternehmen und anderen Institutionen eingesetzt, um willige Mitarbeiter zu kontrollieren und auszuwählen (»begabte Studenten«, »Teamplayer«, »Material für die Vorstandsetage« und dergleichen). Der nächste Punkt hängt damit zusammen: Auch der Staat beschäftigt Psychologen, um die Methoden der sozialen Kontrolle zu verfeinern und Bedrohungen für das Marktsystem aufzuspüren (Gesichtserkennung ist eines der am besten finanzierten Gebiete der psychologischen Forschung). Die sechste Funktion von Psychologen ist die Unterstützung staatlich-militärischer Operationen, indem sie die Fähigkeit professioneller Mörder (offizielle Bezeichnung: SOLDATEN) zum Töten und Foltern verbessern. Der siebte, unausgesprochene Aufgabenbereich der Psychologen ist die Konstruktion offizieller Narrative, um die Menschen mit einem sinnlosen, hoffnungslosen, atomisierten Leben in einem feindlichen Universum zu versöhnen.

Diese Mission, die eine der tiefsten ideologischen Grundlagen des Systems darstellt, beinhaltet zwei auf den ersten Blick gegensätzliche Ziele. Das erste besteht darin, die Verantwortung für die Zerstörung der Realität vom staatlich-korporativen System abzuwälzen und sie direkt auf die Schultern der einfachen Menschen zu verlagern, von denen erwartet wird, dass sie die gesamte Last der Probleme der Welt tragen. Wenn also Ihre Angst, Ihre Depression und Ihre Wut jemandes Schuld sind, dann ist es *Ihre*. Wir alle, so lehrte uns der »Vater der Psychologie« Sigmund Freud, sind von Natur aus gewalttätige, neurotische und ängstliche Abhängige. Wir waren schon immer so und werden es immer sein, und es ist die Aufgabe der Gesellschaft, uns zum »normalen Unglücklichsein« zu domestizieren. In der Tat. Aber wenn wir genauer hinschauen, finden wir neben dieser durch und durch hobbesianischen Sichtweise des Universums (eine Folterkammer, in der Fremde gegeneinander kämpfen müssen, um zu überleben) auch eine psychologische »Realität«, die den Einzelnen in entscheidenden Punkten völlig aus der Verantwortung entlässt; denn entweder sind ein paar Sündenböcke (Schurken, Narzissten, Perverse, Pädophile und Ausländer) an unserem Unglück schuld oder es ist die Magie der »Geisteskrankheit«. Die Probleme liegen nicht im System oder in unserer eigenen Feigheit, Dummheit und verantwortungslosen Selbstsucht. Nein, es sind die *Bösen* und die *Dämonen*. Die Welt sagt Ihnen, Sie sind schuld, aber Sie sind nicht verantwortlich, während die Wahrheit wie immer genau das Gegenteil ist: Sie sind nicht schuld, aber Sie sind verantwortlich.

Das von den Psychokraten und Infokraten verbreitete Bild der menschlichen Natur – hilflose Kleinkinder, die ständig überwacht, kontrolliert und diszipliniert werden müssen – ist keine Erfindung oder Theorie. Es ist eine Tatsache. Die Psychologen »sagen nur, wie es ist«. Allerdings entpuppt sich, was die Psychologen mit »sagen nur, wie es ist« meinen, bei näherer Betrachtung als das Leben in einem repressiven, unnatürlichen, krankmachenden und zutiefst zwanghaften System, das ohne verkümmerte, gehorsame Feiglinge nicht funktionieren kann. Indem sie Menschen in westlichen, gebildeten, industrialisierten, reichen Demokratien studierten, haben Psychologieabsolventen wiederholt »entdeckt«, dass Menschen egoistisch, dumm, unsensibel, leicht zu lenken, grob, fügsam und faul sind – kurz gesagt: *sowohl domestiziert als auch domestizierungsbedürftig*. Nirgendwo in der psychologischen Literatur findet sich ein Hinweis darauf, dass diese Menschen zutiefst und in beunruhigender Weise W.E.I.R.D. (deutsch: seltsam)[46] sind.

Daher wird uns gesagt, dass es ohne das System keine Arbeit, kein Wachstum und keine Freiheit gäbe. Und warum? Weil der Mensch von Natur aus egoistisch, gewalttätig und faul ist. Und woher wissen wir das? Indem wir beobachten, wie sich die Menschen verhalten. Und wo? Im System!

Daher wird uns gesagt, dass Menschen egoistisch, gewalttätig und dumm sind, weil wir Tiere sind, die auch egoistisch, gewalttätig und dumm sind. Welche Tiere? Tiere in Zoos natürlich, in Labors, in marginalisierten, degradierten Lebensräumen. Oder Haustiere.

Daher wird uns gesagt, dass es keinen Ausweg, keine Alternative gibt. Das Universum, die Welt, alles Leben, das Bewusstsein und alles, was wir erleben,

---

46 Henrich, Joseph (2010): The weirdest people in the world? Behavioral and Brain Sciences 33, no. 2–3: p. 61–83. Fromm bringt es auf den Punkt: »Bei der modernen akademischen Psychologie und Experimentalpsychologie handelt es sich größtenteils um eine Wissenschaft, die sich mit dem entfremdeten Menschen befasste, den entfremdete Forscher mit entfremdeten und entfremdenden Methoden untersuchen.«

sind buchstäblich Teile eines Mechanismus, der endlose Mühsal und Leid garantiert. Und woher wissen wir das? Eigentlich wissen wir es nicht, aber es wäre uns lieber, wenn Sie es nicht wüssten. Aber machen Sie sich keine Sorgen. Wenn Sie Probleme und Frustrationen haben, gehen Sie einfach zu einem Experten, um Ihre angestauten Ängste loszuwerden; zu jemandem, der sich weigert, mit Ihnen eine Beziehung einzugehen, die über ein kurzes Geschäft hinausgeht, der niemals persönliche Informationen über Sie preisgibt, der Sie niemals kritisiert, geschweige denn liebt, der Ihnen Hunderte oder gar Tausende Pfund pro Stunde für seine »Dienste« in Rechnung stellt, die auf eine kurze und hochgradig künstliche, vom System sanktionierte Beziehung hinauslaufen, in der Sie sich für ein paar Momente wie ein König oder eine Königin fühlen können. Wir sprechen hier von Psychotherapeuten, aber das Gleiche lässt sich auch von Prostituierten sagen. Eigentlich kein großer Unterschied.

Das ist kein neues Phänomen. »Therapie« im Sinne der Integration des Individuums in die Gesellschaft und des Umgangs mit gesunden Abweichungen von den offiziellen Definitionen der Realität[47] ist so alt wie die Zivilisation. Alle zivilisierten Gesellschaften verfügen über eine Theorie der »Vernunft« und des »Wahnsinns« sowie über eine Reihe von Techniken, um den Wahnsinnigen zu »heilen«, damit die Herausforderung, die er für die soziale Ordnung darstellt, gemildert wird und er seine Vernunft wiedererlangt. Zu diesen Techniken gehören das Erzeugen von Schuldgefühlen durch die Stimulierung einer gebrochenen Identität mit »normalen« Menschen (»Denken Sie an Ihre armen Eltern!«); das Überwinden von Widerständen durch das Angebot einer Schulter zum Ausweinen, die Belehrung der »Patienten« über die wahre Natur der objektiven Welt (die Natur der Götter, die Natur des Geistes); das Stimulieren von subjektiven Befindlichkeiten, von denen diese Welt abhängt (wie Angst, Begierde und moralische Verantwortung); die »begriffliche Entleerung« all dessen, was außerhalb des begrifflichen Universums *unserer* Welt liegt (alternative Weltanschauungen, die von Natur aus nicht ernst zu nehmen sind); das

---

47 Berger, Peter L. & Luckmann, Thomas (1991): The Social Construction of Reality: A Treatise in the Sociology of Knowledge. Penguin Books.

Geschwätz von Verrückten, Untermenschen, Barbaren, Terroristen oder was auch immer für ein ausgrenzendes Etikett gerade in Mode ist und schließlich das Lenken der Gedanken des Skeptikers auf die schrecklichen Folgen einer mangelhaften Sozialisation, d.h. das schreckliche Schicksal der wahren Dissidenten und Mystiker hervorzuheben und zu verbreiten.

Was neu ist, ist die Abkehr von repressiven Konditionierungstechniken hin zu einem gänzlich *permissiven* Ansatz.[48] Dies ist das heimtückischste und völlig unbewusste Ziel der modernen Psychologie und Psychiatrie: das implizite, geheimnisvolle, unausgesprochene oder unaussprechliche Leben der Psyche explizit, wörtlich, lesbar und handhabbar zu machen. Für das System ist dies von entscheidender Bedeutung. So wie jedes Fleckchen Land vermessen und kartografiert werden muss, Kinder zu einem Leben in selbstbewusster Verantwortung erzogen werden müssen, Frauen zur Anpassung an den manifesten, männlichen Stil der abstrakten Auseinandersetzung mit sinnlicher Erfahrung gezwungen werden müssen, und jeder Mensch auf der Erde benannt, nummeriert und an einem definierbaren Ort fixiert werden muss, so müssen auch unsere innersten Gefühle, Triebe (insbesondere sexuelle Triebe), Intuitionen, Eingebungen und Inspirationen ans Licht gebracht werden. Auf diese Weise wird der Albtraum vom Leben, wie es wirklich ist, oder von Ihnen, wie Sie wirklich sind, aus dem Kopf des Managers verbannt, und der widerspenstige Außenseiter (der Abweichler, das Kind, die Frau, der Fremde) kann unter professionelle juristische, akademische und medizinische Kontrolle gebracht werden, ohne dass eine zentralisierte staatlich-korporative Unterdrückung notwendig ist.[49] Die moderne Therapie und die rechtfertigende Architektur der modernen Psychologie ermöglichen es uns, »uns selbst zu verwirklichen«, »unser Potenzial zu entfalten«. Damit entkommen wir nicht dem System, sondern begeben uns tiefer in das System hinein.

---

48 Kritiker wie Thomas Szasz und Ronald D. Laing irren sich hier; Foucault ist ein sicherer Ratgeber.
49 Michel Foucault, Sexualität und Wahrheit. Das Geständnis des Fleisches. Berlin 2019

28
Der Mythos der Professionalität

Professionelle Ärzte machen uns gesünder; professionelle Lehrer machen die Welt klüger; professionelle Polizisten, Soldaten und Anwälte machen uns sicherer; wir brauchen professionelle Architekten, um unsere Städte zu bauen; wir brauchen professionelle Landwirte, um unsere Nahrung zu produzieren; wir brauchen professionelle Künstler, um unsere Kultur zu erschaffen; und wir brauchen professionelle Psychologen und Psychotherapeuten, um das Wesen der Vernunft und sogar der Wirklichkeit zu bestimmen. Wer sagt uns das? Professionelle und ihre abhängigen Klienten.

Der moderne Professionalismus hat seine Wurzeln in der Macht priesterlicher Eliten, die sich seit Jahrtausenden zwischen das individuelle Bewusstsein gewöhnlicher Männer und Frauen und das Mysterium, die Großzügigkeit, die Intelligenz und schließlich die bewusste Realität des Kontextes oder der Situation, in der sie leben, gestellt haben. Für die Priester und die Eliten, denen sie dienten, war es immer unerträglich, dass die gewöhnlichen Menschen einen direkten Zugang zur Realität hatten – zum Beispiel zur Realität des Todes, zur Realität der sexuellen Liebe oder zur Realität der Natur. Deshalb haben sie immer versucht, im Namen der göttlichen Autorität *Fürsprache* zu halten und sich zu *verkleiden*; sich in wichtig aussehende Gewänder und wichtig klingende Titel zu kleiden und die Wahrheit in einen religiösen Duktus zu kleiden, der der gewöhnlichen Sprache fern ist. Am Ende des Mittelalters, als die göttliche Autorität ihre Macht zu verlieren begann, wurde der moderne, weltliche Experte geboren, der in Wesen und Funktion mit dem Priester identisch ist, aber anstatt sich auf die *göttliche* Autorität zu berufen, einen *religiösen* Duktus zu verwenden oder sich in *priesterliche* Amtstracht zu kleiden, beruft er sich auf die *wissenschaftliche* Autorität, spricht und schreibt in einem *fachwissenschaftlichen* Duktus und kleidet sich in *berufsständige* Amtstracht.

Der moderne Professionelle – der moderne Arzt, Anwalt, Lehrer, Polizist und technokratische Manager – entstand mit der wissenschaftlichen Managementrevolution des späten 19. Jahrhunderts, als kapitalistische Unternehmen sich zu riesigen Superkonzernen zusammenschlossen, die von einem Heer professioneller »Experten« beaufsichtigt wurden, und weite Bereiche menschlicher Tätigkeit ihren Diensten überließen. Das Fachwissen des einfachen Arbeiters wurde zerstört und seine Führung rationalen Planern übertragen, die Produktionsstraßen für den Körper des nunmehr enthaupteten Arbeiters verwalten, sodass dieser hoch spezialisierte Mikrotätigkeiten ausführen kann, bei denen er, wenn überhaupt, nur noch einen Hauch von Bewusstsein hat.

In ähnlicher Weise fand das langfristige Projekt des Systems, die lokalen Gemeinschaften von ihrer Macht zu »befreien«, ihre Mitglieder zu ernähren, zu erziehen, zu pflegen, zu unterhalten und zu schützen, zu seinem »natürlichen« Abschluss, als Heerscharen von wissenschaftlich »gebildeten« Professionellen die Arbeit der lokalen Verwaltung übernahmen und damit auch den naiven Glauben, dass die einfachen Leute für sich selbst sorgen könnten. »Bildung« wurde zum Pflichtunterricht in einem kleinen (inzwischen zunehmend virtuellem) Raum, in dem Kinder zehn bis zwanzig Jahre lang mit einem zentral verwalteten Lehrplan gequält wurden; »Gesundheit« wurde zum Zugang zu eifersüchtig gehüteten Diagnosegeräten, Impfstoffen und Betäubungsmitteln; »Fortbewegung« wurde zur Notwendigkeit, ein Auto zu besitzen; und »Entwicklung« wurde ohne die systematische Abhängigkeit von riesigen, *gigantischen* Energiemengen einfach undenkbar. Dass Dummheit das Ergebnis des Zwangs ist, in einer unwirklichen, unangenehmen, von der normalen Gesellschaft abgekoppelten Umgebung zu »lernen« und dort stark abstrahiert marktfreundliche Techniken zu konsumieren; dass Krankheit die Folge einer ungesunden Umwelt ist; dass Veränderung in der Umwelt die Gesundheit verbessert – wogegen sich die Ärzteschaft seit ihren Anfängen gewehrt hat; dass Kriminalität, Selbstmord und Wahnsinn Folgen systemischer Entfremdung, Atomisierung und Ungleichheit sind; dass ein Leben in Reichweite unserer Bedürfnisse möglich sein könnte, dass wir Werkzeuge benutzen könnten, die wir selbst reparieren können; dass wir unser Leben Kraft der Sonne oder des Windes bestreiten könnten – all diese Ideen sind für die kapitalistische Unternehmerklasse, für die Professionalität gleichbedeutend mit Existenz ist, inakzeptabel.

In der realen Welt: *Krankenhäuser machen uns kränker.* Sie nehmen den Menschen die Möglichkeit, sich selbst zu diagnostizieren und zu behandeln (und in vielen Fällen sogar die Freiheit, zu gebären oder zu sterben), und ihre privilegierten Angestellten ignorieren systematisch die Ursache der Krankheit: das System, das ihnen Macht verleiht. Das Medizinsystem setzt auf Narkotika statt auf Heilung, eliminiert oder verunglimpft sinnvolle Reaktionen auf Schmerz, medikalisiert persönliche und soziale Probleme und vervielfacht bedrückende Abschiebegefängnisse (offizielle Bezeichnung: PFLEGE-HEIME und PSYCHIATRISCHE KLINIKEN), um den sozialen Ballast zu entsorgen, für den niemand Zeit hat – und das alles mit massivem Profit für die Anbieter. Die Vorstellung, dass Krankheit aus dem unbewussten, monokulturellen System kommt und Gesundheit aus der Unabhängigkeit davon, ist nicht Teil der medizinischen Ausbildung und kann es auch nicht sein. Individuelle, einzigartige Menschen, eingebettet in ihre Umwelt, existieren für die Ärzteschaft nicht – nur Fälle oder Instanzen von Kategorien –, ebenso wenig wie die geheimnisvolle Gesamtheit des Lebens, in das und aus dem diese Individuen hervorgehen. Für die Mediziner ist das »Leben« eine Ansammlung von Wahrscheinlichkeiten, die es zu verwalten gilt, um das statistische Risiko zu verringern oder die Kurven zu glätten, um die funktionale – im Wesentlichen mechanistische – »Gesundheit« zu verbessern. Dieses albtraumhafte Bild der Menschheit wurde von den Konsumenten dieser schrecklichen »Gesundheit« übernommen und verinnerlicht, von wandelnden, sprechenden Symptombündeln, die vor *nichts* zurückschrecken, um sicherzustellen, dass das Risiko minimiert wird.

Straßen verlangsamen die Menschen. Der Hochgeschwindigkeitsverkehr rückt unter dem Druck der kapitalistischen Expansion zwangsläufig die lebensnotwendigen Dinge in immer weitere Ferne. Die Füße werden zu einer Last oder bestenfalls zu einem Mittel, um das Auto zu erreichen, das, abgesehen von seiner fetischistischen Kraft der Konsumverlockung, zu einer Notwendigkeit für jede Form materieller Transaktion wird (zumindest so lange, bis das Internet und automatisierte Produktions- und Liefersysteme ausgereift genug sind, um diese Aufgabe zu übernehmen). Da immer mehr Menschen gezwungen sind, immer größere Entfernungen zurückzulegen, verlängern sich zwangsläufig die Fahrzeiten, bis die produktive Bevölkerung zwei oder drei Stunden am Tag mit der Hälfte der Geschwindigkeit eines Fahrrades unterwegs ist.

Kraftwerke erschöpfen uns. Der Energiehunger des Systems ist unersätt-lich. Es verbraucht alles, was verfügbar ist, und verlangt dann nach mehr. Die sozialen Beziehungen in einer Gesellschaft, die vollständig von energie-hungrigen Maschinen abhängig ist, werden unweigerlich von dem techno-kratischen Stress bestimmt, der mit dem Betreiben und der Wartung dieser Maschinen einhergeht, sowie von der unvorstellbaren Macht derjenigen, die die Energiequellen kontrollieren. Wenn der Wohlstand an die Fähigkeit ge-koppelt ist, Ozeane von Energie zu verbrauchen, steigern diejenigen, die Zu-gang zu der zentralen Verwaltung haben, die ein solches System erfordert, ihre Macht, ihre Rasanz und ihren Komfort auf Kosten der gesamten Gesell-schaft, die gezwungen ist, die menschlichen Bedürfnisse den Erfordernissen der technokratischen Erziehung, dem Verbrauch mechanischer Sklaven, den ständigen Kriegen um die Energieversorgung und dem Hyperwachstum einer Bürokratie unterzuordnen.[50]

Sicherheit macht uns unsicher. Eine Gesellschaft, die sich auf professionelle Ordnungskräfte außerhalb der Gemeinschaft verlassen muss, ist nicht in der Lage, ihre eigenen Probleme zu bewältigen. Stehen diese Gesetzeshüter im Sold des staatlich-korporativen Systems, muss die Gerechtigkeit hinter den Bedürfnissen des Systems zurückstehen. Einzelne Polizisten und Armeean-gehörige können, wie alle anderen Berufstätigen auch, anständige Menschen sein, aber sie werden vom System angestellt, um *das System zu schützen.* Daraus ergeben sich zwei unvermeidliche Konsequenzen: Erstens wird der Prozess der Rechtsdurchsetzung langsam, teuer, mit Mittelsmännern belastet und letztlich ungerecht, und zweitens werden die Menschen völlig unfähig, mit Meinungsverschiedenheiten und Differenzen umzugehen; sie werden quasi zu Kleinkindern, die weinend zu Mama und Papa gehen müssen, sobald es Probleme gibt. Die Angst vor »Unordnung« und der Wechsel zwischen Ge-walt und Apathie, der durch »Recht und Ordnung« hervorgerufen wird, wird unweigerlich auch durch andere professionelle Aktivitäten geschürt, die den Menschen in eine völlig passive – und streng geordnete – Rolle drängen, wie

---

50 Siehe beim großartigen Ivan Illich, Die Nemesis der Medizin. Die Kritik der Medikalisierung des
    Lebens. München 1995, dem viele Punkte dieses Kapitels entnommen sind.

z. B. die Bereitstellung von Sozialwohnungen für Arme, anstatt Land und Baumaterial zu verschenken, oder die Überlassung von ungenutzten Gebäuden an Obdachlose, was für Kapitalisten und Sozialisten gleichermaßen undenkbar ist. *Das Management zerstört den Sinn.* Management dient sich selbst. Viele Menschen geben vor, das zu verstehen, fragen sich aber bei der Arbeit oder im Umgang mit dem Staat immer wieder, warum diese oder jene absurde Entscheidung getroffen wurde. *»Warum haben sie ...? Warum tun sie nicht einfach ...? Ich verstehe nicht, warum sie ...? Warum können sie nicht ...?«* Halt, auf der Stelle! Große hierarchische Organisationen, deren oberstes Ziel es ist, immer mächtiger zu werden, indem sie immer mehr Leben kontrollieren, vermehren zwangsläufig bürokratische Funktionen und Funktionäre, die nur dazu da sind, Leben in Daten zu verwandeln. Nur durch Namensgebung, Messen und Erfassen können Natur und Menschen vollständig kontrolliert werden; das Ziel des perfekten Managementsystems. Gibt es keine oder nicht genügend Daten, spielt das keine Rolle. Entweder erfindet die Führungskraft Tests, Gesetze, Benchmarks, Zielvorgaben, Kennzahlen, Überprüfungen, Besprechungen, Präsentationen, Umfragen und Portfolios, um mehr zu produzieren, oder sie tut sehr oft so gut wie gar nichts und klammert sich an eine privilegierte, aber völlig nutzlose Managementposition. Dass solche »Praktiken« die Aktivität der Verwalteten erheblich behindern – und noch mehr Frustration, Gewalt, Entfremdung, Apathie, Angst und Anomie erzeugen – ist nicht nur irrelevant. *Es ist der springende Punkt.*

In einer intensiv verwalteten Welt – in einer Welt, in der die Sprache, d. h. das Denken, unter besonderer Kontrolle steht – kann natürlich keine der Realitäten des professionellen Lebens ernsthaft in Betracht gezogen oder auch nur erwähnt werden. Sie erscheinen als erstaunlich, lächerlich, »utopisch« oder, wenn sie von genügend Menschen ernst genommen zu werden scheinen, als ernste Bedrohung, die von der weltweiten professionellen Priesterschaft, die vor nichts zurückschreckt, um ihre enorme Macht über das menschliche Leben zu schützen, brutal ausgemerzt werden muss.

Professionelle, das ist leicht zu vergessen, üben eine außerordentliche Kontrolle über gewöhnliche Menschen aus, die fast nichts von gesellschaftlichem Wert ohne professionelle Bestätigung tun können und die feststellen, dass überall, wohin sie sich auch wenden, um die Wirklichkeit zu begreifen – in der Kunst, in der Justiz, im bewussten Umgang mit dem Körper, im Liebesspiel, in der spontanen Unschuld, in der Selbsterkenntnis und sogar im Tod –, die selbstsüchtige Autorität des Experten vor sich sehen. Der Grund dafür, dass die immense und allgegenwärtige Macht des gebildeten Mittelmanns leicht in Vergessenheit gerät, liegt darin, dass die Experten, die das Bildungswesen und die Medien beherrschen, *sie nie erwähnen*. Sie wissen, dass ihre Autorität auf einer illusorischen Glaubwürdigkeit, einer quasi süchtig machenden Abhängigkeit und einer anerzogenen Verantwortungslosigkeit beruht (der Glaube, dass nichts ohne professionelle Fürsprache getan werden kann: dass es die *Lehrer* sind, die uns erziehen; die *Ärzte*, die uns heilen; die *Rechtsanwälte*, die unsere Probleme lösen; die *Politiker*, die unser Land regieren – und nicht wir selbst). Und sie wissen, dass die Überzeugungen, mit denen sie uns indoktrinieren, obwohl sie den Kindern vom ersten Moment ihrer »Sozialisierung« an eingetrichtert werden und obwohl sie mehr Akzeptanz finden als jeder andere religiöse Glaube in der Geschichte, in Wirklichkeit fragiler sind als Schneeflocken. Daher muss selbst die Behauptung, dass die Menschen nicht als passive Konsumenten professioneller Dienstleistungen geboren werden, dass sie nicht immer komplexere Werkzeuge zum Leben brauchen oder einen Kader intensiv institutionalisierter Monomanen, die ihre Bedürfnisse definieren, als unerhörte Ketzerei betrachtet werden.[51]

In der Endphase des Systems machen der antike Professionalismus des Priesters, der klassische Professionalismus der Aufklärung und der moderne Professionalismus der Industrialisierung einer noch allgegenwärtigeren und unterdrückenderen Form des Managements Platz: dem postmodernen Professionalismus der postindustriellen Gesellschaft. Institutionen – geschlossen, begrenzt, langsam, starr – eignen sich nicht gut für immaterielle, vernetzte Formen der Produktion, Überwachung und Kontrolle,[52] und so werden viele Aufgaben, die früher von institutionalisierten Professionellen erledigt wurden, automatisiert und »verteilt«. Dieser Automatisierungsprozess kombiniert die

---

51 Ivan Illich u.a., Entmündigung durch Experten. Zur Kritik der Dienstleistungsberufe. Reinbek bei Hamburg 1979
52 Deleuze, Gilles (1990): Postscript on the Societies of Control. May, 1990 L'Autre journal, no. 1.

Künstliche Intelligenz (KI) leistungsstarker Computer mit der künstlichen Dummheit machtloser Menschen, die gezwungen sind, sich selbst zu beobachten, zu unterrichten und zu disziplinieren, um sich mit Online-Arbeit (einschließlich »Arbeitssuche«) und »Gesellschaft« (mit Freunden sprechen, Rechnungen bezahlen, Kultur konsumieren usw.) zu beschäftigen. Automatisierte und halbautomatisierte Systeme zur Überwachung, Datenerfassung, Klassifizierung, Bewertung und Leistungskontrolle erfordern ein ständiges *Selbst*management (und Selbstzensur), um erfolgreich damit umgehen zu können. Produktionseinheiten in modernen Volkswirtschaften müssen heute Techniken des Zeitmanagements, des Ärgermanagements, der Selbstdarstellung, der Selbstkontrolle und der emotionalen Arbeit beherrschen, die früher von professionellen Experten verlangt wurden. Moderne Menschen, die von Angst, Unsicherheit und wurzelloser Dynamik getrieben werden, müssen ein Unternehmen ihres Selbst konstruieren und es allein auf die hohe See des spätkapitalistischen Marktes schicken. Sie müssen ihre eigenen Arbeiter, Manager, CEOs und Aktionäre sein, was es den wirklichen Eliten und dem oberen Management erlaubt, in den Hintergrund zu treten, während die Aufgaben der weniger qualifizierten Professionellen (Lehrer, Journalisten, Designer, Piloten usw.) von der KI absorbiert werden, ihre fassungslosen Praktiker in die Masse des Prekariats stürzend.

29
Die Mythen von Pseudogender und Monogender

Der Mann wird getrennt von einer bewussten, kontextuellen Präsenz geboren, die die Frau nie wirklich verlässt. Diese Trennung – die Aufspaltung einer *absoluten* verkörperten Erfahrung der Wirklichkeit in ein *relatives* emotional-begriffliches Raster von diesem und jenem, hier und dort, ich und du – ist das, was wir fälschlicherweise »Intelligenz« nennen. Natürlich ist auch die Frau fähig, sich abzugrenzen, und auch sie ist anfällig für Spaltungen, aber ihre Intelligenz ist letztlich unmittelbarer, spontaner, geschickter, selbstloser, kreativer und absoluter; alles Eigenschaften, die das System verunglimpft oder aktiv bestraft. Die Welt weigert sich, Intelligenz weiblichen Typs, egal ob bei Frauen oder bei Männern, *als* Intelligenz anzuerkennen, aus dem einfachen Grund, weil die Welt von geisteskranken Männern geschaffen wurde.

In einer gesunden Welt strebt der Mann danach, sein Abgetrenntsein wieder in eine verkörperte Realität zu reintegrieren, die die meisten Frauen nie ganz aufgeben. Diese Aufgabe, für die der Mann etwa 40 Jahre braucht, ist das, was wir unter »Mannwerdung« verstehen. Die Frau *wird* nicht auf dieselbe Weise zur Frau. Sie verkörpert eine primäre *Intelligenz*, nach deren Verwirklichung der Mann, der nur *clever* ist, den größten Teil seines Lebens strebt. Hört er auf, sich in diesem Sinn zu bemühen, verliert sie ihren Respekt vor ihm, und schließlich, wenn seine Aufmerksamkeit durch deren wurzellose, unerbittliche Selbstbezogenheit korrumpiert ist, beginnt sie instinktiv – oft unbewusst –, ihn für seinen unverbesserlichen Egoismus zu hassen; ein Hass oder ein Misstrauen, das sich tief in ihrer Psyche einnistet und einmal im Monat zum Vorschein kommt. All dies verletzt den Mann und spornt ihn, wenn er integer ist, wenn er das ist, was man einen »echten Mann« nennen könnte, dazu an, sein Niveau zu heben, und beide arbeiten zusammen, um einen gegenseitigen Zustand verkörperter Würde und psychologischer Freiheit zu erreichen, der sich als geschlechtsspezifische Vernunft manifestiert, als Zusammengehörigkeit oder als jener seltene Zustand der Einheit in der Differenz, der KOMPLEMENTARITÄT.

In einer geisteskranken Welt wird dem Mann diese Reintegration verweigert. Sein Ich und sein Verstand sind das A und O. Er strebt immer noch nach etwas, aber nicht mehr, um sein Selbst bewusst zu beherrschen und in den Kontext zu integrieren, sondern um sein Selbst zu *kontrollieren* und *durch* diese Kontrolle den Kontext seinem Willen unterzuordnen, seinem verdammten Willen, jede Frau der Erde zu schwängern. Mit anderen Worten: um extrinsische, weltliche SCHWANZMACHT zu erlangen.

Eine weitverbreitete Wertschätzung für extrinsische männliche Macht führt zu einer Gesellschaft, die aus männlichen Hierarchien besteht, d. h. einem Kampf um Spitzenpositionen in einer Pyramide der sexuellen Selektion, gefiltert durch die Zustimmung von Frauen, die extrinsisch mächtige Männer begehren und ihre *eigene* extrinsische FOTZENMACHT einsetzen (indem sie Jugend, Schönheit, Fruchtbarkeit und das vage Versprechen von Sex nutzen), um einen Spitzenschwanz zu ergattern. Männer und Frauen in einer solchen Gesellschaft ähneln *Karikaturen* von Männlichkeit und Weiblichkeit: Die Männer sind offen aggressiv, hyperrational, sexistisch, versaut und von Dominanz besessen, während die Frauen eitel, zickig, völlig unvernünftig, masochistisch, körperlich schwach und von Manipulation besessen sind. Diese Identitäten, die manchmal als »traditionelle Geschlechterrollen« bezeichnet werden, sind keine Geschlechter. Es sind PSEUDOGESCHLECHTER, Klischees, die auf einem *vormodernen* zivilisierten System beruhen, das solche Übertreibungen belohnte.

Je weiter das System fortschreitet, desto mehr werden die Menschen in diesem System von ihrer angeborenen, natürlichen, bewussten und geschlechtsspezifischen Verbindung zum natürlichen oder sozialen Kontext abgeschnitten. Alles, was angeboren, natürlich, bewusst und geschlechtsspezifisch ist, wird dann entweder völlig ignoriert oder aktiv (wenn auch unbewusst) als Bedrohung wahrgenommen und ausgemerzt. Dem Mann wird jede Möglichkeit genommen, sich auf seine Odyssee einzulassen, und der Frau wird die Fähigkeit abgesprochen, ihre angeborene Intelligenz zu verkörpern oder zu erkennen, geschweige denn auszudrücken. Eine neue Form des Wahnsinns beginnt sich zu entwickeln, in der das völlig Unnatürliche oder Entkörperlichte gedeiht: das MONOGENDER.

Anfangs, als sich lediglich eine kleine Gruppe von Eliten von der kontextuellen Realität abkoppeln kann, beginnt sich das Geschlecht zunächst nur in den höchsten Gesellschaftsschichten aufzulösen. In dem Maße, in dem sich die Macht ausbreitet und immer mehr Menschen es sich *leisten* können, ein völlig egoistisches Leben zu führen, beginnen sich die monogenen Eigenschaften und Prioritäten auch in den Mittelschichten auszubreiten, den Mittlern, die das expandierende System organisieren. In den dekadentesten Phasen von Gesellschaften wie Griechenland und Rom waren solche Mittler noch sehr selten. In der *modernen* Welt machen sie eine riesige Zahl von Menschen aus. Die meisten Menschen im Westen haben kaum noch eine Beziehung zur Natur, zur Gesellschaft oder zu ihrem eigenen Körper. Alles, was sie erleben, kommt über den medialisierten Markt, der unfähig ist, irgendeine Art von *echter* Vielfalt, Komplementarität, Selbstbestimmung oder Mysterium zu erkennen, zu beurteilen oder zu fördern.

Was der moderne Markt anerkennt, ist eine geisteskranke Form von Männlichkeit – Hyperabstraktion, intensiver Egoismus und explizite Gewalttätigkeit –, vermischt mit bestimmten marktorientierten Attributen verdorbener Weiblichkeit – Unterwürfigkeit, emotionale Unbeständigkeit, Passivität und implizite Aggressivität. Diese Attribute finden sich, im Idealfall, in jedem geschlechtslosen »Körper« auf der Erde. Das wird als »Vielfalt« bezeichnet.

Wohlgemerkt, der Begriff »Monogender« bedeutet nicht, dass sich die »traditionellen Geschlechterrollen« auflösen. Solche sexistischen, pseudogenderistischen Paarungen werden zwar von der Fachwelt – zu Recht – rundweg abgelehnt, aber damit werden auch unsere *angeborenen* geschlechtsspezifischen Neigungen und Befindlichkeiten ausgeblendet. Das natürliche, angeborene Geschlecht und das unnatürliche, systemfreundliche Pseudogeschlecht sind dann nicht mehr zu unterscheiden. Geschlecht, Komplementarität und alle Formen angeborener Männlichkeit und Weiblichkeit erscheinen unter solchen Bedingungen als »sexistisch«. Die monogenderistische Frau beginnt, sich ehrgeizig durch die männlichen Hierarchien nach oben zu kämpfen, um den »Sexismus zu bekämpfen«, während ihr Verbündeter, der monogenderistische Mann, alle Hierarchien als sexistisch verunglimpft (ein integraler Bestandteil der Postmoderne: siehe Mythos 24), wobei er sich mit immer mächtigeren pseudomännlichen Frauen verbündet und seine eigenen unabhängigen Hierarchien schafft.

Zwei scheinbar gegensätzliche kulturelle Kräfte entpuppen sich wieder einmal als im Wesentlichen (gegensätzlich) gleich. Die Pseudogenderistischen sind von dem Wunsch beseelt, in den etablierten Hierarchien aufzusteigen, um Zugang zu möglichst vielen weiblichen Automaten zu erhalten, die von Männern abhängig sind, die die Macht über die Geschlechterpyramide besitzen; während die Monogenderistischen von dem Wunsch beseelt sind, ihre eigenen Hierarchien zu schaffen, die auf der fantastischen Idee beruhen, dass Geschlecht nicht wirklich existiert. Die Ablehnung von »Sexismus« durch monogenderistische Feministinnen soll revolutionär und fortschrittlich erscheinen, entpuppt sich aber als die gleiche traurige Angst vor fundamentalen Unterschieden und die schäbige Gier nach extrinsischer Macht, die nur pseudogenderistische Sexisten *und* monogenderistische Feministinnen verstehen. Das angeborene Bedürfnis des Mannes, sich selbst zu verwirklichen, einen Status zu erreichen oder ihm würdig zu sein, den Frauen – vernünftige Frauen – niemals aufgeben, die wunderbare Komplementarität der geschlechtsspezifischen Domänen (sein extrinsisches Genie und ihr intrinsisches Genie), die Liebende seit Jahrtausenden vereint, und die LIEBE, ein Zustand, der aus offensichtlichen Gründen weder von Monogendroiden noch von ihren Geschlechtsgenossinnen jemals intelligent angesprochen oder ausgedrückt wird; all dies ist unsichtbar oder wird auf Klischees und Gefühle reduziert.

Sexisten verzerren Geschlecht, indem sie es karikieren, indem sie sich nur auf die Eigenschaften, Gefühle und Ideen konzentrieren, die die äußere Macht verstärken. Der Mann ist ein Mann, sagt der Sexist, und die Frau ist eine Frau, und wir alle wissen, was das bedeutet: Er beschützt sein Mädchen, zahlt ihre Miete, fliegt auf Zauberteppichen durch die Welt, vögelt andere Frauen und weint nie, während sie plappert, sich um die Kinder kümmert, emotional wird und sich um ihre Schuhe sorgt. Er kann ihre Kompetenz, ihre Intelligenz oder, was am erschreckendsten ist, ihre Tiefe nicht wahrnehmen, ohne seine ganze Welt auf den Kopf zu stellen, und so hält er sie in dem, was er arglistig für »ihren« Platz hält, während er sich voll und ganz in seinen eigenen abgeschotteten Spielpalast vertieft.

Die masochistische Verbündete des sexistischen, sadistischen Mannes, die Fußabtreter-Frau, hat Angst, auf eigenen Beinen zu stehen. Sie ist abhängig von seiner Macht und Aufmerksamkeit – von den schwindenden Häppchen, die er ihr nach den Flitterwochen darbringt – und sie ist geradezu besessen von dem fantastischen Glauben, dass ihre Liebe ihn eines Tages verändern wird, dass er sie wieder so liebt wie früher. In der Zwischenzeit begnügt sie sich damit, seine Prioritäten geschickt zu lenken, Dinge zu kaufen, die sie nicht braucht, zu viel zu essen, ihr Leben vor sich hin zu träumen, sich um ihren Instagram-Account zu kümmern oder sich die Liebe zu nehmen, die sie von Kindern und Haustieren bekommen kann (ihr Ersatz für wahre Liebe; sowie für ihn Geschäft und Sport der Ersatz sind).

Das sexistische Weltbild ist allen »gefallenen« Ideologien eigen, die auf der Annahme beruhen, dass Frauen – mit der bemerkenswerten Ausnahme von

Mami – Huren sind, an nichts Edlerem interessiert als am Schutz ihres noch nicht abgestillten Kindes und stets bereit, Männer zu betrügen, um mit einem noch größeren Penis abzuhängen. Kaum waren die ersten menschlichen Zivilisationen entstanden, tauchten Mythen auf, die die teuflische Frau verdammten, um die Angst vor der seltsamen, wilden Intelligenz, die sie verkörpert, und ihre konsequente Unterwerfung zu rechtfertigen. Im Laufe der Jahrtausende entwickelte sich der Aberglaube zu Religionen, die sich wiederum zur Wissenschaft (insbesondere zur Evolutionspsychologie) weiterentwickelten, aber die sexistische Einstellung gegenüber Frauen blieb im Wesentlichen gleich: Männer sind den Frauen überlegen, oder, im Falle des modernen, monogenderistischen Feminismus, der männliche Verstand ist überlegen.

Ja, Sie haben richtig gelesen: Moderne Feministinnen *verherrlichen den männlichen Verstand*. Konditioniert durch männliche Bewusstseinsstile oder durch den Wunsch, in der männlichen Welt erfolgreich zu sein, verherrlichen sie den abgetrennten hyperabstrakten Egoismus des Mannes – eine verrückte, hyperfokussierte, hyperrationale, wissenschaftliche »Intelligenz« oder »Realität«. Gezwungen, ihre leibhaftige Präsenz durch Intellekt, Angst und Ehrgeiz zu ersetzen, entfremdet sie sich von ihrer eigenen weiblichen Natur, die sie als Bedrohung oder bestenfalls als kindliche Naivität empfindet. Sie mag Lippenstift tragen, sich Schnulzen anschauen, Kinder haben oder sich sogar zu dominanten Affenmenschen hingezogen fühlen, aber ihre eigenartige und furchterregende Intuition, ihre radikale Großzügigkeit, ihre wunderbare Präsenz, Sensibilität und Liebe sind ihr so fremd wie die Natur selbst. Eine wirklich intelligente, monogenderistische Feministin ist ein Widerspruch in sich selbst – sie hat keinerlei Vorstellung davon, was weibliche Intelligenz ausmacht, und sie drückt sie niemals aus oder fördert sie.

Um wie Männer denken und handeln zu können, akzeptieren solche Feministinnen unkritisch grundsätzlich männliche Erfahrungs- und Wahrnehmungsstile und versuchen dann, zur Rechtfertigung ihrer profitablen Selbstentfremdung, das Geschlecht völlig auszulöschen. So etwas wie männlich und weiblich gebe es gar nicht, behaupten sie. Die angeborenen Geschlechtsunterschiede, die »auf jeder Ebene der Analyse« nachgewiesen wurden, sind eine patriarchale Verschwörung, und alle Klassiker der Kunst und Kultur, die

die angeborenen Geschlechtsunterschiede und das Geheimnis ihrer Komplementarität zum Ausdruck bringen, sowie alle Beweise dafür, dass Männer und Frauen 99 Prozent der Menschheitsgeschichte in egalitären *Geschlechtergesellschaften* gelebt haben, sind allesamt Lügen. Die »Wahrheit« ist, dass »Geschlecht eine Bandbreite« darstellt, dass die Gesellschaft das Geschlecht bestimmt und dass wir alle frei sind, unsere eigene Geschlechtsidentität zu wählen (oder zu vögeln, wen wir wollen), behindert nur durch die Existenz ruchloser »Geschlechterstereotype«, die (obwohl sie meist zutreffen) unsere »Freiheit« einschränken.

Leider sind diese »Wahrheiten« nicht nur unvereinbar mit der Wissenschaft, der Kunst, der gesamten menschlichen (Vor-)Geschichte und der gesunden geschlechtsspezifischen Erfahrung von Liebespaaren, sondern sie enthalten auch einige unangenehme Widersprüche, die Feministinnen lieber nicht thematisieren wollen. Zunächst einmal sind Frauen, die Zugang zur Männerwelt, zu »traditionell männlichen« Führungspositionen suchen, gezwungen zu behaupten, dass das Geschlecht nicht das Ergebnis der Natur, sondern der Erziehung ist, um eine Position im System zu rechtfertigen, die sie durch die Ausübung ihres Willens erreicht haben. Seltsamerweise sind sie aber nicht bereit, die Möglichkeit in Betracht zu ziehen, dass eine von Männern geschaffene Welt, die alle zwingt, wie Männer – und zwar wie geisteskranke Männer – zu handeln und zu denken, die Frauen vermännlicht und sie von ihrer verkörperten Weiblichkeit entfremdet.

Ein weiterer Widerspruch, der der feministischen Monogender-Ideologie innewohnt, betrifft das totemistische Konzept der »Vielfalt«. Der Monogender-Mythos besagt, dass wir alle gleich sind, dass die Unterschiede zwischen Männern und Frauen (sowie zwischen schwarz und weiß, heterosexuell und homosexuell) *in Wirklichkeit* Illusionen sind. Da diejenigen, die solche Ideen vertreten, alle sehr darauf bedacht sind, gute Jobs zu bekommen, müssen sie leider auch die Idee verbreiten, dass Institutionen Frauen, Schwarze und Homosexuelle in gleicher Zahl akzeptieren müssen. Und warum? Weil wir Vielfalt brauchen. Und was bedeutet Vielfalt? Es bedeutet, dass wir alle verschieden sind! Feministinnen und ihre Verbündeten sind nicht bereit, diese Widersprüche zu thematisieren, zu akzeptieren, dass Männer und Frauen unterschiedlich sind und daher unterschiedliche Sensibilitäten und Fähigkeiten haben, die wahren Gründe zu erkennen, warum Männer gewalttätiger und leichter (und katastrophaler) süchtig nach Pornos und Videospielen sind, zu akzeptieren, dass die Geschlechterunterschiede in individualistisch geprägten, geschlechtsegalitären Gesellschaften tendenziell größer sind, sich mit der prekären Situation junger Männer in der heutigen Welt auseinanderzusetzen oder zuzugeben, dass sie sich zu Männern hingezogen fühlen, die sich verhalten wie Männer, die mutig sind, die erkennen können, wann ein »Nein« ein »Nein« *ist* und wann es *tatsächlich* heißt: »Versuch's doch mal anders«, die sich selbst beherrschen können und die Fähigkeiten, in denen sich Männer auszeichnen, wie das Anfertigen von Landkarten, das Bauen von Häusern, das Schreiben von Symphonien, den Abtransport von Schlacke und das Übernehmen hochsensibler *manifester* Verantwortung.

Diese intellektuelle Unehrlichkeit sowie die schrille Emotionalität und lieblose Hilflosigkeit des Feminismus beruhen auf einer männlichen Machterfahrung innerhalb des kapitalistischen Systems, dem gesamten Schauplatz und Gegenstand des bekannten feministischen Diskurses. So vergeht kein Tag, an dem nicht ein Meinungsartikel in der Wirtschaftspresse erscheint, in dem beklagt wird, dass Frauen keinen Zugang zu kapitalistischen Machtpositionen haben, oder in dem namhafte kapitalistische Monster in Frauengestalt verherrlicht werden, oder in dem gefordert wird, alle Bezüge auf das Geschlecht aus unserer Kultur zu tilgen. Seltsamerweise wird jedoch nicht *ganz* so viel Aufmerksamkeit darauf verwendet, die machtlosen Klassen, die aus mehreren *Milliarden* unglücklicher Frauen bestehen, aufzurichten, strukturelle Hierarchien zu nivellieren oder die Probleme, die Männer und Frauen im Zusammenleben oder in der Liebe innerhalb der Grenzen der kapitalistischen »Zivilisation« haben, sinnvoll anzugehen. Die Liebe wird von den monogeschlechtlichen Feministinnen völlig ignoriert. Sie verwenden das Wort nie oder reduzieren es auf die üblichen Ablenkungsmanöver wie Kompromisse, Kameradschaft und sexuelles Verlangen.

Seit mehr als einem Jahrhundert haben Frauen das Wahlrecht, seit einem halben Jahrhundert partizipieren sie am männlichen Arbeitsmarkt, seit einem Vierteljahrhundert haben sie Zugang zu Spitzenpositionen, und bald könnten sie die volle Gleichberechtigung innerhalb des Systems oder sogar die Dominanz in diesem erreichen. Und dennoch bleibt das System intakt. Prominente moderne Systemokraten setzen sich für Gleichberechtigung, monogeschlechtliche Rechte und »Gender-Intelligenz« ein. Und das System bleibt unangetastet. Der Mythos der Welt – ihre Filme, Romane, Zeitungen und Werbungen – ist voll von mächtigen, nymphomanischen Frauen, die über zerknirschte, entmannte Männer herrschen. Und das System bleibt unangetastet. Das ist schon komisch.

Entfernt man den verzerrenden Einfluss des Systems, seinen geisteskranken Hyperegoismus, seine (konsequente) Trennung von der Natur, seine Feindseligkeit gegenüber dem verkörperten Bewusstsein, seine Zerstörung der Kultur, seinen fundamentalen Sexismus, seine geschlechtsspezifischen Prioritäten und Eigenschaften, seine begrenzte Auswahl an lohnenden Aufgaben und seine völlige Ignoranz gegenüber der Liebe, dann entfernt man alles, was die verzerrte Sexualpsychologie, die es belohnt, hervorbringt. Aus diesem Grund haben prominente Verfechter des Monogenderismus kein Interesse daran, das System oder seine Wurzeln ernsthaft zu kritisieren, ebenso wenig wie ihre pseudo-genderistischen sexistischen Gegner. Wenn sie es täten, wenn die Kreuzritter für die Rechte der Geschlechter wirklich versuchen würden, das Gehirn der Welt zu entmannen, würden sie den krebsartigen Baum entwurzeln, auf den sie klettern wollen.

30
Der Mythos der katastrophalen Beleidigung

Wenn die Gesellschaft von Priestern gelenkt wird, gilt jede Idee, die ihren Gott oder ihr Recht, in seinem Namen zu herrschen, kritisiert, als »Ketzerei«. Wenn die Gesellschaft von verklemmten, nationalistischen Kapitalisten regiert wird, gilt jede Idee, die ihre sadistische Macht infrage stellt, als unangemessen, unpatriotisch oder hysterisch. Wenn monogenderistische Feministinnen, Homosexuelle und Metrosexuelle an die Macht kommen oder sie erhalten, wird jeder Gedanke, der ihre grundlegende Ideologie, dass es kein Geschlecht gibt, infrage stellt, unaussprechlich. Wenn Drogendealer und Gedankenpolizisten die Macht erhalten, die Realität zu definieren, Phantomkrankheiten zu erfinden und sich stillschweigend mit Simulanten zu verschwören, werden »ableistische« Begriffe in das Lexikon der Verdammten aufgenommen. Und wenn einige wenige Angehörige bisher ausgegrenzter rassischer Minderheiten einen eigenen großen Schreibtisch bekommen, dann erhält die »rassistische Sprache« die Macht, alle, die in Hörweite sind, augenblicklich zu unterwerfen und zu tyrannisieren.

Sobald Frauen, Homosexuelle und rassische Minderheiten in die Arbeitswelt integriert waren, wurden Feminismus, LGBT-, Antirassismus- und Behindertenkampagnen zu integralen Bestandteilen der (spät-)kapitalistischen Ideologie. Aber es ist nicht nur eine kapitalistische Werbekampagne oder eine einfache Verteidigung der Gruppenmacht, wenn Kritik an einer Frau als »sexistisch«, an einem Schwarzen als »rassistisch«, an einem Politiker als »beleidigend« oder an einem Wichtigtuer, Egoisten, Faulenzer oder Dummkopf als »ableistisch« geframt werden muss. Noch aus einem anderen Grund sind moderne Staaten und Unternehmen – die unehrlichsten, repressivsten und zerstörerischsten Organisationen, die es in der Geschichte der Menschheit je gegeben hat – in ihrem Sprachgebrauch peinlich genau auf Fairness, Respekt und Toleranz bedacht und veröffentlichen Richtlinien zur korrekten Sprache, wenn sie sich auf behinderte Menschen, Frauen, »People of Color« und Mitglieder der LGBT-»Gemeinschaft« beziehen. Das ist einer der Gründe dafür, warum der globale Süden heute ärmer ist als je zuvor, Schwarze mehr marginalisiert sind als je zuvor, normale Menschen mehr behindert sind als je zuvor und Weiblichkeit mehr unterdrückt wird als je zuvor; ein weiterer Grund, warum wir weniger in der Lage sind, Wörter zu benutzen, die Frauen, Arme, Schwarze oder Behinderte beleidigen könnten. Die Macht der Unternehmen ist sehr wachsam, wenn es um beleidigende Sprache geht, denn um ihren inhärenten, *impliziten* Rassismus, Sexismus und Klassismus zu verbergen, *müssen* sie in ihrer formalen, *expliziten* Sprache und ihrem Verhalten peinlich genau sein.

Die Tabus für »beleidigende Sprache« (Beleidigung von Propheten, Bezeichnung von Mädchen als »Tussis«, Vergewaltigungswitze usw.) und das stete Ausweichen von einer Bezeichnung auf eine andere, »sicherere« (z.B. vom »N-Wort« zu »Schwarze« zu »Persons of Color«) haben zwei Gründe. Erstens wird durch die Unantastbarkeit der Tabus der religiöse Glaube aufrechterhalten, auf dem das System beruht: der Glaube, dass Worte, Ideen und Emotionen so real wie Dinge sind und dass ein böses Wort jene, die es hören (aus irgendeinem Grund insbesondere Frauen), wie ein Schlag ins Gesicht treffen kann. Auf diese Weise können alle Lügen des Systems, die aus der Luft gegriffen sind, den materiellen Boden an Glaubwürdigkeit erlangen, während jede intellektuelle Kritik und jeder verbale Spott *als Akt der Gewalt* verbannt wird.

Zweitens ignorieren Tabus nicht nur die Quelle von Rassismus, Sexismus usw., sondern erhöhen letztlich auch die Mauer zwischen Formalität und Informalität. Kinder, Freunde und ein paar verbannte Kabarettisten werden weiterhin nicht standardisierte Wörter verwenden, aber wir müssen jetzt in der Öffentlichkeit das richtige Wort benutzen. Das ist tatsächlich eine Frage der Macht. Ohne den formalen Deckmantel der harmloseren Sprache würde die wahre Unterdrückung und Bigotterie der kriminellen staatlich-korporativen Aktivitäten sichtbar werden. So wird eine Standardmatrix von Verboten benutzt, um kapitalistische Machtverhältnisse und persönlichen egoistischen Wahnsinn hinter Höflichkeit zu verbergen. Nur ein dummer oder wütender Sklaventreiber benutzt rassistische Ausdrücke, nur ein betrunkener Topmanager nennt seine Lohnsklaven »Plebs« und nur ein alternder Komiker bezeichnet Frauen als »Tussis«. Einem elitären, rassistischen und sexistischen System ist mit einer Beschränkung solcher Ausdrücke viel besser gedient, und zwar aus demselben Grund, aus dem die am meisten missbrauchenden Eltern ihre Kinder niemals ausdrücklich unterdrücken, herabsetzen oder kritisieren.[53]

So ist der Begriff »Rassismus«, der eigentlich undifferenzierten, vorurteilsbehafteten Hass oder Gewalt gegen *eine ganze Rasse* bedeutet (»Ich kann die Schwarzen/Weißen nicht ausstehen«), zu einem Begriff für Voreingenommenheit, Kritik oder Antipathie gegenüber *einer Gruppe von Menschen*, die der gleichen Rasse angehören, geworden (»Ich kann *diese* Schwarzen/Weißen nicht ausstehen«). Wohlhabende und mächtige Menschen sowie ihre bisweilen wohlmeinenden professionellen Helfer versuchen, beides miteinander zu vermischen, um den Unmut der Bevölkerung über deren Privilegien in

---

53 Der britische Psychiater Ronald D. Laing hat es so formuliert: »Regel A: Tu es nicht. Regel A 1: Regel A existiert nicht. Regel A 2: Erörtere weder die Existenz oder Nichtexistenz von Regel A, A 1 oder A 2.«

Formen des Rassismus umzudeuten. So müssen Kritik an Israel, Feindseligkeit gegenüber isolationistischen Gruppen reicher Saudis (Juden, Russen, wer auch immer) oder revolutionärer Zorn, der sich gegen die Dominanz bestimmter Rassen (z. B. alter, weißer, angelsächsischer CEOs) in den Institutionen richtet, allesamt als »rassistisch« verstanden werden. Das ist nicht schwer, denn diejenigen, die ihre Frustration über privilegierte Gruppen oder über Einwanderer, die von privilegierten Gruppen eingeschleust werden, um die einheimische Arbeiterschaft zu destabilisieren, zum Ausdruck bringen, begehen häufig denselben Fehler, indem sie beispielsweise annehmen, dass ein reicher Brite gleichzusetzen ist mit einem Briten.

Um tatsächliche Vorurteile zu verschleiern und sicherzustellen, dass bloße Kritik oder auch nur Zweifel mit Vorurteilen oder Gewalt gleichgesetzt werden (eine Meinungsverschiedenheit mit einem Eiferer gilt als Beweis für Schuld), beugen sich westliche Regierungen und Persönlichkeiten des öffentlichen Lebens den Forderungen nach korrektem Sprachgebrauch und drücken ihre Reue über semantische Übertretungen aus. Das moderne Machtgefüge ist durchaus zufrieden damit, dass Sprache überwacht, Bücher verboten, Meinungsfreiheit eingeschränkt, Kritik kriminalisiert, »Rassisten« entlassen, »Sexisten« gemaßregelt werden, eine streng kontrollierte Taxonomie von Schreckgespenstern an die Stelle der Realität tritt und Wörter für Dinge, für die sie stehen, zusammengeführt werden. Das System fühlt sich auch sehr wohl mit einer »radikalen« Bewegung, die einen massiven und mächtigen psychokratisch strafenden Rechtsapparat benötigt, um sie vor »Missbrauch«, »Hassreden«, vor verschiedenen Formen von »Phobien« und katastrophalen Gedankenverbrechen zu schützen, die für »all die Dinge, die ich nicht mag« stehen. Mit anderen Worten: Das System heißt die moderne LINKE willkommen.

Der moderne Linke (extreme Versionen davon werden als »SJWs«[54] und »INTERSEKTIONALISTEN« bezeichnet), in der Mehrzahl eine Art (politischer) Feminist, Schwulenrechtsaktivist, Antirassismusaktivist oder Angehöriger

---

54 Anmerkung des Übersetzers: *SJW*, ausgeschrieben »Social Justice Warrior«, auf Deutsch »Kämpfer für soziale Gerechtigkeit«, ist ein abwertender Ausdruck bzw. Schlagwort für Menschen, die für bestimmte sozial progressive Ansichten werben, insbesondere für Feminismus und Antirassismus, deren Handeln als übertrieben oder meinungseinschränkend angesehen wird.

einer ethnischen Minderheit, beklagt sich über Privilegien, ist aber normalerweise ein Mitglied der privilegierten Klassen. Der moderne Linke beklagt sich über die »Opferbeschuldigung«, kritisiert aber nie das System, das unerbittlich die Idee unterdrückt, dass die Gesellschaft die Ursache von Konflikten, Verbrechen, körperlichen Krankheiten oder totalem Wahnsinn ist. Der moderne Linke beklagt sich über »Objektivierung«, sieht aber die ganze Welt und jeden Menschen darin als eine Ansammlung von Kategorien: Der Einzelne ist kein Individuum, er ist »weiß« oder »ein Mann«. Der wohlhabende Linke bekundet regelmäßig »Solidarität« (d. h. eine starke Identifikation) mit denen, die am meisten unter dem System leiden (den Armen und Ausgegrenzten in der Welt), während er gleichzeitig erniedrigende professionelle Eingriffe in deren Leben vornimmt und herablassende Erklärungen darüber abgibt, wie sie sich dem System widersetzen sollten.

Der moderne Linke beklagt sich über »zerbrechliche Egos«, hat aber nachweislich ein so außerordentlich zartes und verletzliches Selbst, dass es an einem einzigen Wort zerbrechen (traumatisiert, getriggert, sogar infiziert werden) kann. Der moderne Linke beklagt sich darüber, dass er »zum Schweigen gebracht« wird, weist aber jede Kritik sofort und heftig mit Argumenten zurück, die größtenteils auf der Herabsetzung des Gesprächspartners oder auf der Ablehnung seiner gesamten Sichtweise aufgrund einer einzigen Information beruhen, anstatt ein überzeugendes Argument vorzubringen.

Der reaktive Linke kontert Fakten, Wissen und Wahrheit[55] regelmäßig mit Gefühlen[56] – »was Sie sagen, ist irrelevant, weil ich mich dadurch bedroht, beleidigt und wütend fühle; und da Sie nicht zur selben Kategorie gehören wie ich, können Sie dieses Gefühl *niemals* verstehen« –, eine Minderheitenversion der Standard-Mainstream-Position: Realität ist das, was wir sagen, dass sie es ist. Der moderne Linke hat große Schwierigkeiten, für sich selbst zu sprechen; Meinungen werden mit »*als ein*« (Homosexueller, weißer Mann, Schriftsteller, Säugetier) eingeleitet. Der moderne Linke fühlt sich auf grausame Weise missbraucht, und zwar nicht nur durch die ständigen Beleidigungen, die er erfährt

---

55 Was nicht dasselbe ist.
56 Allen, Darren (2021): Self and Unself. The Meaning of Everything. Expressive egg books; Allen, Darren (2016): The Apocalypedia. A Utopian Guide to What is and What isn't. Green books.

(»Schau, wie furchtbar alle sind! Schau, wie sie mich beschimpfen!«), sondern auch dadurch, dass er so ziemlich alles, was über ihn (oder über Gruppen, mit denen er sich identifiziert) gesagt wird, ständig als abwertend interpretiert. Der institutionelle Linke hält sich selbst für einen radikalen Kreuzzügler, während er gleichzeitig nach staatlicher Kontrolle oder beruflichem Aufstieg strebt, regelmäßig für zentralisierte, hierarchische oder künstlich verteilte Macht eintritt, gerne für ein großes Unternehmen arbeitet oder implizit scheinbar gegensätzliche Ideologien unterstützt (z.B. die absurde Kollusion zwischen Feminismus und Islam). Der postmoderne Linke behauptet oft, dass Wissen ein Produkt von Rasse, Privileg, Geschlecht usw. ist, und fordert dennoch, dass seine *äußerst* relative Philosophie den ersten Platz im institutionellen Lehrplan einnimmt. Der moderne Linke – ob schwarz oder weiß, männlich, weiblich oder transsexuell, behindert oder nicht behindert, sozialistisch oder kapitalistisch – *fürchtet* sich vor der totalen Abschaffung des Systems.

Diese Eigenschaften sowie ihr herdenartiges, sich selbst verstärkendes Gruppendenken, ihre Einheitlichkeit in wichtigen Fragen und die erstaunliche Mittelmäßigkeit ihrer intellektuellen Leistungen lassen vermuten, dass der moderne Linke im Allgemeinen ein morbides, masochistisches Kind ohne Selbstvertrauen ist, geplagt von einem chronischen Minderwertigkeitsgefühl, verbittert, reaktiv, im Wesentlichen unkreativ und ohne Sinn für Humor. Die Menschen sind unterschiedlich, jeder ist auf seine Art anders, und tragischerweise fühlt sich eine große Zahl anständiger, intelligenter, umgänglicher, sanfter und wirklich kreativer Menschen von der Linken angezogen, weil sie scheinbar Fairness, Freiheit, Freundlichkeit usw. zu bieten scheint, ohne allzu viele unbequeme Opfer zu fordern. Leider ist das eine Illusion. Reformen sind unmöglich.

Das Spiegelbild des linken Identitätspolitikers ist der *rechte* Identitäre, der im Grunde genommen identisch ist, aber oberflächliche Details vertauscht. Es gibt zum Beispiel keinen *grundsätzlichen* Unterschied zwischen weißen Suprematisten und modernen Feministinnen der dritten Welle. Die Identität ist eine andere, ebenso wie ihre Nähe zur Staatsmacht, ihre allgemeine Intelligenz und ihr Verhalten (*natürlich* ist der Schlägertyp ein anderes Kaliber als der verweichlichte Identitätsträger), aber der Charakter ist derselbe: abwesend, weshalb sich beide so verzweifelt an ihre Identität klammern. Sowohl die moderne Linke als auch die Rechte sehen die Welt als eine Ansammlung von Kategorien, beide verlassen sich voll und ganz auf das System und weigern sich, seine Grundlagen kritisch zu hinterfragen, beide glauben trotz zehntausend Jahren gegenteiliger Beweise, dass die Weltgesellschaft kontrollierbar ist (durch autokratische Dekrete der Rechten oder rationale Pläne der Linken). Beide sehnen sich nach Macht bzw. nach der Sicherheit, die Machtbeziehungen bieten, beide sind extrem verklemmt, anstatt sich auf etwas zu konzentrieren, das tiefer liegt als ihre Identität, und folglich rasten beide aus, wenn ihre Identität oder die religiöse Ideologie, auf der sie beruht, intelligent kritisiert wird. Sie verdienen einander, was praktisch ist, denn solange es den einen gibt, wird es auch den anderen geben.

31
Der Mythos der Reform

Gelegentlich haben die Arbeitnehmer genug davon, sinnlose Arbeiten für ein sinnloses System zu verrichten, systematisch ausgebeutet und ihrer Macht beraubt zu werden, ihre Arbeit selbst zu bestimmen, sich zurückzuziehen in die Lagereinheiten, die sie »Zuhause« nennen, und von mehr Klassenzimmern und Fluren zu träumen, und sie beginnen, ihre Frustration und ihren Ärger in Gleichgültigkeit, Planungsresistenz, Sabotage, hoher Fluktuation, Vernachlässigung, Abwesenheit, Präsentismus (ARBEIT NACH VORSCHRIFT) auszudrücken. Sinn und Zweck des Managements ist es, Mittel und Wege zu finden, um dieser Rebellion entgegenzuwirken, die vom System eingesetzten Menschen durch Maschinen zu ersetzen, die Menschen mit ihrer entfremdeten Gefangenschaft zufrieden oder sie zumindest unfähig zu machen, sich ihr wirksam zu widersetzen, und sie mit der Angst vor offiziellen Feinden (oder offiziellen Viren) zu lähmen. Doch auch das »effizienteste« Managementsystem gerät von Zeit zu Zeit ins Wanken und die Sklaven bedrohen ihre Herren – dann ist es Zeit für eine REFORM.

Die Reform ist der Notfallmodus des kapitalistischen Systems, wenn es mit einer weitverbreiteten radikalen Opposition konfrontiert wird; ein Mittel, um den Dampf des revolutionären Drucks abzulassen, ohne den Mechanismus zu ändern, der ihn erzeugt. Sie umfasst drei Stufen, die jeweils mit großem Tamtam durchgeführt werden:

1. *Winken mit Geld.* Die einfachste und langfristig billigste Lösung bei Unzufriedenheit besteht darin, den Affen noch ein paar Bananen hinzuwerfen. Die meisten Frauen und Männer schlucken ihre Prinzipien für eine Gehaltserhöhung, ein Urlaubsgeld oder eine Steuersenkung.
2. *Gewähren begrenzter oder oberflächlicher Reformen.* Die zweite Stufe besteht darin, ein paar begrenzte Zugeständnisse zu machen, ein paar Gesetze zu verabschieden, die die Belastung verringern, den Betroffenen die Möglichkeit zu geben, Beschwerdeformulare auszufüllen, einen Kommentarbereich auf der Website einzurichten und ein paar aufmunternde Aufkleber zu verteilen.
3. *Gewähren befristeter Reformen.* Wenn alles andere nichts hilft, muss nachgegeben und abgewartet werden. Solange das System selbst nicht betroffen ist, hat es das Sagen und kann auf einen günstigeren Zeitpunkt warten, um die Freiheiten des Volkes und die traditionellen, kontextabhängigen Rechte »zurückzudrehen«.

Der wichtigste Akteur im Reformprozess ist natürlich der Reformist (auch bekannt als professioneller radikaler Aktivist/Linker). Er ist ein Angestellter einer Institution, in der Regel ein Journalist oder ein Eliteakademiker, der seinen Lebensunterhalt verdient oder seine Frustrationen abbaut, indem er auf Veränderungen drängt, ohne die Trägerorganisation (das Unternehmen oder die Regierung, für die er arbeitet) zu kritisieren, ohne den Staat zu entmachten und – was für die informelle Linke wichtig ist – ohne das System an der Wurzel anzupacken. Er tut dies, indem er sich auf sekundäre Lösungen für sekundäre Probleme konzentriert. Intoleranz, gläserne Decke, Gewalt gegen Frauen, die Aushöhlung der bürgerlichen Freiheiten, digitale Abhängigkeit, schlechte Wissenschaft, Korruption, Finanzspekulation, Pädophilie, unangenehme Arbeitsbedingungen, das Bienensterben, ungerechte Politik, Antisemitismus, mangelnde Vielfalt und der Aufstieg des Faschismus – all das ist

Freiwild, denn im Allgemeinen ist das System auch gegen diese Dinge. Die Umverteilung des Reichtums, die systemische Ausbeutung von Land und Arbeit, die Gedankenkontrolle in einer demokratischen Gesellschaft, die radikale Selbsterkenntnis, die wahrhafte Utopie, die echte Revolution, der tiefgreifende Aufstand, die bedingungslose Liebe, die Realität des Todes, das Bewusstsein und andere erschreckende »Subjektivitäten« stehen nicht auf dem Programm der »Radikalen« *und* ihres Systems.

Auch wenn die Machthaber aus jeder noch so kleinen professionell-radikalen Aktivität ein großes Aufheben machen, braucht das System tatsächlich Reformisten, um effektiv zu funktionieren. Es braucht vor allem Gehorsam (den es Gewaltlosigkeit, Gemeinschaftsgeist usw. nennt) von allen, unabhängig von ihrer Hautfarbe, ihrem Geschlecht oder ihren sexuellen Vorlieben, und privilegierte »Radikale« stellen sich bereitwillig in den Dienst der Sache, indem sie sich für Toleranz, Inklusion, Transrechte, gleichen Lohn und dergleichen einsetzen. Linksgerichtete Journalisten, marktfreundliche Radikale und Karrierelinke geben die Grenzen für akzeptable Diskussionen vor und kontrollieren sie sogar. Jede Idee, die sich links von der liberalen Presse ansiedelt, ist *ipso facto* geisteskrank. Sie fungieren als Blitzableiter für wirklich revolutionäres Unbehagen, indem sie Forderungen nach einem anderen System in unbequeme, aber letztlich harmlose Veränderungen des gegenwärtigen Systems kanalisieren, wie etwa endloses Gezänk darüber, wie viele Brosamen den Armen auf dem Sozialhilfetisch serviert werden sollen – eine »Debatte«, die linke Politiker, Gewerkschafter und liberale Journalisten bei Laune und beschäftigt hält, während die Gesellschaft langsam, aber sicher verrottet.

Eine ähnliche Funktion, wenn auch in kleinerem Maßstab, haben der alltägliche Zynismus, die Fantasie und sogar die Comedy. Gewöhnliche Frauen und Männer, die ein völlig konventionelles und brutal vorhersehbares Leben in domestizierter Unterwürfigkeit führen, verarbeiten ihre unmenschlichen Routinen und ihren herdenhaften Konsum spektakulärer Drogen oft, indem sie sich über *sie* lustig machen – über die Spießer, die Verrückten, die Anderen oder die Narren da draußen. »Wir sind anders«, sagt das Vorstadtpärchen, »wir können über die Welt lachen.« »Ich bin anders«, sagt der Bankangestellte, »ich bin *wirklich* ein Künstler, ein Träumer, ein Revolutionär, böse!« Solche Haltungen stärken die Macht des Systems, das sich dem Gefühl der Besonderheit hingibt und aktiv die unverantwortliche, ironische oder kommerzielle Distanz zur Welt fördert, die Tagträumerei, Eskapismus, Zynismus und Ironie eröffnen.

Ohne die ökologische, feministische, »radikale«, künstlerische, komische, zynische und philanthropische Fassade der Meinungsfreiheit, die durch die *Sorge* um Minderheitenrechte, Umwelt, Arbeitsbedingungen, korrupte Politiker, Bonzen und so weiter geschaffen wird, wäre es leichter, die grundlegend repressive und ungerechte Natur des Systems zu erkennen. So aber können die Eliten auf ihre rosaroten Kumpels in den Zeitungen und Filmstudios zeigen und sagen: »Seht, unsere Gesellschaft ist so frei!«

Sollten Reformisten an die Macht kommen, sind sie durch die Struktur der Gesellschaft gezwungen, diejenigen, die sie beherrschen, zu unterwerfen und zu unterdrücken und den Bedürfnissen des Systems zu dienen. Wie Michael Bakunin feststellte, erklärt dies zum Teil, warum »die wütendsten Rebellen zu den vorsichtigsten Konservativen werden, sobald sie an die Macht kommen«. Dabei spielt es keine Rolle, ob die Macht in einem kapitalistischen Unternehmen, einer professionellen Hierarchie, einem demokratischen Parlament oder einer sozialistischen Gewerkschaft ausgeübt wird. Autorität (die Autorität der Macht, nicht die Autorität von Präsenz, Charakter, Intelligenz oder Erfahrung) korrumpiert.

Einige Professionell-Radikale erlangen ihre Macht, indem sie sie von den herrschenden Eliten erhalten, die sie ablehnen. Seit jeher ist eine große, gewalttätige Menschenmenge oder die Vorstellung davon eines der furchterregendsten Szenarien für Autoritäten. Ein randalierender Mob, der das System stürzen will, kann unterdrückt werden, aber eine weitaus wirksamere Strategie ist es, mächtige Führer und Sprecher zu ernennen, was die Aufmerksamkeit automatisch auf überschaubare und kontrollierbare Interaktionen lenkt. Es besteht jedoch immer die Gefahr, dass eine falsche Art von Führung entsteht – eine, die sich der Macht verweigert und die Menschen dazu ermutigt, auf die Stimme ihres eigenen Gewissens zu hören und frei danach zu handeln. Das wird nicht funktionieren! Die Autorität braucht die *richtige* Art von Revolutionär; jemanden, der verhandeln wird oder, wenn das nicht möglich ist, jemanden, der die Grundstruktur des Systems intakt hält, wenn er an die Macht gelangt.

Der archetypische Reformist, der der reformistischen Bewegung schlechthin ihren Namen gab, war Karl Marx. Marx war ein brutaler, für seine Manipulationen berüchtigter Autoritarist und ein glühender Verfechter von Krieg, Arbeit und Fortschritt, die alle von den deterministischen Gesetzen des klassischen graeco-judaistischen Denkens bestimmt wurden, gefiltert durch den freudlosen, totalitären Quatsch Georg Wilhelm Friedrich Hegels. Seine Haltung gegenüber der Natur war Herrschaft, seine Haltung gegenüber der Bauernschaft und den städtischen Armen war Verachtung und, ganz entscheidend, seine Haltung gegenüber einem organisierten, zentralisierten Staat war ... dass *er ihn befürwortete*. Zu seinen widersprüchlichen Äußerungen über den Staat fügte er lediglich die Bedingung hinzu, dass er letztlich von den Arbeitern geführt werden müsse und vage das Ziel habe, »zu verkümmern«. In der Zwischenzeit könne »von der Verwirklichung des Kommunismus noch nicht die Rede sein; zuerst muss die Bourgeoisie ans Ruder kommen«. Marx hasste diejenigen, die sich *aktiv* gegen das Prinzip des Etatismus wandten (d.h. die Anarchisten) und die eine Revolution jenseits der autoritären Grenzen seiner Avantgarde anstrebten. Bei einem von ihnen, Pierre-Joseph Proudhon, führte Marx einer der schändlichsten Hetzjagden der Geistesgeschichte durch und stahl dann seine Ideen (insbesondere die Mehrwerttheorie). Schließlich hatte Marx *nichts* Nützliches zu sagen, was für die Menschen außerhalb der Ökonomie und der Auswirkungen des Kapitalismus wirklich von Bedeutung wäre.

Marx würde nicht so verehrt werden, wenn das, was er geschrieben hat, nicht so viel zur menschlichen Bibliothek beigetragen hätte. Seine Kapitalismuskritik enthält viele unvergleichliche Beobachtungen, und die marxistische Theorie beinhaltet einige wahre Meisterwerke, aber sein Revolutionsplan (d.h. der Kommunismus, den er zusammen mit seinem kapitalistischen Freund Friedrich Engels ausheckte) war das Musterbeispiel für selbstsüchtigen Reformismus, woraus sich alle seine hervorstechenden Merkmale erklären: sein katastrophales Scheitern, seine größenwahnsinnige Korruption, seine nervtötenden Kompromisse, seine staatskapitalistische Ausbeutung der arbeitenden Klassen, seine Vernichtung der Natur, seine verqueren Prioritäten, seine auffallende Abneigung, auch nur das Geringste an der Grundstruktur des bürokratisch-technokratischen Systems zu ändern, und sein grassierendes, unbewusstes, egoistisches Gruppendenken.

Alle Formen des Marxismus, des Kommunismus, der Gewerkschaftsbewegung, des autoritären, demokratischen, fabianischen, parlamentarischen und »ökologischen« Sozialismus sowie die syndikalistischen Formen des Anarchismus sind in dieser Hinsicht identisch mit Kapitalismus, Feudalismus und Faschismus. Wenn sich das eine in das andere wandelt, *ändert sich nichts*. Dass sozialistische Bewegungen sich oft aus anständigen Leuten zusammensetzen, dass sozialistische Staaten, Gewerkschaften und Syndikate manchmal einen lebenswichtigen Schutz gegen extreme Formen des (Privat-)Kapitalismus bieten, dass kommunistische Kapitalismuskritik oft großartig ist, all das ist letztlich irrelevant. Keines der politischen Systeme der sogenannten Linken hat, trotz Lippenbekenntnissen, ein Interesse an der Abschaffung des gesamten Systems, und auch ihre ideologischen Prioritäten stehen nicht grundsätzlich im Widerspruch dazu. Die Linke will das Eigentumsrecht, die Professionalität, das Geld, den Fortschritt, die Arbeit, die Ungerechtigkeit (entweder die zentralisierte Staatsmacht oder die künstlich verteilte korporativ-technokratische Macht) und all die anderen grundlegenden Elemente der Gegenwelt erhalten. Deshalb sieht der freundliche, gerechte, mitfühlende Sozialismus so oft wie ein klassischer totalitärer Albtraum aus. Wer sich für höhere Lehrergehälter, mehr Sozialhilfe für die Armen, bedingungsloses Grundeinkommen, höhere Unternehmenssteuern, mehr Sozialwohnungen oder mehr Arbeitsplätze für die Arbeiterklasse ausspricht, muss verrückt sein – in der Regel sind es die Verrückten, die dagegen sind –, aber all diese Initiativen stärken die zweittotalitärste Institution der Weltgeschichte: den Staat. Die Tatsache, dass die *am meisten* totalitäre Institution der Weltgeschichte – der kapitalistische Konzern – die gleichen Vorwürfe erhebt und in die Bresche springt, wenn sozialistische Staaten demontiert werden, macht sie nicht weniger wahr. Tatsache ist, dass die Sozialisten trotz ihrer gegenteiligen Beteuerungen, trotz ihrer individuellen Gutmütigkeit und ihres Mitgefühls für die Armen, trotz der guten Arbeit, die sie beim Reparieren von Zähnen und beim Anlegen von Fahrradwegen leisten, und in manchen Fällen trotz ihres enthusiastischen Aufblitzens radikaler Bezüge, in der Regel aus Positionen außerordentlicher

Privilegien heraus, mit der Aufgabe beschäftigt sind, von oben nach unten *ein erträgliches System* zu organisieren. Auf diese Weise sind sie an Vergeblichkeit, Streit, Unterdrückung, Ausbeutung, ruinösen technischen Fortschritt und lähmenden Kompromiss mit der technokratischen Macht, ständige Einmischung in das Leben der Menschen und wuchernde Bürokratie, kurz an den totalitären Fascηismus gebunden.

Wenn der sozialistische Staat, die sozialistische Akademie oder die sozialistische Zunft ihr Werk vollendet haben, werden sie erstens ausschließlich von Menschen geführt, die in der Lage sind, sich in den riesigen autoritären Hierarchien, die Staaten mit sich bringen, nach oben zu arbeiten und die Opposition auszuschalten (Stalin, Kissinger, Blair usw.), und zweitens, was noch wichtiger ist, *sind sie immer noch eine Institution*, d. h. *ein systemintegriertes Konglomerat erzwungener Gewohnheiten.* Institutionen kontrollieren, indem sie Menschen in vordefinierte Verhaltensmuster zwingen, in systemfreundliche Stereotypen. Die spezifischen Gesetze, Prozesse und Akteure sind irrelevant. Indem die Institution die Menschen in institutionelle Gewohnheiten zwingt, zerstört sie *automatisch* die Spontaneität – d. h. die bewusste Reaktion auf den Kontext, sprich die *Menschlichkeit* –, indem sie im System und als System existiert, was jede Art von Strukturreform völlig sinnlos macht. Hinzu kommt die überwältigende Dominanz des modernen technokratischen Marktsystems, von dem alle Institutionen (und damit alle Gewohnheiten in ihnen) *vollständig* abhängig sind; und die lächerliche Vergeblichkeit sozialistischer Reformen, der Änderung dieses oder jenes Gesetzes, der Wahl dieses oder jenes netten Kerls, des Protests und der Petition wird deutlich.

Stellen wir uns einmal vor: Ein Sozialist könnte das Kommando auf einem Öltanker übernehmen, der netteste alte Kapitän, den man sich vorstellen kann. Aber wozu? Öltanker sind riesige Maschinen, die nur mit ebenso riesigen Mengen giftigen Schweröls angetrieben und bewegt werden können. Solange wir gezwungen sind, auf Öltankern zu arbeiten, würde nur ein Narr einen kapitalistischen Kapitän wählen; aber was kann ein sozialistischer Kapitän mit diesem Schiff anfangen? Kann er damit Menschen transportieren? Krebse fangen? Kann er es verkleinern? Kann er es für *irgendetwas* in menschlichem Maßstab nutzen? Er kann es nicht. Egal, wie fair und freundlich der Kapitän

ist, irgendwann müssen wir aufhören, auf das zu hören, was die Transport-
unternehmen uns sagen, und unseren Tanker in ein Land bringen, wo man
weiß, was mit Altmetall zu tun ist, und dann das verdammte Ding verschrotten.

Im Gegensatz dazu neigen die Reformisten, die entweder das System im
Wesentlichen erhalten wollen oder einfach zu feige sind, es radikal zu bekämpfen, dazu, unterhaltsame, feierliche und weitgehend passive Formen des
Protests (»*Schöner Tag bei der Demo! Twitter-Sturm morgen, Leute!*«) zusammen
mit den ruhigsten Philosophien völliger pazifistischer Akzeptanz zu preisen –
ein Ansatz, der bei den Machthabern seit jeher äußerst beliebt ist. Stille Be-
sinnung, Meditation, Frömmigkeit, gutherzige Einfachheit, friedliche Liebe
zur Polizei und dergleichen werden von Fürsten und Königen – und natürlich
auch von ihren professionellen, geistlichen Angestellten – seit Anbeginn der
Geschichte gepriesen. Pazifismus und »nett sein« an dieser Stelle sind schrecklich gut fürs Geschäft, obwohl heute Achtsamkeit angesagt ist. Es ist viel besser,
ein bisschen Yoga zu machen oder mit stillenden Müttern zu meditieren, als
einen Staudamm zu sprengen oder ein Kraftwerk zu zerstören. Die Aneignung
solcher Techniken und der Philosophie, auf der sie beruhen, überzeugt auch
potenzielle Dissidenten von ihrer »selbstverliebten«, »introspektiven« Nutzlo-
sigkeit und beraubt die potenziellen Wunderwirker der glühenden Essenz der
Revolution: ihrer eigenen bewussten – und absolut subversiven – Erfahrung.

Eine solche Erfahrung, obwohl sie die Quelle einer wirklich wirksamen
Revolution ist, spielt in der Reform bestenfalls eine untergeordnete Rolle. Für
die Reformisten ist es in erster Linie die *Gesellschaft*, die sich ändern muss –
durch die Handlungen und Pläne des Staates und der Experten. Diejenigen, die
die Gesellschaft durch Gesetze, Politik und Befehle verändern wollen, glauben
gerne, dass die Gesellschaft eine relativ einfache Sache ist, dass die Auswirkungen von Eingriffen in sie vorhersehbar sind, dass es keine unvorhergesehenen
Nebenwirkungen ihrer Handlungen geben wird, dass es möglich ist, reale und
bedeutsame Macht über eine große Anzahl von Menschen zu erlangen und
dass festgefahrene Eigeninteressen sowie die Macht, die durch Geld, Eigentum
und institutionellen Status verliehen wird, überwunden werden können – dass
alles, was wir tun müssen, darin besteht, die Bösen an der Spitze durch Gute zu
ersetzen – während das Ego, das Geld, das Eigentum und die professionellen

Institutionen bestehen bleiben. Das Absurdeste ist, dass sie glauben oder vorgeben zu glauben, dass die Vorherrschaft des technokratischen Systems zweitrangig sei und nicht berücksichtigt werden müsse, wenn sie sich für politische Veränderungen einsetzen. Die Geschichte, die Wissenschaft, die Weisheit derer, die wissen, wie die Welt funktioniert, alle verfügbaren Beweise und der gesunde Menschenverstand sagen etwas anderes, aber das spielt keine Rolle.

Reformisten sind ebenso wenig wie Ärzte, Lehrer, Politiker, Akademiker oder Journalisten daran interessiert, ernsthaft über die Realität, die Zivilisation oder den wahren Sinn ihrer Arbeit nachzudenken. Der schöne Sinn, den sie aus ihrer Arbeit ziehen, die tägliche Hektik, die *nette* systemfreundliche Ideologie, auf die sie ihre Artikel und sogar ihre Persönlichkeit gründen, all das würde zerbröckeln, wenn sie sich mit »Paradigmenstreitigkeiten« beschäftigen würden. Dass es *das System* ist, das die Gesellschaft beherrscht; dass die Gesellschaft *niemals* rational kontrolliert, geformt, geplant oder gestaltet werden kann, ohne dass eine unvorhergesehene Katastrophe eintritt; dass die mächtigsten Autokraten, die schnellsten Computer und die wohlmeinendsten und moralischsten Kreuzritter gegenüber den Kräften der Gesellschaft, der Natur und des globalen Systems, in dem sie gefangen sind, völlig machtlos sind; dass es völlig sinnlos ist, an Könige, Regierungen, CEOs, Bürokraten und andere Führer zu appellieren, um die Probleme des Systems zu lösen, von dem sie für ihre Macht abhängig sind – all dies ist für die Reformisten eine Ketzerei ersten Ranges, und so etwas in ihrer Gegenwart auch nur anzudeuten, lässt sie vor Angst erzittern.

Reformisten und Linke haben *überhaupt* kein Interesse daran, herauszufinden, was das System wirklich ist und wie man es wirklich überwinden kann. Es spielt keine Rolle, ob die Ideologie der Experten in eine Art wunderbares multikulturelles Paradies führt und die der dickköpfigen Nationalisten ins Nichts, denn die Ideologie ist irrelevant für das, was wirklich in der Welt passiert, so wie das, was ein Mensch über sich selbst sagt, irrelevant dafür ist, wer er wirklich ist. Linke *sagen*, sie wollen Liebe, Frieden und Harmonie, sie *sagen*, sie wollen dasselbe wie echte Anarchisten – eine staatenlose, klassenlose (und vielleicht sogar technologiearme) Welt – aber wer sie sind, wie sie denken und was sie tun, *dient dem System*. Sie sind genauso erbärmlich unterwürfig gegenüber den Bedürfnissen des Systems wie die Kapitalisten und die Rechten, genauso verklemmt und mittelmäßig, genauso gewalttätig, nur eben clever und sauber. Keine der beiden Gruppen hat auch nur das geringste wirkliche Bewusstsein ihres eigenen bewussten Selbst, und sie haben kein Interesse daran, der Menschheit zu erlauben, eine Welt von Grund auf neu zu erschaffen, die von ihren eigenen Händen gestaltet wird. Die Aussicht, dass die Intelligenz der Natur die gewöhnlichen Menschen auf intelligente Weise führen könnte, erschreckt sie, und wird sie so lange erschrecken, bis *sie* ganz unten stehen und gezwungen sind, *ihr* eigenes bewusstes Selbst zu nutzen, um mit *ihren* eigenen Händen etwas Sinnvolles zu schaffen.

32
Der Mythos vom Sinn

Mit jedem Jahr, das vergeht, müssen immer weniger Menschen davon überzeugt werden, dass das Leben im System sinnlos ist, obwohl viele immer noch davon überzeugt sind, dass die Trostpflaster, Süchte und Surrogate, die sie benutzen, um die Leere zu füllen, die das Leben im System schafft, mit Sinn überladen sind.

Sinn oder Wirklichkeit entsteht an zwei Orten, im BEWUSSTEN SEIN und im ZIELGERICHTETEN HANDELN. Bewusstes Sein bezieht sich auf die Erfahrung des Bewusstseins, das den Gedanken, Emotionen und individuellen Empfindungen vorausgeht oder sich ihrer bewusst ist. Dieses ursprüngliche Gefühl des »Ichs« stellt sich gelegentlich nach einem langen, erholsamen Schlaf ein, bevor alle »meine« Gedanken ineinandergreifen, oder in Momenten der Stille, wenn ich von Schönheit überwältigt bin, oder wenn ich, vielleicht aus keinem anderen Grund als einem Spaziergang im Park, eine tiefe *Übereinstimmung* mit dem Leben in meinem ganzen Körper spüre. Das Erkennen oder *Wissen* dessen, was geschieht, führt mich aus dieser Wahrnehmung heraus zu Gedanken, Namen, Wörtern und Gegenständen, die alle *relative* Wahrnehmungen sind, d.h. erkannt durch Beziehung und Vergleich. Ich weiß, was die Vorstellung »die große Wolke über mir« bedeutet, indem ich mich auf verschiedene relative

Bewertungsskalen beziehe, z. B. groß-klein, hell-dunkel, flauschig-hart, oben-unten, hier-dort usw. Aber ein solches *abstraktes* Wissen ist nicht im Spiel, wenn es aus der großen Wolke über mir *tatsächlich* regnet, oder wenn ich jemanden umarme, in den ich total verliebt bin, oder in Momenten sportlicher Brillanz, wenn ich eins mit dem Ball bin, oder nach einem harten Arbeitstag, wenn ich unter die Dusche stehe. Ich nehme auch keine relativen Bewertungen in Momenten großer Erschütterung vor, wenn ich durch Schmerz oder Verlust oder sogar Peinlichkeit zu einer vollständigen Wahrnehmung dessen, was ist, verblüfft werde. In solchen Momenten scheint sich die Zeit zu verlangsamen und die Empfindungen werden lebendiger. Das liegt daran, dass Bewusstheit kein partielles, mentales Ereignis ist, das sich im Kopf abspielt, sondern ein vollständiges, körperliches Ereignis. Der ganze Körper wird bewusst – eine Erfahrung, die wir als lebendig, hell, intensiv, aktuell und bedeutungsvoll wahrnehmen, während die gedachte Zeit, wie wir sie normalerweise erleben, eine relative Erfahrung ist, die unsere Aufmerksamkeit weg vom bewussten Körper und hin zu *Vorstellungen* von Vergangenheit und Zukunft lenkt.

Natürlich gibt es kein Problem mit der Zeit, mit dem Denken und Fühlen oder mit dem Herausgreifen einzelner Gegenstände aus der verschmolzenen Gegenwart. All dies sind nützliche Werkzeuge, ja die ersten Werkzeuge, die die Menschheit je benutzt hat. Das Problem entsteht, wie bei allen Werkzeugen, wenn sie die Kontrolle über den Benutzer übernehmen. Wenn die Frau ihren Körper nicht mehr unmittelbar erleben kann, ohne zu denken, ohne das Gefühl, die Zeit dränge, ohne das rastlose Bedürfnis, etwas tun oder kaufen zu müssen; wenn der Mann den Augenblick nicht mehr unmittelbar erleben kann, wenn alle Erfahrungen über den denkenden Verstand kommen, wenn die seltsame, schwer fassbare Intensität des Lebens sofort in verständliche Ideen, Pläne, Wünsche und Theorien übersetzt wird, dann werden Verwirrung und Unglücklichsein zu ständigen Begleitern, das Planen und Erinnern des Zeitbewusstseins führt zu endlosen Ängsten und Sorgen, und alles Reden über das radikale Bewusstsein des bewussten Seins klingt lächerlich, selbstverliebt und, in völliger Umkehrung der voll empfundenen Wahrheit, abstrakt. Es fühlt sich auch unangenehm, seltsam und beunruhigend für das relative Selbst an.

Seit mehr als zehn Jahrtausenden ist das Werkzeug des Selbst für die Geschicke der Menschheit verantwortlich und arbeitet daran, die Bedrohung durch das selbstlose Bewusstsein und die Bedrohung durch den selbstlosen Kontext, mit dem es untrennbar verschmolzen ist, auszulöschen. Selbstlose Bewusstseinszustände wie Empathie, Spontaneität, Kreativität, Präsenz oder jede andere unzensierte Reaktion auf den Kontext wurden von jedem Monarchen, Staat, jeder Partei, jedem Klerus, jeder Profession, jeder Regierung, jedem Vorstand und jedem unverantwortlichen Elternteil, die jemals existiert haben, unbewusst als existenzielle Bedrohung ersten Ranges wahrgenommen.

Diese Bedrohung wird mit jeder neuen Generation größer. Wenn die Organe des Systems – die INSTITUTIONEN – noch jung und für diejenigen, die sie geschaffen haben, »greifbar« sind, dann werden Gesetze, Sitten und Gebräuche zumindest teilweise noch durch den Kontext geprägt; sie sind noch relevant für die Gesellschaft, wie sie ist, und diejenigen, die sie geschaffen haben, haben noch eine gewisse Macht über sie. Wenn jedoch eine neue Generation in Erscheinung tritt, für die sich die institutionellen Prozesse von ihrem ursprünglichen Kontext gelöst haben, scheint die »Art und Weise, wie es hier schon immer gemacht wurde« einerseits nicht mehr so viel Sinn zu haben, während sie andererseits durch Erweiterung und Verstärkung realer denn je erscheint. Schlüsseltexte – einst fragwürdig und wandelbar – werden festgeschrieben und sakralisiert; Pioniere – einst menschlich und reaktionsfähig – werden vergöttert und über jeden Vorwurf erhaben; und, was am heimtückischsten ist, unausgesprochene Normen werden zur *Realität selbst*, deren Verletzung von spezialisierten Eliten, die nun für diese objektivierte Realität verantwortlich sind, bestenfalls als Unverschämtheit und in schwerwiegenderen Fällen als Sakrileg, als Wahnsinn empfunden wird.[57]

Da der ursprüngliche Sinn der Institution für die neuen Generationen nicht mehr so leicht zugänglich ist, muss ein großer und immer größerer Aufwand betrieben werden, um ihnen zu erklären und beizubringen, »wie es schon immer gemacht wurde«, und um Abweichungen zu erzwingen oder zu bestrafen,

---

57   Berger, P. & Luckmann, Thomas (1991): The Social Construction of Reality. A Treatise in the Sociology of Knowledge. Penguin Books.

was trotz der monolithischen bewusstseinsformenden Organe des Systems erstaunlich unproblematisch ist. Es ist leicht, Gehorsam zu erzwingen, da sich das System weiterentwickelt und die Matrix der Institutionen, aus denen es sich zusammensetzt, immer mehr Aspekte des Lebens umfasst. Die Sprache, die Wissenschaft, die »Fakten«, die Vorschriften, die Gesetze, die gewohnheitsmäßigen Handlungen, die rechtfertigenden Mythen und die vordefinierten Rollen definieren, konstruieren, kontrollieren und prognostizieren zunehmend alles, was der Einzelne tut, und folglich alles, was er über sein Tun *denken* kann. Auf diese Weise wird die tradierte Realität der Institution selbst zur Realität. Der Verstand findet kein Entrinnen, und jeder Versuch, dem zu entkommen, fühlt sich wie Verderbtheit, Wahnsinn oder schlicht als Dummheit an (was nicht heißt, dass dumme, wahnsinnige und verderbte Handlungen wirksame Auswege sind). Mit anderen Worten: Weil Sie über die menschliche Welt nachdenken *können*, wird Ihnen vorgegaukelt, sie sei irgendwie vernünftig oder richtig. Das Wissen über Welt ist die Welt. Sie können die Bestandteile des Systems kritisieren – die Regierung ist schlecht, unsere Institutionen lassen uns im Stich, die Zivilisation bricht auseinander – und tun dies wahrscheinlich auch; und doch bleiben Sie *durch* die Kritik ein integraler Bestandteil dieser »Welt«, die also irgendwie noch einen Sinn hat, sich »richtig« anfühlt und vielleicht sogar »wert ist, für sie zu kämpfen«.

Auf diese Weise werden alle Versuche einer Rebellion mühelos unter den Mythos des Systems subsumiert. Der originelle Gedanke, der inspirierende Slogan, die radikale Kunst, die rebellische Rede sind allesamt Manifestationen bewusster Revolte; und als Manifestationen – definierbare, speicherbare, verkäufliche, kontrollierbare intellektuelle Objekte – werden sie *automatisch* vereinnahmt.

Ebenso wird alles, was wir fühlen und tun, vom System absorbiert, sobald es explizit, messbar, buchstäblich und für den Verstand erfassbar gemacht wurde. Mehrdeutigkeit, Intimität, Vagheit, Paradoxie (ganz zu schweigen von den großen Ungreifbaren, Liebe und Tod) können in der fortgeschrittenen Institution nicht zugelassen werden. Sie müssen interpretiert, zugegeben, aufgezeichnet, veröffentlicht, *zugänglich gemacht* werden. Das biologische Modell der Geisteskrankheit, die Kartierung allen Lebens, die systematische Unterdrückung der künstlerischen Wahrheit (und die Verherrlichung von Unterhaltungsformaten, in denen das Unaussprechliche eine untergeordnete Rolle spielt, wie Sport, Kochen, Reisen und alle Arten von mittelmäßiger Musik und Dramen), die bürokratische Profilierung jeder Person, Handlung und Emotion auf der Erde (unterstützt durch Therapie, Erziehung, Beichte und digitale Kommunikation) sowie die Absorption des Unbegreifbaren, Unfassbaren und Unvorhersehbaren in die krude Buchstäblichkeit der Wissenschaft, ja in die gesamte Buchstäblichkeit (Postmoderne, Feminismus, männlicher gesunder Menschenverstand usw. usf.), sind alles unbewusste, von der unbewussten Bedrohung des Abgrunds genährte Schritte in diese totalisierende, totalitäre Richtung.

Die Wahrnehmung dieser Bedrohung muss unbewusst sein, denn das Bewusstsein ist die Bedrohung. Das Bewusstsein und die (aktive Wahrnehmung der) Zusammenhänge, die es erhellt, sind der einzige Ausweg aus der Pseudowirklichkeit des Systems. Deshalb arbeitet das System ununterbrochen daran, das Bewusstsein mit all seinen qualitativen Manifestationen zu unterdrücken, ohne zu erkennen, dass dies passiert. Andersdenkende werden aus Sicherheitsgründen zum Schweigen gebracht; Systemlinge werden wegen ihrer Talente gefördert; Begleitmusik wird zur Unterhaltung gespielt; Autobahnen werden für den Transport gebaut; Mobilfunknetze werden für die »Kommunikation« leistungsfähiger gemacht; Kühlschränke werden für die Annehmlichkeit hergestellt; Wälder werden für den Profit abgeholzt; die Gesellschaft wird für die Effizienz hochgefahren; Widerspenstige werden zu ihrem eigenen Wohl ruhiggestellt; Spontaneität wird durch Anstand verbannt; Kinder werden zu ihrer eigenen Sicherheit eingesperrt; jeder steht zu seinem eigenen Schutz unter ständiger Überwachung; Gesetze, die den Konsum psychodelischer Drogen, den Umgang mit Leichen, freie Sexualität und Selbstversorgung einschränken, werden aus Gründen der Würde, des Anstands oder Ähnlichem erlassen und Technologien (oder rational organisierte Aktivitäten) breiten sich aus, die Standardreaktionen erfordern und Impulse, Individualität, Träumerei oder volles Bewusstsein unterdrücken, ignorieren oder bestrafen, damit wir alle ein »normales«, »glückliches« »Leben« führen können. All diese vernünftigen, fairen, unterhaltsamen, nützlichen und logischen Aktivitäten führen dazu, das Bewusstsein zu unterdrücken, die Sinne abzustumpfen, Männer und Frauen von ihrer eigenen Natur und voneinander zu trennen und die körperliche Freude aus dem Leben zu saugen. Aber das stört weder das System noch diejenigen, die ihm dienen oder sich ihm willig unterwerfen, von denen keiner in der Lage ist, direkt zu erkennen, was er verloren hat.

Die zweite (und sekundäre) Quelle des Sinns ist nach dem bewussten Sein das zielgerichtete Handeln, also das Streben nach einem sinnvollen Ziel. In der Geschichte der Menschheit bedeutete dies, sich zu ernähren, sich zu kleiden, zu heizen und zu wohnen, enge Beziehungen zu den Mitgliedern seiner Gesellschaft zu knüpfen, eine Partnerin zu finden und Kinder aufzuziehen, Wahrnehmungen wahrheitsgetreu auszudrücken und zu spielen; und dies alles autonom, bewusst und mit einer ungeheuren Fülle von Fähigkeiten, die auf natürliche Weise von der Natur und der Kultur erworben wurden, ohne Zwang oder gar Anleitung.

Selbstverständlich ist nichts davon für ein System akzeptabel, das Menschen in völlig untergeordnete Rollen zwingt und ihnen zu diesem Zweck die Fähigkeit nimmt, sich selbst zu versorgen, zu pflegen oder sich auszudrücken. In einem hoch entwickelten System stellen die Menschen fest, dass keinerlei Fähigkeiten erforderlich sind, um sich am Leben zu erhalten, sondern nur Gehorsam. Sie stellen fest, dass sie nicht in der Lage sind, direkte Beziehungen zu ihren Mitmenschen zu unterhalten, was sie einsam macht; sie stellen fest, dass ihre Fähigkeiten, kulturelle Leistungen zu erbringen, ein positives Handicap darstellen, was sie unzulänglich macht; und sie stellen fest, dass sie daran gehindert werden, ihre eigenen Aktivitäten in irgendeiner sinnvollen Weise zu steuern, was sie frustriert.[58]

Um der ungeheuren Einsamkeit, Unzulänglichkeit und Frustration, die das System hervorruft, entgegenzuwirken – und ganz nebenbei weitere Bereiche der Marktexpansion zu generieren –, muss das System den Menschen die Möglichkeit bieten, sich mit *sinnlosen* Aktivitäten zu beschäftigen; die nichts als solipsistische Stimulation bieten (Porno, Fernsehen, Videospiele, Drogen), die minimale Fähigkeiten erfordern (moderne Kunst, moderne Universitätskurse, Aufkleber sammeln, Journalismus) oder minimale Autonomie

---

58 Kaczynski, Ted (2020): Industrial Society and Its Future. Feral House.

(Schulbildung, Lohnarbeit, Disneyland), oder, wenn sie das »Bedürfnis des Menschen nach Unabhängigkeit« befriedigen, die keinen Einfluss auf das allgemeine Funktionieren des Systems haben (mit dem Fahrrad um die Welt fahren, Yogastellungen meistern, ins Guinnessbuch der Rekorde kommen) oder, wenn sie das Bedürfnis des Menschen nach Herausforderung befriedigen, das System aktiv unterstützen (die Fußballweltmeisterschaft gewinnen, CEO von Snapchat werden, Reichtum anhäufen). Die Menschen müssen ermutigt werden, daran zu glauben, dass all diese Aktivitäten genauso »sinnvoll« sind wie wirklich zielgerichtetes Handeln. Sie müssen dazu gebracht werden, ihre Persönlichkeit in solche Hobbys und Ambitionen zu investieren (was wiederum in einer totalisierenden Umgebung leicht ist) und folglich Kritik an ihnen als persönlichen Angriff heftig zurückzuweisen, um so die Wolke der bedrückenden Sinnlosigkeit und Langeweile, die über dem Planeten hängt, von den Surrogaten und Substituten für authentisches Leben zu trennen, die sie verursachen.

33
Der Mythos der ewigen Notwendigkeit

Es gibt, wie Margret Thatcher sagte, *keine Alternative*. Das Marktsystem ist das einzige System, das funktioniert oder funktionieren kann. Eine Revolution wird Ihnen nichts nützen. Wollen Sie wirklich wie ein mittelalterlicher Bauer, eine kommunistische Drohne oder ein armseliger Schulabbrecher leben? Die Botschaft lautet: Sie können nicht gewinnen. Die Welt kann sich nicht verändern. So war es immer und so wird es immer sein. Diese ultimative Wahrheit ist allen herrschenden Systemen gemeinsam. Was real ist, ist notwendig und unvermeidlich. Nichts anderes hat funktioniert, denn wir befinden uns hier in der einzigen Realität, die funktioniert. Verstehen Sie?

Die Gesellschaft kann aber auch auf eine andere Art und Weise organisiert werden, mit den besten Aspekten des vorzivilisatorischen Egalitarismus, der feudalen Geselligkeit und sogar mit ein wenig moderner Technologie. Selbst in jüngster Zeit gab es Einblicke in freie und gerechte Gesellschaften. Der Grund dafür, warum es nicht mehr davon gegeben hat, darin liegt, dass das System jede einzelne von ihnen zerstört hat. Die Geschichte zeigt, dass sich Netzwerke gegenseitiger Hilfe, die auf unserer angeborenen Intelligenz und Großzügigkeit beruhen, durch alle Zeiten zogen haben, dass der Mensch von Natur aus intelligent und großzügig ist – ganz zu schweigen von friedfertig und gerecht – wie die anthropologischen Aufzeichnungen über voragrarische Gesellschaften hinreichend belegen. Doch auch hier kann nichts davon ernsthaft in Betracht gezogen oder in die Tat umgesetzt werden.

Ebenso muss sich das utopische Denken darauf beschränken, oberflächlich am System herumzubasteln. Eine radikale Alternative, die den einfachen Frauen und den einfachen Männern auf natürliche Weise mühelos und vollständig Macht, Freiheit, Geselligkeit, Komplementarität, Verantwortung, Autonomie und die natürliche Welt zurückgibt; die das Bewusstsein von den herrschenden Ideologien des Systems und dem dominierenden Einfluss der sogenannten zivilisierten Welt zu revolutionieren sucht; die es der Arbeit und dem Land erlaubt, sich selbst zu dem wunderbaren Spielplatz zu machen, wozu sie ohne Weiteres in der Lage wären; die ihre Inspiration aus den Szenarien und dem Genie der Utopien und der Utopisten der Vergangenheit und der Gegenwart schöpft; all dies muss auf die vage und amüsante Fantasie unrealistischer Träumer reduziert werden.

Die übliche Art, sich solcher Träume zu entledigen, besteht darin, sie erstens sofort und unreflektiert abzutun (*»Ich habe das Buch quer durch den Raum geworfen!«*), zweitens über sie zu lachen (*»Hahaha, keine Autos! Keine Gesetze! Kein Geld!«*); drittens, ihnen eine vorschnelle, unreflektierte, aber hochreaktive Aufmerksamkeit zu schenken (Ausrasten bei Triggerwörtern); viertens, damit zusammenhängend, sich laserartig auf isolierte, losgelöst aus ihrem Kontext (dem Ganzen) gerissene Äußerungen zu konzentrieren und darauf fantastische Fehlinterpretationen zu gründen (*»Du kritisierst die Linke, also bist du ein Verbündeter der Rechten.«*) oder irrelevante Fehler hervorzuheben (*»Er versteht nichts; schau, er hat sich bei einer Zahl vertan.«*); und schließlich ständiges Einfordern von rationalen Details. Zum Beispiel zu fragen, wie ein funktionierendes utopisches System mit Egoismus, der Verteilung von Überschüssen und Atomwaffen umgehen würde.

Die meisten rationalen Fragen dieser Art können, wie wir sehen werden, beantwortet werden (*Menschen* würden, im Gegensatz zu Systemen und Institutionen, sie bewältigen), aber der springende Punkt ist, dass ein Wechsel von qualitativer Kritik zu quantitativen Details die *Qualität* – den Kern, den Kontext und den Klang der Wahrheit – *entfernt*. Stellen Sie sich vor, Sie sprechen mit einem gelehrten englischen Bauern aus dem 17. Jahrhundert über seine Unzufriedenheit mit dem Feudalismus oder den von ihm angedachten »Kapitalismus« und fragen ihn daraufhin, wie eine internationale Hightech-Schuldenwirtschaft funktionieren soll, die auf unendliches »Wachstum« angewiesen ist. Stellen Sie sich vor, Sie zeigen ihm das Bild einer modernen Fabrik für Computerprozessoren und fragen ihn, was er damit machen würde, wie er sie betreiben würde, wie sie sich in die Wirtschaft einfügen solle. Stellen Sie sich vor, er würde protestieren, dass »die Menschen das nie verstehen würden« oder dass »der Adel das nie gutheißen würde«.

Alles lächerlich; dabei ist der Kapitalismus etwas, das im Wesentlichen auf Tatsachen (er ist beschreibbar, quantitativ) und egoistischen Emotionen (er braucht Angst, Begierde und Gewalt, um zu funktionieren) beruht. Um wie viel lächerlicher ist es dann, solche Fragen an eine Kritik zu stellen, die aus einer Quelle kommt, die diesen Fakten und Ängsten vorausgeht oder sie übertrifft: eine letztlich *unbeherrschbare* Realität, die Qualität des Lebens und unser angeborener Sinn dafür.

Aber natürlich ist die Qualität – die Intelligenz, die dem Ego vorausgeht – das, wozu das System geschaffen wurde, um sie zu zerstören und zu verdrängen. Deshalb haben wir das bedrückende Gefühl, dass die Liebe aus der Welt verschwindet. Wir haben keine direkte Beziehung zu unseren Mitmenschen oder zu unserer Umwelt – alles läuft über das System, das uns eine ständige, wasserdichte Ausrede dafür liefert, jeden auf der Welt als Objekt zu behandeln, als Eintrag in den Büchern; als Kunden, Mitarbeiter, Patienten, Klienten, Bevölkerung und Volk. Und in dem Maße, in dem das totalisierende System alle direkten Beziehungen ersetzt, nimmt es den Status der Realität selbst an, auch bekannt als »die reale Welt«, ein »realistisches« Reich der Zweckmäßigkeit, Notwendigkeit und Normalität, in dem »harte Entscheidungen« getroffen werden müssen, um sicher zu sein, und in dem es beeindruckende Aktiendividenden erforderlich machen, den Planeten kahl zu schrumpfen, traurig, tragisch. Aber so ist es nun einmal. Seien wir realistisch!

Das System sagt, es sei »unrealistisch«, die Armen zu ernähren, den Reichtum umzuverteilen, die Natur gedeihen zu lassen oder den Energieverbrauch drastisch zu senken. Mit anderen Worten: Es ist unrealistisch, die Realität zu verbessern. Das ist so, als würde man sagen, es sei unsauber, einen schmutzigen Fußboden zu putzen, weil damit der derzeitige Grad der Sauberkeit aufgehoben wird. Der gegenwärtige Grad der Realität im System ist überhaupt keine Realität, aber *das* ist »die reale Welt«. Verstehen Sie? Es spielt keine Rolle, ob man es sieht oder nicht, denn wie wir gesehen haben, kann man die Alternativen zur Unwirklichkeit nicht einmal wahrnehmen, geschweige denn sich vorstellen. Sie mögen *glauben*, dass mit dem »Kapitalismus« etwas nicht stimmt und dass wir dieses Ding namens »Sozialismus« brauchen, Sie mögen protestieren, Sie mögen all die *wirklich* bösen Buben hassen, Sie mögen sogar randalieren; aber Thatcher hat die Wahrheit gesagt, natürlich unwissentlich: Eine Alternative ist nicht vorstellbar, nicht im System. Die Vorstellungskraft im System ist das System. Das war schon immer so, seit das Ego die Kontrolle über das Bewusstsein übernommen hat, aber jetzt hat das System auch den letzten Winkel der Wahrnehmung kolonisiert. Prekarität, Techniksucht, ständiger Drogenkonsum, unnatürliche Nahrung (Lebensmittel und Informationen), Mangel an sinnvoller Beschäftigung, Einsamkeit, völlige Entfremdung von der Natur, der Zwang, eine tote Kultur zu konsumieren, ununterbrochene Überwachung, Bewertung, Ausbildung und Prüfung sowie die diffuse Hintergrundangst, in einer Hütte zu leben, die am Rande einer Klippe hängt, haben das Licht vollständig verdrängt. Das System reproduziert sich nun in den Köpfen der Systemfrau und des Systemmannes ständig als System. Jede wirklich revolutionäre Bewegung, jede große Kunst, jeder natürliche Ausdruck von Menschlichkeit, der von außerhalb dieses wachen Albtraums kommt, selbst ein zufälliger Moment von Ehrlichkeit, erscheint dem Systemverstand als Unsinn, Nicht-Wahrheit, Nicht-Wirklichkeit; unrealistisch.

»Ach ja, Geld ist schlecht, aber wir alle brauchen Geld, wissen Sie nicht – ohne Geld würden wir verhungern!« *»Ach ja, das Gesetz ist ein Arschloch, aber ohne Gesetz gäbe es Anarchie!«* *»Ach ja, der Kapitalismus, schrecklich, nicht wahr? Aber*

schauen Sie sich Stalin an. Der Sozialismus funktioniert nicht, oder?«»Ach ja, das klingt schön, deine Utopie, aber wer soll sie organisieren? Wie können wir dafür stimmen?«»Ach ja, ich weiß, es gibt absolut keine Hoffnung, dass die Politik auch nur das Geringste an deinem Leben ändern kann, aber was willst du denn sonst tun?«»Ach ja, mich selbst überwinden, das habe ich auch mal gemacht. Hat mir nichts gebracht.« – Solche Einwände berufen sich auf die objektiven Tatsachen, auf den objektiven Realismus, auf die Illusion der Realität, die vom systemischen Verstand erzeugt und im Laufe der Geschichte über zehntausend Jahre hinweg als Welt in die Wirklichkeit projiziert wurde. Und wie können Sie sich der Welt widersetzen? Sie müssen verrückt sein! Sehen Sie nicht, dass es unrealistisch ist, inspirierte Lehrer in die Schulen und große Künstler ins Fernsehen zu setzen und sie sagen zu lassen, was sie wollen? Ist es nicht *offensichtlich*, dass niemand an wirklich radikalen Alternativen zur institutionellen Dominanz der Gesellschaft interessiert ist, dass sie keine Wahlen gewinnen? Ist Ihnen nicht klar, dass wir uns ohne das System – Staat, Kapitalismus, Sozialismus – alle gegenseitig umbringen, vergewaltigen und ausbeuten würden? Es würde Anarchie herrschen!

Dieses Wort »Anarchie« kann für die Herrschenden nur höllische Albträume bedeuten. Vergessen Sie, dass es riesige, gut organisierte Gesellschaften ohne Staat und zentrale Kontrolle gegeben hat;[59] vergessen Sie, dass wir uns erst seit Beginn des Systems und der Erfindung des Staates gegenseitig ermorden, vergewaltigen und ausbeuten und dass der perfektionierte Konzernstaat der ausbeuterischste ist, den es je gegeben hat; vergessen Sie, dass wir in unseren Herzen wissen, dass wir das System und seine Gesetze nicht brauchen, um über uns zu herrschen, und vergessen Sie letztendlich, dass in der freien Natur Kooperation und nicht Konkurrenz herrscht – dass nur ein Verrückter oder ein Wissenschaftler die Natur grundsätzlich oder sogar überwiegend für gewalttätig halten könnte. All das wird ignoriert. »Wir brauchen das System«, sagen diejenigen, die genau wissen, dass dies das genaue Gegenteil der Wahrheit ist. Das System braucht uns und hat uns immer gebraucht.

---

59   Scott, J.C. (2017): Against the Grain. A Deep History of the Earliest States. Yale University Press.